普通高等学校人文社会科学重点研究基地
KEY RESEARCH INSTITUTE OF HUMANITIES AND SOCIAL SCIENCE IN UNIVERSITY

西南财经大学中国金融研究中心
金融安全系列丛书

人民币汇率制度弹性的测度、影响因素及其经济绩效研究

On the Measurement, Determinants and Economic Performance of the RMB Exchange-rate Flexibility

刘晓辉 张 璟 亢宇君 ◎ 著

教育部人文社会科学重点研究基地重大项目“人民币汇率制度弹性的测度、影响因素及其经济绩效研究”资助（批准号：15JJD790028）
西南财经大学“中央高校基本科研业务费专项资金”资助（批准号：JBK2104006）

中国金融出版社

责任编辑：张菊香
责任校对：潘　洁
责任印制：陈晓川

图书在版编目（CIP）数据

人民币汇率制度弹性的测度、影响因素及其经济绩效研究/刘晓辉，张璟，亢宇君著．—北京：中国金融出版社，2021.11
ISBN 978－7－5220－1341－1

Ⅰ.①人…　Ⅱ.①刘…②张…③亢…　Ⅲ.①人民币汇率—货币制度—研究　Ⅳ.①F832.63

中国版本图书馆CIP数据核字（2021）第196046号

人民币汇率制度弹性的测度、影响因素及其经济绩效研究
RENMINBI HUILÜ ZHIDU TANXING DE CEDU、YINGXIANG YINSU JIQI JINGJI JIXIAO YANJIU

出版发行　中国金融出版社
社址　北京市丰台区益泽路2号
市场开发部　（010）66024766，63805472，63439533（传真）
网上书店　www.cfph.cn
（010）66024766，63372837（传真）
读者服务部　（010）66070833，62568380
邮编　100071
经销　新华书店
印刷　河北松源印刷有限公司
尺寸　169毫米×239毫米
印张　11
字数　190千
版次　2021年11月第1版
印次　2021年11月第1次印刷
定价　46.00元
ISBN 978－7－5220－1341－1

前　言

近年来，人民币汇率形成机制市场化程度的提高引出了很多重要问题，需要我们从理论上进行系统的思考、研究和回答：首先，我们应如何客观评估人民币汇率形成机制市场化程度的高低（即汇率制度弹性），又如何分析、解读其发展和演变趋势？其次，经济和政治的因素，尤其是后者是否显著推动了人民币汇率制度弹性的提高？最后，人民币汇率制度弹性的提高对中国货币政策的独立性、通货膨胀和经济增长等重要宏观经济变量产生了什么影响？

然而，这些重要问题目前尚未引起学术界的充分重视，相关研究也因此较为欠缺。本书立足中国现实，在系统测算了人民币汇率制度弹性的基础上，考察了政治因素对人民币汇率制度弹性的影响以及人民币汇率制度弹性对中国货币政策独立性、通货膨胀和经济增长的影响。主要结论如下：

1. 2005年7月“汇改”以来，尤其是2015年“8·11汇改”以后，人民币汇率制度弹性指数总体呈上升趋势，人民币汇率形成机制更加弹性化。此外，人民币汇率制度弹性存在显著的高区制和低区制差异，且表现出高度的区制依赖性特征。

2. 来自美国的要求人民币升值或更加弹性化的外部政治压力和国内利益群体的汇率政策偏好都显著促进了人民币汇率制度弹性的提高。

3. 在人民币汇率制度弹性的影响方面，研究发现：首先，在给定资本流动的前提下，人民币汇率制度弹性的提高并没有导致中国货币政策独立性的上升。其次，长期来看人民币汇率制度弹性的提高导致了中国通货膨胀的上升，但人民币汇率制度弹性对中国经济增长的影响并不明确。

4. 政策当局在汇率政策上是否“言行一致”会显著影响通货膨胀和经济增长：“言行一致”时期（名义上固定—事实上固定）中国的通货膨胀是最低的，而“害怕浮动”（名义上浮动—事实上缺乏弹性）和“违背承诺”（名义上固定—事实上富有弹性）等情形都会导致较高的通货膨胀；相对“言行一致”情形来说，“违背承诺”会导致更低的产出增长（比“言行一致”情形低2.4个百分点）。

目录

图目录

表目录

第一章　导　　论

本章分两节，第一节说明本书的研究背景及拟研究的问题，第二节介绍了本书的篇章结构安排、主要内容及可能的贡献。

第一节　研究的问题

21 世纪以来，人民币汇率和汇率形成机制问题成为国内外学术界和政策制定者关注的重大问题。随着中国经济市场化进程的持续推进，人民币汇率和汇率制度对我国的贸易、投资、价格水平和经济增长等重要宏观经济变量的影响日渐凸显，要求人民币汇率形成机制市场化和弹性化的呼声不断高涨，提高人民币汇率制度弹性逐渐成为各界共识。党的十七大（2007 年 10 月）、十八大（2012 年 11 月）和十九大（2017 年 10 月）报告也明确提出，我国应进一步深化和完善汇率市场化改革。①

在此背景下，2005 年 7 月 21 日的人民币汇率制度改革（下文简称“汇改”）以来，我国出台了一系列旨在完善和深化人民币汇率形成机制市场化改革的措施，这主要表现在三个方面：首先，不断扩大市场价和中间价的波动区间（见表 1－1）；其次，不断提高中间价形成的市场化程度（见表 1－1）；最后，作为配套措施，进一步丰富和完善外汇交易品种，培育市场主体，推进市场交易方式改革等（见表 1－2）。经过十余年的改革和不断完善，人民币汇率市场化程度不断提高（Das，2019；见图 1－1）。

随着人民币汇率形成机制市场化程度的逐渐提高，很多重要问题产生，需要我们从理论上进行深入系统的思考、研究和回答。

---

① 三次大会报告对人民币汇率制度改革的措辞略有不同：十七大报告提出“完善人民币汇率形成机制，逐步实现资本项目可兑换”，十八大报告提出“稳步推进利率和汇率市场化改革，逐步实现人民币资本项目可兑换”，十九大报告则提出“深化利率和汇率市场化改革”。

表1-1　2005年7月“汇改”以来的中间价和汇率波动区间改革措施

汇率波动区间	中间价
2005年7月21日：人民币对美元交易的波动幅度为中间价上下3‰	1994年至2005年7月21日：根据上一工作日形成的加权平均汇率，公布当日美元等交易货币对人民币汇率的中间价
2005年9月23日：自该日起，人民币对非美元货币交易价的波动幅度调整为3%	2005年7月21日：将当日银行间外汇市场美元等交易货币对人民币汇率的收盘价，作为下一个工作日该货币对人民币的中间价
2007年5月21日：人民币对美元波动幅度调整为5‰	2006年1月4日：当日开始前由中国外汇交易中心向做市商询价，去掉最高价和最低价后，将剩余做市商报价加权平均得到当日中间价
2012年4月16日：银行间即期外汇市场人民币对美元汇率的波动幅度由5‰扩大至1%	2015年8月11日：做市商在每日银行间外汇市场开盘前，参考上日收盘汇率，综合考虑外汇供求情况及国际主要货币汇率变化提供中间价报价
2014年3月17日：银行间即期外汇市场人民币对美元汇率的波动幅度由1%扩大至2%	2015年12月11日：加大参考一篮子货币的力度，初步形成“收盘汇率+一篮子货币汇率变化”的中间价形成机制。2016年底，增加一篮子货币种类，2017年2月20日缩减一篮子货币汇率的计算时段，从过去24小时改为下午4点半至隔天早晨7点半 2017年5月26日：引入逆周期因子，形成“收盘价+一篮子货币汇率变化+逆周期因子”的中间价报价新机制。继2018年1月9日将逆周期因子调整至中性后，同年8月24日重启逆周期因子

资料来源：中国人民银行（www. pbc. gov. cn）、中国货币网（www. chinamoney. com. cn）。

表1-2　2005年7月“汇改”以来的配套改革措施

交易品种方面的改革	
交易品种	交易币种
2005年8月15日：推出远期外汇交易	2010年8月19日与11月22日分别开办人民币对马来西亚林吉特和俄罗斯卢布交易
2006年4月24日：推出外汇掉期交易	2011年11月28日：增加澳大利亚元对人民币和加拿大元对人民币交易
2011年4月1日：推出人民币对外汇期权交易	2012年6月1日：推出人民币对日元的直接交易
2015年4月13日：推出外币拆借交易	2013年4月10日：推出人民币对澳大利亚元的直接交易

续表

交易品种方面的改革	
交易品种	交易币种
2016年5月3日：推出标准化人民币外汇远期交易	2014—2015年：开展人民币对新西兰元、英镑、欧元、新加坡元和瑞士法郎的直接交易，开展人民币对坚戈银行间市场区域交易，推出人民币对林吉特、俄罗斯卢布和新西兰元的远期和掉期交易
2018年2月5日：推出外币对货币掉期交易、增加人民币对澳大利亚元货币掉期交易	2017年9月13日：开展人民币对柬埔寨瑞尔银行间市场区域交易
2018年5月2日：推出美元、欧元、英镑、日元、港元和澳大利亚元等6个币种的利率互换交易	2016—2018年：开展人民币对南非兰特、韩元、沙特里亚尔、阿联酋迪拉姆、加拿大元、墨西哥比索、土耳其里拉、波兰兹罗提、丹麦克朗、匈牙利福林、挪威克朗、瑞典克朗和泰铢的直接交易
市场主体培育和交易方式方面的改革措施	
市场主体	交易和清算
2005年8月8日：引入非金融企业和非银行金融机构，扩大即期外汇交易主体	2006年1月4日：即期外汇市场引入询价交易和做市商制度
2008年10月23日：银行间外汇市场引入货币经纪公司开展外汇经纪业务	2006年前集中交易、集中清算，2006年1月4日引入双边交易双边清算
2015年11月6日：境外央行类机构进入银行间外汇市场。截至2016年8月22日，共6批23家境外央行类机构进入银行间外汇市场；截至2018年9月，即期外汇市场共有649家会员（做市商有32家银行），远期和掉期市场共有192家会员，期权市场有111家会员	2009年6月1日：推出人民币外汇即期询价交易的净额清算业务 2014年11月3日：上海清算所推出人民币外汇交易中央对手清算业务，覆盖即期、远期和掉期交易，远期、掉期交易清算期限由1个月扩大至1年

资料来源：中国人民银行（www. pbc. gov. cn）、中国货币网（www. chinamoney. com. cn）。

首先，作为学术研究的起点，我们应如何客观、理性地评估人民币汇率形成机制市场化程度的高低[①]？我们应如何准确分析、解读其发展和演变趋势？

其次，是否存在抑制或促进人民币汇率制度弹性的经济或政治因素？如存在，是哪些因素？它们对人民币汇率制度弹性的影响是什么？

---

① 本书称为汇率制度弹性，弹性越高意味着人民币汇率变化灵活性越大，汇率形成机制的市场化程度越高。关于这个概念的详细分析，参见本书第二章第一节。

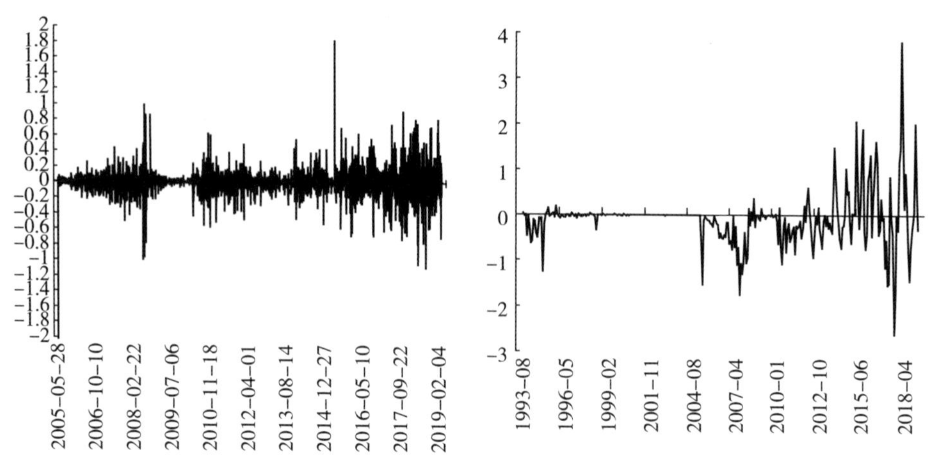

注：左图为人民币对美元汇率日度百分比变化（2005. 5. 28—2019. 6. 30），右图为月度百分比变化（1993. 8—2019. 6）。

图 1 −1　人民币对美元汇率变化

（资料来源：St. Louis FED）

最后，随着人民币汇率制度弹性的提高，它对中国宏观经济的主要方面带来了什么样的影响？特别地，从理论研究和政策制定的角度来看，人民币汇率制度弹性的提高对中国货币政策的独立性、通货膨胀和经济增长等重要宏观经济变量产生了什么影响？

凡此种种重大问题，都尚未引起学术界的充分重视，也没有得到系统而深入的思考和研究。但毫无疑问，对这些问题的研究将推动理论研究的进一步拓展，对我们更深入地认识、理解和进一步完善人民币汇率形成机制改革都具有十分重要的理论参考价值和实践指导意义（黄志刚和陈晓杰，2010；周阳等，2012）。

以上述问题为导向，本书首先系统测度了人民币汇率制度弹性，其次在此基础上考察了影响人民币汇率制度弹性的经济和政治因素，最后考察了人民币汇率制度弹性对中国货币政策独立性、通货膨胀和经济增长的影响。

第二节　结构与贡献

如本书标题所示，本书旨在测度人民币汇率制度弹性、考察其影响因素并研究人民币汇率制度弹性对宏观经济的影响，因此本书第二章首先回顾了汇率制度弹性测度、影响因素以及汇率制度弹性对宏观经济的影响等方面的文献，然后第三章至第五章分别从上述三个方面回答了第一节提出的问题。本书篇章结构和内容扼要叙述如下。

一、结构与内容

本书共六章，第一章为导论，其余各章主要内容如下。

第二章，文献回顾。作为本书研究的逻辑起点，本章分两节回顾了汇率制度弹性测度、影响因素及其对宏观经济的影响等三个方面的研究文献。第一节回顾了汇率制度弹性测度方面的研究工作，第二节则回顾了汇率制度弹性的影响因素及其对宏观经济的影响方面的研究。

第三章，人民币汇率制度弹性的测算与演变。本章第一节在第二章文献回顾的基础上，利用两类汇率制度弹性测算方法测算了人民币汇率制度弹性，得到了 7 个月度频度的人民币汇率制度弹性时间序列指数（2000. 12—2018. 12），为第四章和第五章的研究提供了数据支持。第二节利用单位根检验和马尔科夫区制转移模型（Markov regime switching）等方法考察了 7 个人民币汇率制度弹性指数的时间序列特征。

第四章，人民币汇率制度弹性的影响因素。本章分两节，第一节考察了包括通货膨胀、国内外利差和来自美国的要求人民币升值或更加弹性化的外部政治压力等在内的因素对人民币汇率制度弹性的影响，第二节则进一步考察了国内利益群体的汇率政策偏好因素对人民币汇率制度弹性的影响。

第五章，人民币汇率制度弹性与宏观经济绩效。本章考察人民币汇率制度弹性对中国宏观经济的影响，着重关注人民币汇率制度弹性对货币政策独立性、通货膨胀和经济增长的影响。第一节利用测算的 7 个人民币汇率制度弹性指数考察了人民币汇率制度弹性对中国货币政策独立性的影响，并兼而讨论了人民币汇率制度弹性对通货膨胀和经济增长的影响。第二节利用年度时间序列数据（1953—2018 年）考察了人民币汇率制度弹性，以及政策当局在汇率制度上的“言行一致性”与否对通货膨胀的影响。第三节同样利用年度时间序列数据（1953—2018 年）考察了人民币汇率制度弹性对中国经济增长和经济增长波动的影响。

第六章，完善人民币汇率制度的政策建议。本章总结本书研究的主要结论，在此基础上提出了完善人民币汇率形成机制的三条政策建议。

二、贡献和政策启示

（一）主要结论

本书的主要研究结论包括：（1）人民币汇率制度弹性不断提高，汇率形成机制更加弹性化；（2）人民币汇率制度弹性存在高度的区制依赖性特征，人民币汇率制度弹性处于同一区制的概率超过了91%；（3）来自国内外利益群体的政治压力会显著促进人民币汇率制度弹性的提高；（4）在给定资本流动的前提下，人民币汇率制度弹性的提高并不能促进中国货币政策独立性的上升，这一发现与开放经济“三元悖论”的经典论述是相悖的；（5）长期来看人民币汇率制度弹性的提高导致了通货膨胀的上升，进一步的研究还发现，“言行一致”的固定汇率制度时期赋予了中国最低的通货膨胀表现，而不论是“害怕浮动”（汇率制度名义上浮动但事实上缺乏弹性）或是“违背承诺”（汇率制度名义上固定，事实上不固定）等情形都会带来较高的通货膨胀表现；（6）研究没有发现一致证据表明人民币汇率制度弹性会显著影响经济增长；（7）在制定人民币汇率政策时应引起重视的一条经验证据是，在人民币汇率制度安排上，如果政策当局“出尔反尔”，那么可能会导致通货膨胀的上升和产出的衰退。

（二）研究贡献

1. 本书立足中国现实，系统估计了人民币汇率制度弹性，形成了既包括月度数据又包括年度数据的人民币汇率制度弹性指数，并在此基础上考察了人民币汇率制度弹性的演变、发展趋势及影响人民币汇率制度弹性的经济和政治因素。这对我们评估人民币汇率形成机制的市场化程度、深入理解影响人民币汇率政策制定的经济和政治因素具有重要的理论参考价值和政策借鉴意义。

2. 本书以“中国货币政策信贷传导渠道重要（甚至是主要的传导渠道）”这一命题为出发点，将CC－LM模型拓展至开放经济，建立了更为贴近中国开放经济现实的经济理论模型。这既是重要的理论拓展，也为我们理解中国开放经济的运行提供了基本的分析工具，为政策制定提供了理论参考。

3. 通过考察国内外利益群体对人民币汇率制度弹性的影响，本书的研究丰富和推动了汇率制度及新政治经济学的研究。从理论发展来看，一方面，学术界对利益群体等政治因素影响国际贸易的严谨分析已有60多年，并形成了一些基本原理。但关于利益群体等政治因素对汇率制度和汇率政策制定影响的研究还处于起步阶段，这与汇率制度和汇率政策在经济上的重要地位并不匹配。另一方面，学术界对影响人民币汇率制度弹性的因素和汇率政策制定中利益群体的影响还缺乏足够的重视。因此，本书的研究不仅拓展了既有的理论研究领域，而且有助于学术界从利益群体的角度深入理解人民币汇率形成机制市场化改革过程中可能面临的阻力。

4. 本书利用测算的人民币汇率制度弹性指数系统考察了人民币汇率制度弹性对货币政策独立性、通货膨胀和经济增长的影响。这些工作在很大程度上拓展了既有的关于汇率制度研究的领域，而且有助于我们深入认识和理解人民币汇率制度对中国宏观经济的影响。

（三）政策启示

1. 人民币汇率制度弹性指数的测度和编制为中国人民银行预判汇率走势和制定汇率政策提供了数据支持。

2. 本书对利益群体影响人民币汇率制度弹性的研究有助于学术界和决策者客观评估人民币汇率市场化改革对不同利益群体的影响，有助于我们理解、重视、协调和平衡不同利益群体对人民币汇率政策的诉求，从而有助于决策者主动、可控和渐进地推进人民币汇率形成机制的市场化改革。自 2005 年“汇改”以来，不同群体受到的冲击大小不等，从而支持改革者有之，反对者亦有之。因此，能否及如何协调、平衡人民币汇率市场化改革过程中各方的利益关系到改革能否顺利推进。本书利用理论和实证方法考察了出口利益群体对人民币汇率政策的诉求及其对人民币汇率制度弹性的影响，有助于我们理解人民币汇率市场化改革中出口利益群体的利益诉求，有助于我们制定合理的策略措施协调平衡不同利益群体的政策诉求，从而顺利推进人民币汇率形成机制的市场化改革。

3. 本书在人民币汇率市场化改革不断推进的背景下，考察了人民币汇率制度弹性对中国货币政策独立性的影响，这有助于决策者提前做好准备，制定相应的货币政策，因此本书的研究具有比较重要的现实意义。

4. 本书关于人民币汇率制度弹性对通货膨胀和经济增长影响的研究，有助于学术界和政策制定部门更好地认识和理解人民币汇率制度及汇率制度弹性的提高对中国宏观经济的影响，有助于政策当局在“稳通胀、保增长”的前提下出台更合理的政策措施，从而进一步完善人民币汇率形成机制的市场化改革。

第二章　文献回顾

作为本书研究的逻辑起点，本章详细回顾了与本书研究主题密切相关的三个方面的研究文献：第一节首先从两个角度考察了汇率制度弹性的含义，然后在此基础上详细回顾了围绕这两个角度设计的汇率制度弹性测度方法；第二节回顾了汇率制度弹性的影响因素以及汇率制度弹性影响货币政策独立性、通货膨胀和经济增长的文献。这些文献的梳理和回顾工作为本书主体部分的研究（第三章、第四章和第五章）奠定了基础。

第一节　汇率制度弹性测度

各国实际实行的汇率制度和事先所宣称的汇率制度常常是不同的（Rogoff 等，2003：7；Bersch 和 Klüh，2008）。实际上，自 Reinhart（2000）与 Calvo 和 Reinhart（2002）提出“害怕浮动”（fear of floating）的概念以来，经济学家对各国在汇率政策方面所表现出来的“言行不一致”现象就表现出了前所未有的兴趣。[①] 这些研究表明，现实中的汇率制度安排更多地呈现某种形式的中间汇率制度，完全固定（如美元化、货币联盟和货币局制度）与自由浮动汇率制度并不是主要的汇率制度安排形式（刘晓辉和张璟，2018；Ilzetzki 等，2017、2019）。与完全固定或者自由浮动汇率制度不同，我们常常很难判断和评估中间汇率制度下汇率变化的弹性程度。这就激发了学术界关于汇率制度弹性（exchange rate flexibility）测度的研究兴趣。

自 Holden 等（1979）的开创性研究以来，越来越多的研究尝试测度一国实际的汇率制度弹性程度，迄今已经形成了非常丰富且多样的测度方法（见图 2－1）。汇率制度弹性的测度有两个方面的意义和作用。

首先，理论上来说，一方面利用测算的汇率制度弹性指数，我们既可以考

---

① 所谓“言”，指的是各国事先宣称的汇率制度，“行”则是各国实际上实施的汇率制度，可参见 Levy－Yeyati 和 Sturzenegger（2005，2016）。至于各国为什么在汇率制度和汇率政策上会出现“言行不一致”的现象，可参见 Méon 和 Minne（2014）的回顾和讨论。

察外汇市场干预的有效性，也可以考察中央银行外汇市场干预对汇率的影响；另一方面，我们还可以利用汇率制度弹性指数，系统考察汇率制度弹性的决定和影响因素，考察汇率制度弹性对货币政策独立性、通货膨胀和经济增长的影响。①

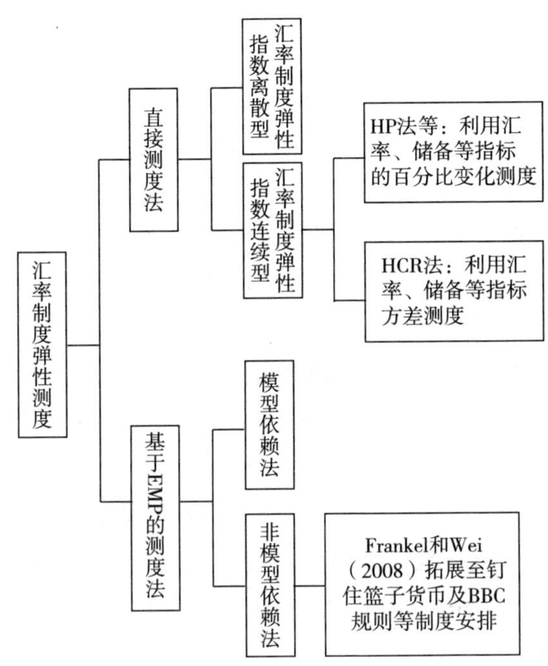

图 2－1　汇率制度弹性测度方法谱系

（资料来源：作者整理绘制）

其次，从政策实践来看，汇率制度弹性的测度对一国汇率政策的操作也具有重要意义。当经济条件变化时，如何判断、评估经济条件变化对汇率制度弹性的影响，并采取相应的政策措施进行积极主动的汇率管理，都需要我们准确地测度汇率制度弹性。因此，汇率制度弹性的测度对没有实行完全固定或者完全浮动的绝大多数国家来说，意义十分重大（黄志刚和陈晓杰，2010；周阳等，2012），对当下的中国来说，也有非常大的参考和借鉴价值。

本节在考察了汇率制度弹性含义的基础上，回顾了自 Holden 等（1979）以来关于汇率制度弹性的测度方法，并详细讨论了各种测度方法的特点和不

① 既有研究还没有充分注意到这些重要问题，研究比较薄弱，文献也较少，可参见范从来和刘晓辉（2013）及本章第二节。

足，为人民币汇率制度弹性测度的研究提供思路。本节安排如下：第一部分在给出汇率制度弹性定义的基础上，从两个角度考察了汇率制度弹性的含义；第二和第三部分以第一部分两个解读视角为主线，详细回顾了围绕这两个角度展开的汇率制度弹性测度的方法、思想、特点及缺陷；最后结合中国现实提出了未来人民币汇率制度弹性测度的研究方向。

一、概念及含义

汇率制度弹性的概念最早见于 McKinnon（1971）一文，国内部分学者或将之译为“汇率弹性”（曾先锋，2006），或将之译为“汇率灵活度”（范言慧等，2015），更多的学者则将之译为“汇率制度弹性”（刘晓辉等，2009；刘晓辉和范从来，2009；胡再勇，2010；王倩，2011；周阳等，2012；金雯雯等，2014；陈奉先，2015；刘晓辉等，2018）。一般来说，正如其英文名字所暗示的那样，它指的就是汇率变化的灵活性。

汇率制度弹性的含义与汇率制度联系紧密。根据现有文献，我们既可以直接从汇率制度本身的特征出发来解释汇率制度弹性，也可以从外汇市场压力（exchange market pressure，下文简称 EMP）的角度来诠释汇率制度弹性。

（一）基于汇率制度本身特征解释汇率制度弹性

理论上来说，在固定汇率制度情形下，为了捍卫事先宣称的汇率平价，中央银行需要在外汇市场上买入或卖出外汇储备，因此，固定汇率制度下汇率的变化为零，汇率变动因此是没有弹性的。但在浮动汇率制度下，中央银行无须干预外汇市场，储备的变化为零。在该制度下，汇率完全由外汇市场上的供求力量决定，随着供求关系的变化而变化，因而汇率变化是富有弹性的。因此，汇率制度越趋向固定的一极，汇率变化越缺乏弹性；反之，汇率制度越趋向浮动的一极，汇率变化越富有弹性。如果我们将完全固定到完全浮动之间的所有汇率制度安排视为一个连续统（continuum），那么随着汇率制度由固定向浮动一极的移动，汇率则越来越富有弹性，我们因此也说汇率制度是富有弹性的。

根据上述分析，我们可以设定中央银行在面临本币汇率变化时外汇市场“逆风干预”（leaning against the wind）的反应函数（Boyer，1978；Roper 和 Turnovsky，1980；Weymark，1995、1997；Lee 等，2009）：

$$\Delta R_t/R = -\rho_t \Delta S_t/S \tag{2-1}$$

$$\Delta r_t = -\rho_t \Delta s_t \tag{2-2}$$

其中，汇率（S）是以本币表示的一单位外币的价格，R 表示外汇储备。小写字母表示相应大写字母的自然对数形式。Δ 是一阶差分算子。在汇率和储备变化较小的情况下（接近0），式（2－1）和式（2－2）中，$\Delta R_t/R \approx \Delta r_t$，$\Delta S_t/S \approx \Delta s_t$。

在式（2－1）和式（2－2）中，ρ_t 是中央银行的反应系数。一般而言，$\rho \geqslant 0$。[①] 根据前面的分析，固定汇率制度下，$\Delta S/S = 0$，$\rho \to \infty$；浮动汇率制度下，$\Delta R/R = 0$，$\rho = 0$；而在中间汇率制度下，$\rho \in (0, \infty)$，说明一方面中央银行通过外汇市场干预影响了汇率变化，另一方面现实中汇率也对外汇市场的供求变动作出了一定的反应。因此，ρ 实际上反映了在给定的汇率制度下，中央银行面对汇率变化时的干预程度，ρ 越大，说明中央银行干预的程度越高，所允许的汇率变化空间就越有限，汇率制度弹性就越低。

（二）从 EMP 角度解读汇率制度弹性

我们还可以从 EMP 的角度来理解汇率制度弹性。EMP“测度了给定实际实施的汇率政策所产生的预期前提下，国际市场上对某一货币的全部超额需求。若不存在外汇市场干预，这种超额需求本应是由汇率水平变化来消除的”（Weymark，1997：59）。在这个定义下，EMP 可以表示为[②]

$$EMP_t = \Delta s_t + \eta \Delta r_t \qquad (2-3)$$

其中，$\eta = -\Delta s_t/\Delta r_t$，是一种转换因子（conversion factor；Weymark，1997）。从式（2－3）可知，全部的 EMP 由两个部分构成：一是汇率变化所吸收的部分（Δs_t），二是中央银行通过外汇市场干预所吸收的部分（$\eta \Delta r_t$）。通过储备变化所吸收的 EMP，在测算时需要将储备变化用等价的汇率单位（in exchange－rate－equivalent units）形式表示出来，这就是 η 的含义，它并不等同于式（2－1）和式（2－2）中的反应系数 ρ。

为了充分理解 η 所表示的经济学含义，我们不妨假设给定实际实施的汇率政策产生的预期形成后，国际市场上对本币出现了净的负超额需求（即超额供给），本币面临贬值压力。不妨进一步假设如果没有任何其他变化，本币应贬值 10% 才能使市场重新恢复均衡。如果一国实行完全的固定汇率制度，那么该国必须在外汇市场上卖出储备资产，直到全部吸收了这 10% 的贬值压力；如果实行的是浮动汇率制度，那么该国货币应该贬值 10% 才能使市场恢复均衡。但是，现实中“汇率和国际储备的变化常常是相伴而生的，这一事实说明，货币当局倾向于利用中间汇率制度”（Weymark，1997：55）。在中间汇率

---

① 现实中，中央银行很可能进行顺风干预（leaning with the wind）：本币贬值（升值）时，仍然买入（卖出）外汇储备，此时，$\rho < 0$。

② 我们这里没有讨论中央银行通过利率和国内信贷等手段影响汇率的可能性。

制度下，10%的贬值压力一部分通过汇率变化吸收了，假设该国货币贬值了5%，那么剩下的5%的贬值压力应该是通过外汇市场的干预吸收的。不妨假设为了吸收这剩余的5%的贬值压力，中央银行的储备资产减少了10%，这显然意味着储备资产每下降2%才能吸收货币1%的贬值压力，因此，可以将储备资产变化用等价的汇率单位形式转换为以汇率变化表示的贬值压力。显然在这个例子中，转换系数 $\eta = -\Delta s_t/\Delta r_t = 0.5$。

综合上述分析，我们可得出如下结论：固定汇率制度下，EMP完全是通过中央银行储备的变化得以释放的；浮动汇率制度下，EMP则完全由汇率的变化释放出来；而在中间汇率制度下，EMP则通常是由储备变化和汇率变化的某种组合所吸收的。因此，如果EMP更多地由汇率变化得以释放出来，那么该国的汇率制度就是富有弹性的；反之，如果EMP更多地是通过外汇市场干预渠道吸收的，那么这种汇率制度就是缺乏弹性的。因此，从EMP的角度来看，汇率制度弹性就是一国通过本币汇率变化所释放的EMP的比例，或者是通过本币汇率变化所释放的EMP占全部EMP的比重（刘晓辉和范从来，2009；刘晓辉和张璟，2012；刘晓辉，2014；刘晓辉等，2018）。

从上述两个角度理解汇率制度弹性需要我们利用事后（ex post）观测到的宏观经济数据，借助一定的方法来测算实际的汇率制度弹性，由此我们才能进一步判断汇率制度弹性的高低。因此，我们可以将这种汇率制度弹性称为事后的汇率制度弹性（ex post exchange - rate flexibility）。然而，在现实中，很多国家，尤其是发展中国家和新兴市场经济体，常常需要选择某种汇率制度以满足其特定的经济或政治诉求。在选择这种汇率制度时，这些国家的政策制定者常常需要根据它们所面临的经济和政治的约束，选择能够实现其利益或目标最大化的制度安排。这种汇率制度是建立在最优化计算基础上的，并且是站在事前（ex ante）的角度所进行的政策考虑和决策，由此而选择的最优汇率制度，我们称为事前汇率制度弹性（ex ante exchange - rate flexibility）。这实际上就是汇率制度选择的研究内容。这个方面的研究自20世纪50年代Friedman（1953）等人的固定与浮动之争以来，已经非常丰富了，形成了最适货币区理论研究范式（optimum currency area，下文简称OCA）、Mundell - Fleming模型（Fleming，1962；Mundell，1963、1964，下文简称M - F模型）、新开放宏观经济框架（new open economoy macroeconomics，Obstfeld和Rogoff，1995a，下文简称NOEM）以及新政治经济学框架下的多种研究范式。本章第二节扼要回顾了这方面的研究文献。

二、测度及分解：直接测度法

与对汇率制度弹性概念的诠释对应，汇率制度弹性的测度方法也相应分为两类：第一类方法直接根据汇率制度的定义，利用观测到的汇率、储备和利率等数据测度汇率制度弹性，本书将此方法称为“直接测度法”；第二类方法则在测度 EMP 的基础上，进一步测度汇率制度弹性，本书将此类方法称为“基于 EMP 的测度方法”。直接测度法又可进一步分为两类：一类测度方法得到的汇率制度弹性值是离散的，另一类得到的则是以连续变量表示的汇率制度弹性指数。

（一）离散型汇率制度弹性指数

这类测度方法是在对汇率制度详细分类的基础上，对不同的汇率制度赋予不同的数值以表示汇率制度的弹性程度。例如，将汇率制度划分为固定汇率制度、中间汇率制度和浮动汇率制度，分别赋值为 0、1 和 2。通常，数值越高表示汇率制度弹性越大。这个方面的研究实际上讨论的是汇率制度实际分类的问题（de facto classification of exchange rate regimes）。20 世纪 90 年代以后，尤其是 21 世纪以来，很多经济学家直接从不同汇率制度的特点出发，利用可观测的宏观经济指标（如利率、汇率和储备变化等），从事后对一国的汇率制度安排进行重新的分类。典型的代表包括 Reinhart 和 Rogoff（2004，下文简称 RR 分类法）、Levy - Yeyayi 和 Sturzenegger（2003、2005、2016，下文简称 LYS 分类法）、Shambaugh（2004，下文简称 SH 分类法）、Bleaney 和 Tian（2014、2017，下文简称 BT 分类法）以及 Ilzetzki 等（2017、2019，即 RR 分类法①）等。

由于这类汇率制度弹性测度方法得到的都是用离散型变量表示的汇率制度弹性程度，这类研究有两个很大的局限性：第一，当经验研究使用这类研究所测度的汇率制度弹性作为被解释变量来考察汇率制度选择的决定因素时，如果研究者采用的是离散选择模型（如二元/多元 probit 或 logit 等），那么即使这些研究者使用了同一种分类方法，他们所得到的研究结论也不能进行定量的比较和分析，因为通常利用离散选择模型时，研究者是在样本均值或某一给定值处来分析解释变量或控制变量对被解释变量的概率的影响程度或边际效应的；第二，这类研究所测度的离散型的汇率制度很难应用于国别的经验研究。

① Ilzetzki 等（2017，2019）在 Reinhart 和 Rogoff（2004）一文的基础上，对 RR 分类法的分类方法做了局部的微调，并更新了其数据集。

（二）连续型汇率制度弹性指数

这类汇率制度弹性测度方法能有效避免离散型指数的两个缺点，这种方法将汇率变化和反映政府外汇市场干预行为的储备变化等变量结合起来，构建一个以连续型变量表示的汇率制度弹性指数（exchange rate flexibility index，下文简称 ERFI）。从文献看，这类研究又可以细分为两类：第一类研究利用汇率和储备的百分比变化来测度 ERFI（Holden 等，1979；Poirson，2001。为行文便利，本书称之为 HP 法）；第二类研究则利用汇率和外汇储备的标准差或方差来测算汇率制度弹性（Hausmann 等，2001；Calvo 和 Reinhart，2002。本书称之为 HCR 法）。

1. HP 法及拓展的 HP 法。第一类研究的测算方法其实是式（2－1）的一个简单拓展，该方法建立的 ERFI 指数如下：

$$ERFI = \frac{\sum_{k=0}^{n}\left[\frac{|S_{(t-k)} - S_{(t-k-1)}|}{S_{(t-k-1)}}\right]}{\sum_{k=0}^{n}\left[\frac{|R_{(t-k)} - R_{(t-k-1)}|}{H_{t-k-1}}\right]} \qquad (2-4)$$

其中，H 表示基础货币，其余变量的含义同式（2－1）的说明。为了考察它和式（2－1）的关系，我们首先将式（2－1）两边取绝对值①并重新安排：

$$1/\rho_t = |(\Delta S_t/S)|/|(\Delta R_t/R)| \qquad (2-5)$$

然后将等式左边（$1/\rho_t$）替换为 ERFI，将式（2－5）右边做简单处理后即可得到式（2－4）。

式（2－4）中，n 在 Holden 等（1979）和 Poirson（2001）的研究中取值略有差异（前者 $n=23$，后者 $n=11$），较大的取值都是为了熨平汇率和储备的短期波动。之所以如此，是因为汇率和储备的短期波动并不能反映长期汇率政策。关于汇率 S 具体指标的选用，在两项研究中也略有差异。Holden 等（1979）使用了贸易加权平均汇率，即有效汇率，而 Poirson（2001）则使用了双边汇率。

由对式（2－1）的讨论和式（2－4）ERFI 指数的定义可知，HP 测度法下的 ERFI 指数的取值范围为［0，$+\infty$）。当指数取值为 0 时，该国实际上实行的是固定汇率制度（此时 $\rho\to\infty$）；当指数取值为 $+\infty$ 时，则表示一国储备基本没有变化，说明该国实际上实行的是浮动汇率制度（此时 $\rho=0$）；当指数

---

① ρ 取绝对值意味着我们关心的仅仅是中央银行在外汇市场上的干预程度，而不关心中央银行外汇市场干预的方向，即中央银行究竟是卖出还是买入了储备资产（Lee 等，2009）。

取值介于二者之间时，该国实行的是中间汇率制度，且指数取值越大，汇率变化的幅度越大，说明汇率制度的弹性越高。很显然，当指数取值不为0或无穷大时，我们很难判断具体的汇率制度弹性究竟是高还是低，无法给出经验的分析和解读。为了克服这个问题，我们可以通过数据转换改变指数的取值区间。Lee等（2009）将式（2-5）中的$1/\rho$进行了转换，定义为

$$ERFI_{adj} = \frac{1}{\exp^{\frac{1}{\rho}}}$$

显然，$ERFI_{adj}$的取值在［0，1］。固定汇率制度下，$\rho \to \infty$，$ERFI_{adj} = 1$；浮动汇率制度下，$\rho = 0$，$ERFI_{adj} = 0$。当指数取值不为0和1时，我们比较容易区分汇率制度是更有弹性的还是更缺乏弹性的。

Cavoli和Rajan（2013）[①]、Combes等（2012）及范言慧等（2015）给出的方法与上述方法有异曲同工之处。他们将汇率制度弹性定义为汇率变化绝对值与储备变化绝对值之和中汇率变化的占比。为了行文方便，我们将这种方法称为“拓展的HP法”，他们给出的测算公式如下：

$$ERFI = \frac{|\Delta S/S|}{|\Delta S/S| + |\Delta R/R|}$$

这个定义式可以从式（2-1）直接推导出。首先，将式（2-1）两边取绝对值，然后在该式两边同时加上$|\Delta S_t/S|$可得

$$|\Delta S_t/S| + |\Delta R_t/R| = (1 + |\rho_t|) \times |\Delta S_t/S|$$

简单变换后可得

$$1/(1 + |\rho_t|) = |\Delta S_t/S|/(|\Delta S_t/S| + |\Delta R_t/R|)$$

将该式左边定义为ERFI即可。显然，拓展的HP法下ERFI指数的取值也是在［0，1］。固定汇率制度下，$ERFI = 0$，此时$\rho \to \infty$；浮动汇率制度下，$ERFI = 1$，此时$\rho = 0$；中间汇率制度下，$\rho \in (0,1)$。

2. HCR法。与第一类汇率制度弹性指数构建方法不同，Hausmann等（2001）及Calvo和Reinhart（2002）使用了汇率和外汇储备的波动性指标，而不是用两者变化的绝对值来估计ERFI。并且，Hausmann等（2001）还注意到，一国不仅可能利用外汇储备来干预外汇市场，而且还可能通过利率手段来干预汇率。因此，在估计汇率制度弹性时，HCR法同时考虑了两类指标：一是汇率波动与外汇储备波动之比（对式（2-1）两边取方差即可得到），二是

---

① Cavoli和Rajan（2013）认为他们的测度方法基于EMP的测度方法，但根据EMP的定义（参见本节第三部分），将他们的方法归入直接测度法似乎更为妥当。

汇率波动与利率波动之比。Calvo 和 Reinhart（2002）定义了一个综合考虑外汇储备、利率与汇率波动性的 ERFI：

$$ERFI = \sigma_S^2/(\sigma_i^2 + \sigma_R^2)$$

其中，σ_S^2、σ_i^2和σ_R^2分别表示一国汇率、利率和外汇储备的方差。这个指数设计方法和 HP 法有类似的缺点：指数取值区间通常是$[0, +\infty)$，因此，当指数取值比较大的时候，无法判断汇率制度弹性的高低。

三、测度及分解：基于 EMP 的测度法

基于 EMP 的测度法是建立在 EMP 的测度基础上的，因此，在具体讨论这一方法之前，我们首先介绍 EMP 是如何测度的。

（一）EMP：内涵与测度

1. EMP 的产生。理论上最早提出并界定 EMP 的是 Girton 和 Roper（1977）。他们建立了一个 EMP 指数，该指数是储备百分比变化和汇率百分比变化之和。Boyer（1978）及 Roper 和 Turnovsky（1980）沿着 Girton 和 Roper（1977）的思路，以资本完全流动的小国开放经济模型拓展了 Girton 和 Roper（1977）的研究。他们的贡献是设定了形如式（2－1）的中央银行的反应函数，因此改进了 Girton 和 Roper（1977）的指数设计。在他们的研究框架下，尽管 EMP 仍然表现为储备百分比变化和汇率百分比变化的线性组合，但是，二者不再是等权重地进入该指数了。然而，不论指数中储备变化和汇率变化的权重是否相等，我们都缺少一个理论先验地说明这两个性质不同的概念的百分比变化是可以加总的。

这个难题在 Weymark（1995，1997，1998）的研究中得到了解决。Weymark（1995，1997，1998）考虑了价格黏性的因素，建立了一个IS－LM－AS 类型的小国开放经济模型，引入并经验地估计了 EMP 指数中的参数。该参数是一个转换因子，可以将性质不同的储备变化与汇率变化统一到一起，从而以等价汇率单位的形式测度 EMP。Weymark（1995，1997，1998）定义的 EMP 指数如式（2－6）所示。

$$EMP_t = \Delta s_t + \eta \Delta r_t \tag{2-6}$$

式（2－6）与式（2－3）基本相同，不同的是式（2－6）中的 r 是经基础货币（H）调整后的储备（R）变化，即 $\Delta r_t = (R_t - R_{t-1})/H_{t-1}$。$\eta$ 是前文所指出的转换因子，下文将详细说明。

式（2－6）表明，一国面临的 EMP 主要通过两个渠道释放出来：汇率变

化和外汇市场干预（由储备变化表示）。较高的 EMP 指数值意味着一国或者货币面临贬值压力或者其储备下降较快；反之，较低的 EMP 指数值意味着一国或者货币面临升值压力或者其储备上升较快（Sachs 等，1996）。

2. EMP 的测度：模型依赖方法。关于 EMP 的测度，学术界目前形成了两种方法：一是模型依赖法（model dependent approach），二是非模型依赖法（model independent approach）。

在第一种模型依赖方法中，EMP 指数及其估计过程中所涉及的转换因子（η）是通过宏观经济结构模型来定义和测算的，这是这类指数被称为模型依赖方法的主要原因。我们以 Weymark（1995，1997，1998）为例，说明模型依赖的 EMP 测度方法及转换因子 η 的决定因素。我们首先给出小国开放经济模型：

$$\Delta p_t = \alpha_0 + \alpha_1 \Delta p_t^* + \alpha_2 \Delta s_t \tag{2-7}$$

$$\Delta i_t = \Delta i_t^* + \Delta s_{t+1}^e - \Delta s_t \tag{2-8}$$

$$\Delta m_t^d - \Delta p_t = \beta_0 + \beta_1 \Delta y_t - \beta_2 \Delta i_t \tag{2-9}$$

$$m_t^s = m_{t-1}^s + \Delta d_t + \Delta r_t \tag{2-10}$$

$$\Delta r_t = -\rho_t \Delta s_t \tag{2-11}$$

其中，p、i、m^d、m^s、y、d 分别表示本国的价格水平、利率、货币需求、货币供给、实际产出和国内信贷。除利率、国内信贷和国际储备等变量外，其余变量都是以自然对数形式表示的。Δd 和 Δr 分别表示经过基础货币调整后的国内信贷和储备的百分比变化。带有星号的变量表示相应的外国变量。

式（2－7）反映了汇率的不完全传递。式（2－8）表示无抛补利率平价，Δs_{t+1}^e 表示预期的汇率变化。式（2－8）表明，在资本完全流动条件下，以同一种货币表示的本币资产和外币资产的预期收益应趋于一致。本国实际货币需求式（2－9）采用了标准的 Cagan 类型的货币需求函数，且有 β_1、$\beta_2 > 0$。式（2－10）表明，在开放经济条件下，本国货币供给的变化主要由国内信贷和储备变化两部分构成。式（2－11）与式（2－2）类似，它给出了中央银行的反应函数。

将式（2－7）和式（2－8）代入式（2－9）得到

$$\Delta m_t^d = \alpha_0 + \alpha_1 \Delta p_t^* + \alpha_2 \Delta s_t + \beta_0 + \beta_1 \Delta y_t - \beta_2 [\Delta i_t^* + \Delta s_{t+1}^e - \Delta s_t] + \varepsilon_t$$

由式（2－10）有

$$\Delta m_t^s = \Delta d_t + \Delta r_t$$

当货币市场均衡时有

$$\alpha_0+\alpha_1\Delta p_t^*+\alpha_2\Delta s_t+\beta_0+\beta_1\Delta y_t-\beta_2\Delta i_t^*-\beta_2\Delta s_{t+1}^e+\beta_2\Delta s_t=\Delta d_t+\Delta r_t$$

整理后得到

$$\Delta s_t=[\Delta d_t+\Delta r_t-\alpha_1\Delta p_t^*-\beta_1\Delta y_t+\beta_2\Delta i_t^*+\beta_2\Delta s_{t+1}^e-\alpha_0-\beta_0]/(\alpha_2+\beta_2) \tag{2-12}$$

将式（2-11）代入式（2-12）得到

$$\Delta s_t=[\Delta d_t-\alpha_1\Delta p_t^*-\beta_1\Delta y_t+\beta_2\Delta i_t^*+\beta_2\Delta s_{t+1}^e-\alpha_0-\beta_0]/(\alpha_2+\beta_2+\rho_t) \tag{2-13}$$

令

$$\Psi=(\alpha_2+\beta_2+\rho_t),X=[\Delta d_t-\alpha_1\Delta p_t^*-\beta_1\Delta y_t+\beta_2\Delta i_t^*-\alpha_0-\beta_0]$$

因此得到

$$\Delta s_t=(X+\beta_2\Delta s_{t+1}^e)/\Psi \tag{2-14}$$

显然，预期的汇率变化、货币冲击、本国产出的变化、国内信贷的变化以及国外价格的变化都会导致外汇市场上对本币的超额需求或超额供给，从而导致本币的外汇市场压力。

由式（2-12）可得

$$\partial(\Delta s_t)/\partial(\Delta r_t)=1/(\alpha_2+\beta_2)$$

根据 Weymark（1997）的定义：

$$\eta=-\partial(\Delta s_t)/\partial(\Delta r_t)$$

从而得到

$$\eta=-1/(\alpha_2+\beta_2)$$

因此，模型依赖的 EMP 指数可进一步设定为

$$EMP_t=\Delta s_t+\eta\Delta r_t \tag{2-15}$$

最后，利用宏观经济资料和时间序列计量经济方法，就可以得到 α_2 和 β_2 的估计值，进而得到 η，最终可估计得到 EMP 的时间序列指数。

3. EMP 的测度：非模型依赖方法。许多学者对模型依赖的 EMP 测度方法提出了两个方面的严厉批评。首先，这些批评认为，汇率的结构主义模型很难经验地解释和预测汇率在中短期内的变化。“更新近的研究证实，在预测一年内的汇率运动时，随机游走模型要比更精确的模型（指结构主义宏观经济模型）表现更出色”（Krugman 等，2018：647）。其次，模型依赖的指数估计结果本身也依赖于具体的模型设定，模型设定的差异很可能导致估计结果的差异（Weymark，1995），这种差异的影响如何，目前还没有得到很好的解决。

为克服这些缺陷，一些学者提出了一种非模型依赖的 EMP 指数和测度方法，它是汇率百分比变化和储备百分比变化的线性组合。但这类研究也存在非常大的争议。目前看来，争议主要集中在 EMP 的构成及权重设定上（胡利琴等，2014）。

（1）EMP 构成的争议。在 EMP 的构成上，学术界争议的地方在于是否应将利率纳入 EMP 的测算中。部分研究在测算 EMP 时并不考虑利率因素的影响（如 Fiess 和 Shankar，2009；Frankel 和 Xie，2010）。然而，在发达市场经济国家中，中央银行通过对利率的调控也能直接或间接影响汇率水平，从而吸收部分的 EMP。因此，将利率引入 EMP 的测算中是有其理论合理性的。出于这种考虑，一些研究在测算 EMP 时引入了利率因素（如 Eichengreen 等，1994、1995、1996；Van Horen，2006；Mody 和 Taylor，2007；Hegerty，2009）。然而，新的问题随之而来：利率应如何被引入模型呢？学术界对此颇有争议。部分学者将本国利率的一阶差分引入了 EMP 测算中（如 Van Horen，2006；Mody 和 Taylor，2007）。部分学者却认为，如果一国没有汇率目标，那么利率应该以水平值而不是一阶差分的形式进入指数（Hegerty，2009；Klaassen 和 Jager，2011）。

（2）EMP 权重设计的争议。在 EMP 各个部分的权重设定上，目前的研究争议较多，给出的权重设计方案差异较大（见表 2－1）：最简单的权重设计方案是将 EMP 指数中的各个构成部分的权重都设为 1，一些研究则将各个构成部分标准差的倒数设为各个部分的权重，还有一些研究选择使 EMP 指数的各个构成部分的条件方差相等的权重。但这些权重设计方案可能面临异常值的困扰。为避免异常值的影响，一些学者改进了 EMP 指数的权重设计，将各构成要素的权重设定为各要素方差（或标准差）的倒数占所有构成要素方差（或标准差）的倒数之和的比重。

表 2－1　　非模型依赖的 EMP 指数及权重设计

文献	EMP 指数及权重设计方法
简单权重设计方案：各构成部分权重为 1	
Cavoli 和 Rajan（2006）	$EMP_t = \Delta s_t \times 100 - \Delta r_t \times 100$
Aizenman 和 Hutchison（2010）	$EMP_t = \Delta s_t \times 100 - \Delta r_t \times 100$
Aizenman 等（2010a）	同 Aizenman 和 Hutchison（2010）
Aizenman 和 Binici（2015）	同 Aizenman 和 Hutchison（2010）

续表

文献	EMP 指数及权重设计方法
权重设计方案：各构成部分标准差的倒数	
Alvarez－Plata 和 Schrooten（2004）	$EMP_t = (1/\sigma_s)\Delta s_t \times 100 - (1/\sigma_r)\Delta r_t \times 100$
Glick 和 Hutchison（2001）	$EMP_t = 1/\sigma_{RER}\Delta RER_t \times 100 - 1/\sigma_r \Delta r_t \times 100$
Aizenman 和 Hutchison（2010）	$EMP_t = (1/\sigma_s)\Delta s_t \times 100 - (1/\sigma_r)\Delta r_t \times 100 - (1/\sigma_i)(i_t - i_t^*)$
Aizenman 等（2010a）	$EMP_t = (1/\sigma_s)(\Delta s_t - \mu_{\Delta st}) \times 100 - (1/\sigma_r)(\Delta r_t - \mu_{\Delta rt}) \times 100$
权重设计方案：各构成部分条件方差相等	
Eichengreen 等（1996）	$EMP_t = \alpha_1 \Delta s_t \times 100 + \alpha_2 \Delta(i_t - i_t^*) - \alpha_3 \Delta(r_t - r_t^*) \times 100^a$
Sachs 等（1996）	$EMP_t = \Delta s_t \times 100 - (\sigma_s/\sigma_r)\Delta r_t \times 100$
Kaminsky 等（1998）	$EMP_t = \Delta s_t \times 100 - (\sigma_s/\sigma_r)\Delta r_t \times 100$
Berg 和 Pattillo（1999）	$EMP_t = \Delta s_t \times 100 - (\sigma_s/\sigma_r)\Delta r_t \times 100$
Kaminsky（1999）	$EMP_t = \Delta s_t \times 100 - (\sigma_s/\sigma_r)\Delta r_t \times 100$
Kaminsky 和 Reinhart（1999）	$EMP_t = \Delta s_t \times 100 - (\sigma_s/\sigma_r)\Delta r_t \times 100$
Edison（2003）	$EMP_t = \Delta s_t \times 100 - (\sigma_s/\sigma_r)\Delta r_t \times 100$
权重设计方案：各要素方差的倒数占所有构成要素方差的倒数之和的比重	
Bussière 和 Mulder（1999）	$EMP_t = (1/\sigma_{RER}^2)/(1/\sigma_{RER}^2 + \sigma_r^2)RER_t \times 100 -$ $(1/\sigma_r^2)/(1/\sigma_{RER}^2 + \sigma_r^2)\Delta r_t \times 100$
Stavarek（2007）	$EMP_t = (1/\sigma_s)/(1/\sigma_s + 1/\sigma_r)\Delta s_t \times 100 -$ $(1/\sigma_r^2)/(1/\sigma_s + 1/\sigma_r)\Delta r_t \times 100$

注：1. 如无特别说明，表中 μ_x 表示 x 变量百分比变化的样本均值，σ_x 表示 x 变量百分比变化的样本标准差。

2. 部分学者采用对数方法计算汇率的百分比变化，即汇率百分比变化 $= (\ln S_t - \ln S_{t-1}) \times 100 = (\Delta \ln S_t) \times 100 = (\Delta s_t) \times 100$，部分学者直接利用百分比变化的定义来计算汇率的百分比变化，即汇率百分比变化 $[(S_t - S_{t-1})/S_{t-1}] \times 100$。如果汇率变化比较大，那么这两种计算方法得到的结果是有很大差异的。为统一和行文简便，本表对这两种处理方法没有做区分，统一表示为 $\Delta s_t \times 100$。

3. 表中 EMP 指数计算中，对于外汇储备一项，部分学者采用的是经过基础货币调整后的储备变化，即 $\Delta r_t = (R_t - R_{t-1})/H_{t-1}$，部分学者则直接利用储备的百分比变化。本表没有做区分。

4. Bussière 和 Mulder（1999）及 Glick 和 Hutchison（2001）的研究中，RER 和 σ_{RER} 分别表示以自然对数形式表示的实际汇率及其变化的标准差。利用实际汇率而不是名义汇率构建 EMP 指数的好处是它可以剔除高通货膨胀的影响。

5. Eichengreen 等（1996）设计权重的原则是使三个构成要素的条件方差相等。

资料来源：根据文献整理。

纷繁多样的权重设计方案衍生出了两个问题：首先，不同的权重设计方案估计得到的 EMP 指数在数值大小、发展趋势等方面表现并不一致，这意味着研究结论很可能随着权重设计的变化而变化。解决方法之一是研究者在研究时同时考虑这些不同的权重设计方案，进行稳健性分析（如周兵等，2012；刘晓辉和张璟，2012；靳玉英等，2013；刘晓辉，2014；刘晓辉等，2018；Liu 和 Zhang，2009；Aizenman 等，2010a）。其次，这些权重都是非时变参数。但金融时间序列具有波动集群性（volatility clustering）的特征，因此，在金融时间序列是时变的或存在结构断点的情况下，不变权重就不能充分地平滑这种波动性（Bertoli 等，2010）。解决的方法包括：一是采取时变权重；二是在设定不变权重之前考察 EMP 各构成要素的时间序列特征，确保不存在波动集群性或结构断点。

（二）基于 EMP 的汇率制度弹性测度

1. 定义和测度。

（1）基于 EMP 的汇率制度弹性的定义。我们这里暂且撇开 EMP 测度中所涉及的诸种问题不谈，也不考虑 EMP 的测度是用模型依赖方法还是非模型依赖方法得到的，我们首先定义一个一般性的 EMP 指数：

$$EMP_t = w_1 \Delta s_t + w_2 \Delta i_t + w_3 \Delta r_t$$

其中，$w_1 > 0$，w_2、$w_3 < 0$，其余各变量含义同前。根据前文对汇率制度弹性的定义，我们可以定义汇率制度弹性指数（ERFI）为

$$ERFI_t = w_1 \Delta s_t / EMP_t \qquad (2-16)$$

理论上来说，这个指数取值范围是（$-\infty$，$+\infty$）。但大多数情况下，指数取值为［0，1］。$ERFI = 0$ 时，说明本币面临的 EMP 完全是通过中央银行外汇市场干预释放的，因此，本国实行的是固定汇率制度；$ERFI = 1$ 时，说明本币 EMP 完全是通过汇率变化释放的，本国中央银行并没有进行任何外汇市场干预，因此，本国实行的是浮动汇率制度；$ERFI \in (0,1)$ 时，说明本币 EMP 是通过汇率变化和外汇市场干预两个渠道共同释放的，因此，本国实行的是中间汇率制度。显然，指数越接近 1，说明汇率制度越趋近浮动汇率制度，汇率制度越有弹性；反之，指数越接近 0，则说明一国实际的汇率制度安排越缺乏弹性。

值得指出的是，利用这个方法所界定的 ERFI 指数取值可能小于 0 或大于 1。当 $ERFI_t < 0$ 时，说明汇率变化（Δs_t）与 EMP_t 异号。这可以分两种情况说明：其一，$\Delta s_t < 0$，且 $EMP_t > 0$，即本币面临贬值压力时（$EMP_t > 0$），本币升值（$\Delta s_t < 0$）；其二，$\Delta s_t > 0$，且 $EMP_t < 0$，即本币面临升值压力时（$EMP_t < 0$），本币贬值（$\Delta s_t > 0$）。这两种情况都说明中央银行存在过度的逆

风干预。当 $ERFI_t > 1$ 时，同样可以分两种情况考察：其一，$\Delta s_t > EMP_t > 0$，即本币面临贬值压力时（$EMP_t > 0$），本币贬值（$\Delta s_t > 0$）；其二，$\Delta s_t < EMP_t < 0$，即本币面临升值压力时（$EMP_t < 0$），本币升值（$\Delta s_t < 0$）。这两种情况分别说明本币出现过度贬值或升值时，中央银行对外汇市场的干预其实是顺风干预型的。

（2）汇率制度弹性指数（$ERFI$）、转换因子（η）与中央银行反应系数（ρ）。我们已经知道，转换因子 η 的大小是取决于经济模型的结构参数的，因此，不同国家或者同一个国家在不同时期，经济结构参数的变化都会影响到转换因子的大小，从而以等价汇率单位形式表示的储备变化所吸收的 EMP 是不同的，这显然会进一步影响汇率制度弹性的大小。另外，我们前面的讨论已经让我们感觉到汇率制度弹性指数很可能还会受到中央银行反应系数的影响。我们根据模型依赖的 EMP 测度方法进一步讨论这一问题，由前面的式(2－15)和 ERFI 的定义式（2－16）可知：

$$ERFI_t = w_1 \Delta s_t / EMP_t = w_1 \Delta s_t / (\Delta s_t + \eta \Delta r_t)$$

其中，$\eta = -1/(\alpha_2 + \beta_2)$。

由式（2－1）或式（2－11）可将上式进一步化简为

$$ERFI_t = 1/(1 - \rho\eta) \qquad (2-17)$$

固定汇率制度下，$\rho \to \infty$，此时 $ERFI = 0$；浮动汇率制度下，$\rho = 0$，此时 $ERFI = 1$。只要 $\rho\eta$ 不为 1（注意：η 是小于 0 的，ρ 只有在顺风干预的情形下才可能小于 0），即如果不考虑顺风干预的情形，那么 $ERFI$ 就不可能趋近无穷大。

式（2－17）还表明，汇率制度弹性的直接测度法并没有考虑到中央银行对外汇市场干预之后，储备变化通过经济系统的连锁反应后所吸收的 EMP 可能与储备变化本身并不等同。对于这一点，我们不妨仍以前面的数值例子加以进一步的说明。在中央银行对外汇市场干预后，储备资产减少了 10%，并吸收了 5% 的 EMP，因此，10% 的储备变化实际上只能吸收 5% 的贬值压力，这时转换系数 $\eta = -0.5$。但用直接测度法测度汇率制度弹性指数时，10% 的储备变化就以 10% 的数值进入了测度公式，而在基于 EMP 的测度方法下，实际上 10% 的储备变化是以转换后的 5% 这个数值进入测度模型的。简言之，直接测度法下 η 被隐含地假设为 －1 了，而基于 EMP 的测度方法不仅考虑了中央银行面临汇率变化时所采取的外汇市场干预力度（ρ），而且考虑了这种干预事实上所吸收的 EMP 的高低（η），这是基于 EMP 的汇率制度弹性测度方法相对于直接测度方法而言的一个重要优点。此外，相对 HP 和 HCR 等测度方法而言，基于 EMP 的汇率制度弹性测度方法的优点在于：一是该定义具有更加明确且符合经济学原理的含义；二是该定义能反映中央银行过度干预和汇率过度调整的情形；三是具体测算时，该测度方法对数据的频度要求较低，一般而言，月度数据即可满足。

2. 测算和应用。我们根据 EMP 测度方法的不同，将基于 EMP 的汇率制度弹性测度方法分为两类：一类方法中 EMP 的测度是模型依赖的，而另一类方法中 EMP 的测度则是非模型依赖的。然后我们讨论利用这两类方法所展开的研究。

Weymark（1997）利用基于 EMP 的汇率制度弹性测度方法测算了 1975—1990 年间加拿大中央银行对外汇市场的干预程度（从另一个方面来说，相当于测算了加拿大的汇率制度弹性）。这是基于 EMP 的汇率制度弹性测度方法的最早运用。Liu 和 Zhang（2009）、卜永祥（2009）、刘晓辉等（2009）、刘晓辉和张璟（2012）、刘晓辉（2014）及刘晓辉等（2018）利用这一方法测度了中国人民银行对外汇市场的干预程度和人民币汇率制度弹性。

在基于 EMP 测度汇率制度弹性的另一类测度方法中，EMP 的测算是非模型依赖的，这个方法极大地便利了运算。这个方面的研究目前还比较少。刘晓辉等（2009）、刘晓辉和张璟（2012）、刘晓辉（2014）以及刘晓辉等（2018）运用这一方法测算了人民币汇率制度弹性。但这个方法是有缺陷的。Frankel 和 Wei（2008）指出，利用这个方法测度汇率制度弹性的一个前提假设是该国货币是锚定美元或其他某个单一货币的。但是，当今很多货币都实行了某种形式的 BBC 规则（band - basket - crawl），在这种情况下，这个方法是难以准确测度汇率制度弹性的。在以前研究的基础上，他们拓展了这个方法，使之能适用于 BBC 规则及其变体的各种情况。他们首先在货币篮子方程中引入 EMP 变量，然后利用回归方法来测度汇率制度弹性。假设 EMP 可以表示为

$$EMP_t = \Delta s_t + w_1 \Delta r_t + w_2 \Delta i_t$$

其中，$w_1 = \sigma_s / \sigma_r$，$w_2 = \sigma_s / \sigma_i$，$\sigma_i$表示利率的标准差，其余变量含义同前。那么，Frankel 和 Wei（2008）用来估计汇率制度弹性的方程可以表示为

$$\Delta s_t = \alpha + w_1 \Delta W_1 + \cdots + w_n \Delta W_n + \kappa \Delta EMP_t + \mu_t$$

其中，$W_i (i = 1, 2, \cdots, n)$ 分别表示本币对一篮子货币中各个货币的汇率的对数值，w_i则是美元、欧元和日元在本国货币篮子中的权重。κ 度量了汇率制度的弹性程度。当 $\kappa = 0$ 时，表示一国实行的是完全固定的汇率制度；当 κ 越来越大时，表示汇率制度弹性不断增加。当 $\kappa = 1$ 时，表示实行的是完全浮动的汇率制度。但是，这种测度方法得到的汇率制度弹性通常是一个数值，难以形成

连续的时间序列，对于动态地观测和评估汇率制度弹性趋势而言，作用有限。除了 Frankel 和 Wei（2008）利用这一方法考察了 20 种货币的汇率制度弹性之外，王倩（2011）和周阳等（2012）也利用该方法测算了人民币汇率制度弹性。

四、结论和本书的研究工作

过去 20 年来，关于汇率制度弹性测度的研究日益增多，这为我们理解和完善汇率制度提供了重要的理论参考和指导，也激发了国内学术界近年来关于人民币汇率制度弹性测度的研究兴趣（如刘晓辉等，2009；胡再勇，2010；刘晓辉和张璟，2012；刘晓辉，2014；陈奉先，2015；刘晓辉等，2018；Liu 和 Zhang，2009）。然而，除了已经指出的问题之外，国内外的研究还存在很多缺陷。

首先，就直接测度方法来说，其中的第一种测度方法，即包括 Reinhart 和 Rogoff（2004）等在内的离散型测度指数，不利于我们从事针对单一经济体的时间序列研究。同时，这种方法在实证中也可能会面临存在估计偏误的指责。第二种测度方法，即连续性指数方法（包括 HP 法、拓展的 HP 法和 HCR 法）的问题在于：一是由于指数取值总为正，因此，它难以捕捉一国过分干预外汇市场或汇率过度调整的情形，基本原因在于，这类指数对汇率变化和中央银行外汇市场干预指标取了绝对值，或者利用汇率和储备的样本方差来测度汇率制度弹性；二是相对于 HP 法和拓展的 HP 法而言，HCR 法对数据频度的要求更高；三是这类研究没有考虑到以等价汇率单位形式衡量的储备变化所释放的升值或者贬值压力。

其次，在基于 EMP 的汇率制度弹性测度方法中，模型依赖的测度方法在测度 EMP 时依赖于 M－F 模型类型的宏观经济结构模型，但对包括中国在内的大多数发展中国家来说，这类模型的运用存在很大的局限：在这类模型中，货币政策主要是通过利率渠道传递的，对包括中国在内的很多发展中国家来说，利率传导渠道可能并不存在或者其影响不大。部分经验证据表明，中国基本不存在利率传导渠道（盛松成和吴培新，2008）。一方面，从现实因素看，中国金融体系中银行占了主导地位，并且中长期的存贷款利率仍没有市场化，短期利率向中长期利率传导的机制或利率期限结构缺失，这就决定了中国企业对银行信贷的依赖超过了对其他融资方式的依赖和利率传导机制的不畅；另一方面，越来越多的证据表明，信贷传导机制在中国是非常重要的（蒋瑛琨等，2005；赵振全等，2007；江群和曾令华，2008；许伟和陈斌开，2009；汪川等，2011；刘凤兰和袁申国，2012），甚至是中国货币政策的主要传导渠道（盛朝晖，2006；盛松成和吴培新，2008；潘敏和缪海斌，2010）。如果信贷传导渠道十分重要，那么国内信贷的变化极有可能在很大程度上影响到汇率的变动，在此情况下，进一步改进和拓展模型依赖的汇率制度弹性测度方法就尤其具有重要的理论和现实意义。

本书第三章利用直接测度法和基于 EMP 的测度法测算了人民币汇率制度弹性，得到 7 个月度频度的人民币汇率制度弹性指数。这是本书第三章的一个重要贡献。本书第三章的重要贡献之二在于，通过引入货币政策信贷传导渠道，拓展了模型依赖的 EMP 测算方法和汇率制度弹性测度方法，并由此进一步测算了货币政策信贷传导渠道下的人民币汇率制度弹性，具体分析和讨论见第三章。

第二节　汇率制度弹性的影响因素及经济绩效

一、汇率制度弹性的影响因素①

就其实质来说，汇率制度弹性的影响因素与汇率制度选择的影响因素是同一回事，因此本部分扼要回顾汇率制度选择与决定因素的理论。过去 60 多年中，关于汇率制度选择的研究不断增多，这些研究把影响汇率制度选择和汇率制度弹性的因素大致分为三类：一是 OCA 因素，二是宏观经济结构因素，三是政治因素。我们据此扼要回顾已有理论研究。

（一）OCA 因素

OCA 理论最早肇端于 Mundell（1961）的研究，随后，包括 McKinnon（1963）和 Kenen（1969）等在内的许多学者进一步拓展了这一理论。OCA 理论认为，包括要素流动性、贸易开放程度和产品多样化程度等在内的经济结构特征决定了一国汇率制度选择。Mundell（1961）认为，如果一国内部的要素流动性高，但与国外之间的要素流动性程度低的话，那么该国更应实行浮动汇率制度。McKinnon（1963）则认为，当经济体开放程度较高时，一国不宜采取浮动汇率制度，而应实行固定汇率制度。Kenen（1969）认为，如果一国生产的产品多样化程度越高，那么一国就越适宜采取固定汇率制度；反之，如果

① 详细的文献回顾，参见 Cruz - Rodriguez（2013）、刘晓辉和范从来（2007）、范从来和刘晓辉（2013）、刘晓辉（2013）、张璟和刘晓辉（2015，2018）及刘晓辉（2021）等。

一国的产品结构越单一，那么该国就越应采取浮动汇率制度。

（二）宏观经济结构因素

这类研究认为，经济冲击、资本账户开放程度、通货膨胀、外汇储备、外债和金融发展等宏观经济和结构性因素都是影响汇率制度选择的重要变量。我们下面扼要论述这些因素对汇率制度选择的影响渠道及影响方向。

1. 经济冲击。根据 M－F 模型可以推知：如果一国面临的实际冲击越大，那么一国越应实行浮动汇率制度以稳定产出；反之，如果一国面临的货币冲击越大，那么一国就越应采取固定汇率制度。因此，实际冲击与汇率制度弹性是正相关的，而货币冲击与汇率制度弹性则是负相关的。

2. 资本账户开放度。传统的理论（Mundell，1963、1964）认为，一国在货币政策独立性、汇率稳定和资本自由流动三个目标之间，只能同时实现其中的两个。因此，在资本跨国流动日益加剧的现实背景下，一国不得不在固定汇率制度和浮动汇率制度之间作出选择。Levy－Yeyati 等（2010：662－663）认为，在货币错配的情况下，名义汇率贬值会恶化资产负债表，从而削弱资本账户开放对汇率制度选择的影响。他们认为，如果资本账户开放引起资本流动的剧烈波动进而导致名义汇率急剧变动的话，那么，持有大量外币计值负债的国家很可能选择固定汇率制度。上述理论分析表明，资本账户开放程度对汇率制度选择的影响方向是不确定的。

3. 通货膨胀。根据 OCA 理论，国内外通货膨胀差异越高，一国越不应实行固定汇率制度（Fleming，1971）。但是，高通货膨胀的经济体也可能会引入固定汇率这个名义锚以降低通货膨胀，因此，通货膨胀与汇率制度弹性的关系是不确定的。

4. 外汇储备。如果一国持有的外汇储备越多，那么一国成功抵御投机攻击的可能性就越大（Krugman，1979），该国也就越可能维持或捍卫固定汇率制度；反之，如果一国外汇储备的规模越小，那么就越不可能实行固定汇率制度。因此，外汇储备规模与汇率制度弹性是负相关的。

5. 外债。一般来说，外债越高的经济体越可能采取赤字财政政策以偿还外债。但是，第一代货币危机理论表明，财政赤字是不利于维持和捍卫固定汇率制度的（Krugman，1979），因此，外债越高越可能导致一国实行浮动汇率制度。但是，如果一国存在大量以外币计值的外债，那么一国反而越可能保持汇率稳定以避免外债规模的扩张。因此，外债规模与汇率制度弹性的关系并不明确。

6. 金融发展。最早注意到金融发展对汇率制度弹性影响的是 Bordo 和 Flandreau（2001）及 Bordo（2003）。他们认为，一般而言，金融发展程度越低的经济体越可能实行固定汇率制度，而金融发展程度越高的经济体越可能实行更有弹性的汇率制度，换言之，金融发展程度与汇率制度弹性是正相关的（Bordo 和 Flandreau，2001；Bordo，2003；Lin 和 Ye，2011）。随后，大量的经验研究考察了金融发展对汇率制度选择的影响（Bordo 和 Flandreau，2001；Markiewicz，2006；Von Hagen 和 Zhou，2007；Bleaney 和 Francisco，2008；Calderón 和 Schmidt - Hebbel，2008；Carmignani 等，2008；Hossain，2009；Frieden 等，2010；Lin 和 Ye，2011；Berdiev 等，2012），但是，这些研究并不能就金融发展对汇率制度选择或汇率制度弹性的影响达成一致结论。

（三）政治因素

20 世纪 90 年代后，政治因素被引入了汇率制度选择的研究中。这些研究表明，包括民主程度、政治不稳定和利益群体等在内的政治因素对汇率制度选择有着重要影响。但是这些因素对汇率制度弹性的影响方向都是不确定的。

1. 民主程度。就民主程度的影响来说，大部分学者认为，民主程度越高的政府越容易受到利益群体的影响，很难采取不受利益群体等社会政治团体欢迎的政策手段来维持固定汇率制度，因此，民主程度越高的国家越可能实行更有弹性的汇率制度（Bernhard 和 Leblang，1999；Broz，2002；Bearce 和 Hallerberg，2011）。但也有少数学者认为，民主程度越高的国家越可能实行固定汇率制度以避免利益群体对政府政策制定的影响（Frieden 等，2010）。

2. 政治不稳定。就政治不稳定的影响而言，一部分学者认为政治不稳定的经济体可以通过引入固定汇率的承诺来提升政府的公信力；另一部分学者则认为，政治不稳定的经济体没有政治能力实施不受公众欢迎的政策以捍卫固定汇率制度，或者在实施这些政策时缺乏足够的政治支持，因此，政治不稳定反而会导致一国难以维持固定汇率制度而倾向于实行浮动汇率制度（Broz，2002）。

3. 利益群体。Frieden（1991，1994）较早考察了利益群体对汇率制度和汇率水平的偏好问题。他认为，就对汇率制度的偏好而言，包括非贸易品和服务的生产者及主要面向国内市场的贸易品生产者在内的经济人及全部业务都发生在本国的经济人当然希望政府能拥有独立的货币政策以稳定国内价格水平，从而有助于稳定这些群体的通胀预期。根据 M - F 模型可以推知，在资本流动的前提下，这些利益群体更偏好一国实行浮动汇率制度以追求独立的货币政策。与此相反，主要依赖国际贸易和投资的利益群体或群体更偏好稳定的汇率以锁定国际贸易及资产交易的汇率波动风险。然而，这种理论分析不是唯一的可能。如果一国为了稳定长期以来高企的通货膨胀而决定实行固定汇率制度，那么这意味着该国的实际汇率会有短暂的升值，而这种升值对贸易品生产者来说是不利的（Frieden 等，2001），并且固定汇率制度也降低了运用贬值手段以提高贸易品竞争力的可能（Frieden 等，2010：2），因此，在此情形之下依赖于国际贸易的利益群体也可能更为偏好浮动汇率制度。

因此，即便是同一利益群体也可能偏好不同的汇率制度。实际上，利益群体对汇率制度的不同偏好除了受具体的经济条件和环境的约束外，也可能受到利益群体中产品标准化程度、对进口投入品的依赖程度和企业资产负债表结构等因素的影响（Steinberg 和 Walter，2012）。这说明我们可以按照这些因素对利益群体进行进一步的细分，从而拓展从利益群体角度展开的研究。

二、汇率制度弹性对货币政策独立性、通货膨胀和经济增长的影响

（一）汇率制度弹性与货币政策独立性

20 世纪 60 年代，Robert A. Mundell 和 J. Macrus Fleming 提出了开放经济条件下的 M－F 模型（Fleming，1962；Mundell，1963、1964），由此引出了关于汇率制度、汇率制度弹性与货币政策独立性的研究。按照时间脉络，关于这个问题的研究大致可以分为 20 世纪 60—90 年代和 21 世纪迄今两个阶段。

1. 早期的研究（20 世纪 60—90 年代）。20 世纪 90 年代之前的研究主要以 M－F 模型为基本框架，考察了固定汇率和浮动汇率两种极端汇率制度下的货币政策独立性。传统的观点认为，资本自由流动的情况下，实行固定汇率制的国家会丧失货币政策的独立性，实行浮动汇率制的国家可以通过汇率变动吸收外部冲击，从而保持货币政策的独立性（Obstfeld 和 Rogoff，1995b）。也有一些研究认为，货币供给冲击的流动性效应会引起国内外名义利率和实际利率的短期变动，进而形成国内外实际利率差异和通货膨胀差异，因此，即使在固定汇率制度下，货币政策依然可以在短期内调节国内产出和通货膨胀，从而保持一定的自主操作的空间（Stockman 和 Lee，1993）。

2. 近期的研究（21 世纪迄今）。20 世纪 90 年代，新兴市场经济体爆发的一系列金融危机使得许多国家被迫放弃了固定汇率制度。受到这些重大现实的

启示，Krugman（1999）在 M－F 模型基础上，提出了“三元悖论”假说。该假说认为，开放经济下，一国不能同时拥有汇率稳定、货币政策独立性和资本自由流动三个政策目标，只能同时拥有其中的两个而必须放弃第三个目标。“三元悖论”由此成为开放经济宏观政策制定的基本理论框架。

随着“三元悖论”的提出，关于汇率制度、汇率制度弹性和货币政策独立性的研究也进入了第二阶段。但 20 世纪 90 年代中后期以来，与“三元悖论”不一致甚至相背离的经验事实逐渐增长，导致这一阶段的研究在“三元悖论”框架下做了极大的延伸和拓展：一部分研究通过引入其他影响因素来解释汇率制度弹性和货币政策独立性之间的关系；另一部分研究在考察了大量有悖于“三元悖论”的经验事实基础上，提出了“二元悖论”和“拓展的三元悖论”假说，这在为各国宏观经济政策选择作出了更一般性的解释的同时，也为新的形势下开放经济的政策制定和选择问题提供了新的理论和经验证据。

（1）“三元悖论”框架下的研究。这方面的研究又分为三个方向。第一个方向的研究倾向于支持传统的“三元悖论”假说。研究发现，在资本自由流动的前提下，汇率制度稳定与货币政策独立性呈负相关关系，即汇率制度越缺乏弹性，货币政策的独立性就越低（金雯雯等，2014；Shambaugh[b]，2004①；Obstfeld 等，2005；Aizenman，2010b；Klein 和 Shambaugh，2015）。另一些研究则进一步发现，汇率制度弹性和货币政策独立性之间存在非线性的关系（范小云等，2015）：当汇率制度弹性处于较低水平时，增加汇率制度弹性可以提高货币政策独立性；当汇率制度弹性较高时，增加汇率制度弹性反而会削弱货币政策的独立性。

然而，在“三元悖论”框架下，对汇率制度弹性与货币政策独立性之间关系的理解和考察忽略了汇率制度公信力和金融开放的影响，这引出了后续两个方向的研究。第二个方向的研究考察了汇率制度公信力与货币政策独立性的关系。所谓汇率制度公信力，是指一国货币当局实行其承诺的汇率制度或汇率水平的可信程度。由于浮动汇率制内在地允许了汇率波动，因此汇率制度公信力的考察对象通常是实行固定汇率制度或汇率目标区（target zone）制度的国家或经济体。Svensson（1993）认为，实施汇率目标区制度的国家的公信力会影响其货币政策独立性。通过实施可信的汇率目标区制度，一国可以获得短期的货币政策独立性，且汇率制度公信力越高的国家，货币政策独立性越强。

① 本书中 Shambaugh[a] 和 Shambaugh[b] 分别指 George E. Shambaugh 和 Jay C. Shambaugh。

Obstfeld 和 Rogoff（1995b）、Edison 和 MacDonald（2003）以及 Frankel 等（2004）的研究均支持这一结论。

第三个方向的研究考察了金融发展对货币政策独立性的影响。研究发现，一方面，金融发展会使国内外金融市场的联系更加紧密，从而削弱货币政策的独立性。另一方面，金融发展程度的不断提高意味着金融市场工具更加多样化，这会赋予货币当局更成熟和多样化的货币政策工具。这能有效提高中央银行货币政策的独立性。实证研究也支持了这种理论观点。

Aizenman 等（2010b）发现，金融发展水平会对汇率稳定和货币政策独立性之间的负相关关系产生非线性影响：追求汇率稳定的新兴市场国家中，中等金融发展水平的国家产出波动最大，为了稳定产出，其货币政策独立性最低。他们还发现，较高的金融发展程度和金融开放程度相结合，可以降低产出波动，增强货币政策的独立性；而低金融发展水平和高金融开放度相结合则会使产出波动恶化，降低货币政策的独立性。金雯雯等（2014）的研究也发现，金融发展水平的阶段性差异会显著增强金融发展程度较高的发达经济体的货币政策独立性；而对金融发展程度较低的新兴市场国家和其他经济体而言，金融发展水平差异则显著削弱了货币政策的独立性。

（2）“二元悖论”假说。随着全球资本市场开放程度的加深，越来越多的国家，尤其是新兴市场国家，即使是在浮动汇率制度下，本国利率也和国际利率高度相关，因此很难享有货币政策的独立性。早期一些研究发现，浮动汇率制度下的新兴市场国家的利率相关性并不比固定汇率制度下新兴市场国家相关性高。Calvo 和 Reinhart（2002）捕捉到了新兴市场国家“害怕浮动”的现象，并提出了宏观政策选择“二元悖论”观点：货币政策独立性和资本市场开放不能并存，而汇率制度或汇率制度弹性对货币政策的独立性并无影响。

这一假说认为，即使在浮动汇率制度下，依然存在不同程度的利率联动效应，从而使货币政策独立性丧失（Cuaresma 和 Wójcik，2006；Edwards，2015）。Forssback 和 Oxelheim（2006）对 1980—1990 年间欧洲 11 个小型开放经济体的研究发现，固定汇率制度和浮动汇率制度下，货币政策独立性并不存在显著差异，“二元悖论”成立。Veyrune（2007）比较了均采用货币局制度的法郎区和东加勒比海联盟在货币政策独立性方面的差异。研究发现，货币政策独立性主要受资本管制的影响，而不受汇率制度或汇率制度弹性的影响，从而进一步证实了“二元悖论”的成立。Rey（2015）认为，美国货币政策冲击在向其他国家传导的过程中，会通过信用渠道和风险承担渠道放大，进而影响一国的经济环境和金融稳定性。出于对国内经济和金融稳定的考虑，受到美国货币政策冲击的国家因而表现出“害怕浮动”的特征，从而主动放弃一定程度的货币政策独立性。因此，资本开放的环境下，浮动汇率制度并不能增加货币政策的独立性。

（3）“拓展的三元悖论”框架下的研究。在吸取了20世纪90年代金融危机的教训后，新兴市场经济体开始广泛实行“混合的宏观经济政策”：同时拥有一定程度的资本账户开放、一定程度的汇率稳定和一定程度的货币政策独立性。这意味着这些经济体的宏观经济政策实际上处于“不可能三角”的中间地带，这一现象因此又被称为“拓展的三元悖论”。部分研究也因此转向了对中间地带下宏观经济政策的权衡和选择的讨论，以及“混合宏观经济政策”的实际效果（尤其是中间资本管制和中间汇率制度对增加货币政策独立性的实际效果）和可持续性等问题。

Jansen（2008）发现，通过汇率目标区制度安排，仅牺牲少量的汇率稳定，就可以增加货币政策的独立性。Aizenman等（2010b）发现，新兴市场国家确实存在“拓展的三元悖论”——这些国家通过持有大量的外汇储备，实行积极的外汇干预，既可以维持汇率更加稳定，又可以享有更高程度的资本账户开放和货币政策独立性。Klein和Shambaugh（2015）发现，相对固定汇率制度来说，中间汇率制度可以有效提升货币政策独立性，而相对完全的资本管制来说，中间程度的资本管制并不能提升货币政策独立性，因此“拓展的三元悖论”仅部分成立。

3. 货币政策独立性的检验方法。货币政策独立性的检验方法大致分为四类（见表2-2）：（1）货币政策反应方程检验法；（2）货币目标区模型检验法；（3）基于外汇储备和基础货币关系检验法；（4）宏观经济目标指数检验法。我们一一说明如下。

表2-2　货币政策独立性检验方法

检验方法	理论基础	特点	代表文献
货币政策反应方程检验法	检验一国货币政策变量是由国内其他宏观经济变量驱动还是受国外货币政策所影响，相应系数即反映货币政策独立性	既适用于检验货币数量政策的独立性，也适用于检验利率政策的独立性	张翔等（2014）；孙华妤和马跃（2015）；Frankel（2004）；Rey（2015）

续表

检验方法	理论基础	特点	代表文献
货币目标区模型检验法	在无抛补利率平价成立的前提下，国内外利率的偏离程度和时间长短反映了货币政策的独立程度	只能检验利率政策的独立性	胡再勇（2010）；Edison 和 MacDonald（2003）；Shambaugh[b]（2004）；Obstfeld 等（2005）；Cuaresma 和 Wójcik（2006）；Jansen（2008）；Edwards（2015）；Klein 和 Shambaugh（2015）；Herwartz 和 Roestel（2017）
基于外汇储备和基础货币关系检验法	通过外汇储备与基础货币之间的关系，反映货币政策的独立性	只能检验货币数量政策的独立性	孙华妤（2007）；范从来和赵永清（2009）；胡再勇（2010）；邓永亮和李薇（2010）
宏观经济目标指数检验法	构建货币政策独立性指数、资本账户开放程度指数和汇率制度弹性指数，考察三者之间的关系	定量衡量宏观经济目标之间的关系	金雯雯等（2014）；范小云等（2015）；Aizenman 等（2010b）

资料来源：根据文献整理。

（1）货币政策反应方程检验法。该方法是通过构建货币政策反应方程，检验一国货币政策变量受国内宏观经济变量和国际宏观经济变量的影响，相应的系数即反映了货币政策的独立性。该方法既可以根据泰勒规则建立利率反应方程来检验利率政策独立性，也可以根据货币市场均衡方程建立货币数量反应方程检验货币数量政策的独立性。

发达国家多以利率作为货币政策中间目标，因此国外研究大多运用泰勒规则构建货币政策反应方程。但由于中国人民银行主要以货币量为货币政策中间目标，国内研究常借助货币数量反应方程来检验中国货币政策的独立性。

（2）货币目标区模型检验法。货币目标区模型认为，目标区的设定在保证国内外利率长期保持在利率平价的基础上，允许国内和国外利率的暂时偏离。如果目标区是可信的，那么利率偏离的程度和时间长度即可反映货币政策的自主性。该方法建立在无抛补利率平价公式的基础上，通过国内利率随参照国利率变动的相关系数来反映利率政策的独立性。

由于货币目标区模型检验法就是在货币政策反应方程检验法的基础上，增加了无抛补利率平价这一约束，因此，货币目标区模型法能更加准确地检验利率政策的独立性。但其缺点在于，该方法只能用于检验利率政策的独立性，而货币政策反应方程检验法则可以同时检验利率政策和货币数量政策的独立性。

该方法主要应用于利率机制完全接近市场化且中央银行主要以政策利率为代表性操作目标的工业化国家。由于利率并非中国的货币政策中间目标，且中国的利率还没有实现市场化，因此国内运用货币目标区模型检验法考察货币政策独立性的研究并不多［胡再勇（2010）例外］。

（3）基于外汇储备和基础货币关系检验法。该方法把货币供应量对外汇储备的反应系数作为衡量货币数量政策独立性的手段，其理论机制是：在资本账户开放的前提背景下，实行固定汇率制度的国家提高利率会引起资本流入。为了稳定汇率，中央银行被动进行外汇市场操作，增加外汇储备，投放基础货币，从而导致本国货币供应量被动增加，货币政策独立性丧失。反之，如果中央银行实行浮动汇率制度，那么在提高利率引起资本流入后，中央银行无须干预外汇市场，基础货币因此不受影响，中央银行可以享受货币政策的独立性。

不同于基于货币目标区模型检验法，基于外汇储备和基础货币关系检验法在以货币数量为主要货币政策中间目标的国家运用较多。考虑到近二十年来中国货币当局对外汇市场干预频繁，外汇储备成为中国基础货币投放的主要渠道，采用这种方法考察中国货币政策的独立性是具有重要现实意义的。

（4）宏观经济目标指数检验法。这种方法直接构建货币政策独立性指数、汇率制度弹性指数和资本账户开放程度指数，在计量经济模型基础上，利用回归得到的参数估计系数衡量汇率制度弹性和资本开放程度对货币政策独立性的影响。这种检验方法主要应用于跨国面板数据，通过对比估计得到的不同国家货币政策独立性的回归系数来考察汇率制度弹性对货币政策独立性的影响。

4. 人民币汇率制度弹性对货币政策独立性影响的研究。从中国现实来看，一方面，中国存在显著的汇率稳定、较高程度的货币政策独立性和去资本管制（或资本账户渐进自由化）并存的现象，直观上符合“拓展的三元悖论”假说；另一方面，随着中国资本账户开放的稳步推进，部分研究开始提出中国正从“三元悖论”转向“二元悖论”。现实和学术研究催生了近年来关于人民币汇率制度弹性和货币政策独立性的研究，也因此其受到了越来越多的关注和重视。

不断增长的关于人民币汇率制度弹性和货币政策独立性的研究从结论来看

可分为两类：一类研究认为传统的“三元悖论”在中国并不成立，另一类研究则持相反的观点。关于这些研究的回顾略述如下。

（1）“三元悖论”在中国不成立。一些研究考察了事实上的固定汇率制度时期中国货币政策的独立性。研究发现，即使在传统固定汇率制度时期，中国的货币政策独立性也没有受到制约（孙华妤，2007；范从来和赵永清，2009）。另一些研究则考察了2005年“汇改”后，随着人民币汇率制度弹性的提高，中国货币政策独立性是否也得到了提高。但这些研究的结论并不乐观：2005年“汇改”后人民币汇率制度弹性的提高并没有促进中国货币政策独立性的上升。例如，胡再勇（2010）发现，2005年7月“汇改”之后，在人民币汇率制度弹性增强的同时，利率政策独立性虽然上升了，但是货币数量政策的独立性却在下降。孙华妤和马跃（2015）的研究也表明，“汇改”后，随着人民币汇率制度弹性的提高，中国货币数量政策的独立性不但没有改善，反而出现了下降。

（2）“三元悖论”在中国基本成立。这类研究认为，提高人民币汇率制度弹性可以提升我国货币政策的独立性。例如，邓永亮和李薇（2010）的研究认为，汇率波动性上升可以削弱我国货币供给的内生性，从而增加货币政策的独立性。张翔等（2014）的研究表明，人民币汇率制度弹性的增强有利于降低国际资本流动的顺周期效应，减弱货币政策的金融加速器效应，从而减缓货币冲击对中国的影响，最终提高我国货币政策的调控空间。

（二）汇率制度弹性对通货膨胀的影响

1. 跨国的经验研究。关于汇率制度对通货膨胀的影响，主要见于许多学者对两极汇率制度的比较研究中（Friedman，1953；Obstfeld 和 Rogoff，1995b；Frankel，2011；Poirson，2001；Calvo 和 Mishkin，2003；Bird 和 Rowlands，2005；Pilbeam，2013；Krugman 等，2018）。理论上倾向于认为固定汇率制度，或者更缺乏弹性的汇率制度是有助于反通货膨胀的。这种反通货膨胀的好处主要来自固定汇率制度的政策纪律效应和公信力效应。但是，也有研究认为，对新兴市场经济体来说，很难利用固定汇率制度获得反通货膨胀的好处。随着汇率制度弹性的提高，理论上认为，更有弹性的汇率制度（如浮动汇率制度）会通过纪律效应、棘轮效应等渠道推高一国的通货膨胀水平（见表2－3）。

表 2－3　　　　汇率制度与宏观经济绩效：理论预测

汇率制度	通货膨胀率	经济增长
固定汇率制度	• 政策纪律效应：固定汇率制度提高了过度扩张性货币政策的政治成本 • 公信力效应：若固定汇率制度是可信的，那么货币需求可能更为强劲 • 进口公信力，降低通货膨胀。但对新兴市场经济体来说，难以实现进口公信力	• 降低政策不确定性，降低实际利率和实际汇率波动，从而促进投资和增长 • 降低交易成本，促进贸易和经济增长 • 加重保护主义压力并降低资本效率 • 导致实际汇率失调，阻碍资源在部门间的有效配置
浮动汇率制度	• 纪律效应假说：浮动汇率制度削弱了反通货膨胀的政策纪律 • 棘轮效应假说（ratchet hypothesis）：浮动汇率制度和向下的价格刚性相结合，推动了国内外价格水平的上涨 • 恶性循环假说（vicious circle hypothesis）：浮动汇率制度使弱小的国家陷入了通货膨胀和货币贬值的恶性循环，加剧了国家之间的通货膨胀差异	• 短期内名义刚性且面临实际冲击时，更容易吸收和适应冲击，迅速促进资源的重新配置，带来较高的增长 • 独立的货币政策有助于熨平冲击的影响，从而促进增长 • 不会导致汇率持续失调，从而不易引起经济危机（危机有损增长） • 名义汇率波动导致的实际汇率波动不利于发展中国家的消费和产出增长

资料来源：Ghosh 等（1997）；Bailliu 等（2003）；Levy－Yeyati 和 Sturzenegger（2003）；Rogoff 等（2003）；Moosa（2005）；Dubas 等（2010）。转引自范从来和刘晓辉（2013）。

大多数实证研究结果也支持了固定汇率制度有助于降低通货膨胀的理论观点。Ghosh 等（1996，1997）较早考察了汇率制度弹性与宏观经济绩效之间的关系。他们的研究表明，实行钉住汇率制度①的国家可以获得比较低的通货膨胀方面的好处。钉住汇率制度和中间汇率制度下的通货膨胀分别比浮动汇率制度下的通货膨胀低 5 个和 1.5 个百分点，而且相对于更有弹性的浮动汇率制度来说，钉住汇率制度下的通货膨胀波动程度也比较低。Rogoff 等（2003）的经验证据也支持了 Ghosh 等（1996，1997）的经验结论。他们指出，相对浮动汇率制度而言，固定汇率制度和中间汇率制度下的通货膨胀率显著较低；并且，无论是利用名义分类法还是他们自己开发的 RR 实际分类法，这个结论都是成

① 如无特殊说明，本书交替使用钉住汇率制度与固定汇率制度两个术语。

立的。① 这些研究表明，总体而言，汇率制度弹性与通货膨胀是显著正相关的，汇率制度越缺乏弹性，越有助于一国抑制通货膨胀，反之则反是（见表2－4）。

表2－4　　　　汇率制度弹性影响通货膨胀的经验研究

文献	汇率制度弹性测度方法	样本分类	通货膨胀
Ghosh 等（1997）	离散型：IMF 名义分类	全部样本	+
		低收入	+
		高收入	+
	离散型：GGW 实际分类	全部样本	+
Rogoff 等（2003） Husain 等（2005）	离散型：IMF 名义分类	全部样本	+
	离散型：RR 实际分类	全部样本	+
		发达经济体	–
		新兴市场经济体	不显著
		发展中国家	+
Ghosh 等（2011）	离散型：IMF 名义分类	全部样本	+
		新兴市场经济体	+
	离散型：IMF 实际分类	发展中国家	+
		全部样本	+
		新兴市场经济体	+

注：1. 表中“不显著”指所有回归系数统计上并不显著。“＋”表示汇率制度弹性与通货膨胀是正相关的，即汇率制度弹性越高（越富有弹性），一国的通货膨胀率越高；“－”表示汇率制度弹性与通货膨胀是负相关的。

2. GGW、RR 分别指 Ghosh 等（1997）、Reinhart 和 Rogoff（2004）的汇率制度弹性测度方法。

3. 工业化、非工业化经济体与发达经济体、非发达经济体并不是完全相同的概念，所囊括的经济体范围也略有出入，本表未作区分。

资料来源：根据文献整理。

---

① 汇率制度有两种分类方法：一是国际货币基金组织（IMF）的名义分类法或官方分类法（de jure or official classification），二是事实或行为分类法（de facto or behavior classification）。1998 年以前，IMF 根据成员国宣布的汇率制度和政策定期编制《汇兑安排和汇兑限制年报》以汇总其成员国所宣称的汇率制度，这被称为名义分类法。但是，实践中各国实际上实施的汇率制度常常与它们事先所宣称的汇率制度并不一致，这说明 IMF 的名义分类法难以准确刻画一国的汇率制度。因此，IMF 在 1999 年对汇率制度做了新的分类。新分类法不仅注重各国政府公开宣称的汇率制度，而且也在一定程度上考虑了各国政府真实的政策意图。几乎与此同时，很多经济学家根据一国事后的汇率行为和（或）官方干预的信息重新对汇率制度做了分类。这两个方面的努力形成了汇率制度的事实分类法。各种事实分类法中，RR 分类法、SH 分类法及 LYS 分类法是典型代表。

值得指出的是，本书及其他研究估计的汇率制度弹性指数也是一种事实分类法，只不过这些研究得到的是以连续变量表示的汇率制度弹性指数，见第二章第一节及第三章。

但是，部分学者发现，固定汇率制度下的通货膨胀并不是最低的，这使得汇率制度弹性和通货膨胀表现之间的关系变得模糊了。例如，Reinhart 和 Rogoff（2004）发现，完全浮动的汇率制度安排下年平均通货膨胀率不到 10%，是所有汇率制度安排中最低的。

如何解释既有证据的这种冲突呢？Guisinger 和 Singer（2010）及 Ghosh 等（2011）认为，只有当固定汇率的承诺为实际的政策行动所支持时，这种反通货膨胀的承诺才是成功的。为了检验他们的假说，Ghosh 等（2011）同时利用 IMF 的名义和实际汇率制度弹性测度方法针对 145 个新兴市场经济体和发展中国家（1980—2010 年）的研究表明，首先，钉住汇率制度下的通货膨胀率显著低于浮动汇率制度。其次，仅仅宣称固定汇率制度是不足以完全获得反通货膨胀的好处的，频繁调整汇率平价的国家并不能获得固定汇率制度所赋予的公信力的好处。证据显示，对全部样本来说，相对于名义上浮动且事实上也浮动的汇率政策来说，"害怕浮动"的经济体年均通货膨胀率低 2.5 个百分点，而在名义上固定且事实上也固定（即固定汇率的承诺得到政府实际行动的支持）的汇率政策下，年均通货膨胀率要低 6.6 个百分点，这是所有类型汇率制度中最低的。对新兴市场经济体和发展中国家来说，这个定性结论也成立。

2. 人民币汇率制度弹性对通货膨胀的影响研究。近年来，国内一些学者考察了人民币汇率制度弹性对通货膨胀的影响。这些研究主要立足人民币汇率对国内价格的不完全传递性这一角度展开。方显仓和何雯雯（2010）利用 VAR 模型，对包括人民币实际有效汇率和居民消费价格指数（CPI）在内的一系列变量间的关系进行的计量研究表明：人民币有效汇率对我国进口价格和 CPI 的传递效应很小，所以从治理通货膨胀的角度来说，我国没有必要采用钉住汇率制度，而应实行更富弹性的汇率制度。白钦先和张志文（2011）考察了 1994 年第一季度至 2011 年第一季度人民币名义有效汇率变动对中国通货膨胀的传递效应，结果发现在控制了一系列影响通货膨胀的因素后，人民币汇率变动对中国通货膨胀的影响十分有限。

然而，上述研究大多关注的是汇率水平的变化，而非人民币汇率制度对通货膨胀的影响。近年来，一些研究也考察了人民币汇率制度弹性对中国通货膨胀的影响。杨雪莱和方洁（2012）利用一个统一的框架，测算了人民币汇率制度近十年来的演变，并在此基础上分析汇率制度弹性变化对通货膨胀变动的影响。研究发现，缺乏弹性的汇率制度导致了明显的输入型通货膨胀。王晓芳和杨克贲（2015）将国际冲击、汇率制度弹性和经济波动联系起来，构建了一个开放经济下的新凯恩斯动态随机一般均衡（DSGE）模型，研究发现，增强汇率弹性能够通过改变贸易条件来降低国际产出冲击和国际通货膨胀冲击对我国宏观经济的影响。

（三）汇率制度与增长

固定和浮动汇率制度，哪一个更能促进经济增长呢？理论上认为，缺乏弹性的固定汇率制度能降低政策和经济环境的不确定性和交易成本，从而有助于促进投资和经济增长。但是，相反的观点认为，缺乏弹性的固定汇率制度会导致实际汇率失调，阻碍资源的有效配置，从而抑制经济增长。与此类似，理论上关于浮动汇率制度对经济增长的影响也没有形成一致的看法（见表2－5）。既然理论研究不能形成一致的看法，那么经验证据又是如何回答这一问题的呢？

Ghosh 等（1996，1997）发现，在低收入经济体中，尽管维持钉住汇率制度的经济体投资率较高，但是，该制度安排下生产率的增长却低于浮动汇率制度下的生产率增长，且贸易增长也较低。总体来说，实行钉住汇率制度经济体的人均产出增长要略低于实行其他汇率制度的经济体。但是这一发现很快就被推翻了。Harms 和 Kretschmann（2009）、Dubas 等（2010）以及 Eichengreen 和 Razo－Garcia（2013）的研究都得出了相反的结论。对新兴市场经济体或者发展中国家来说，汇率制度的弹性度与经济增长是负相关的，越缺乏弹性的汇率制度越有助于促进增长。进一步的分析表明，这种结论的不一致很可能来自汇率制度弹性测度方法的差异（见表2－5）。

表2－5　　　　汇率制度弹性影响经济增长的经验证据

文献	汇率制度弹性测度方法	样本分类	经济增长
Ghosh 等（1997）	离散型：IMF 名义分类	全部样本	不显著
		低收入	+
		高收入	不显著
	离散型：GGW 实际分类	全部样本	结论不明
Bailliu 等（2003）	离散型：IMF 名义分类	全部样本	结论不明
	离散型：BLP 实际分类		－
Eichengreen 和 Leblang（2003）	离散型：IMF 分类法		
Levy－Yeyati 和 Sturzenegger（2003）	离散型：IMF 名义分类	全部样本	结论不明
	离散型：LYS 分类	工业化	不显著
Rogoff 等（2003） Husain 等（2005）	离散型：IMF 名义分类	全部样本	不显著
	离散型：RR 实际分类	全部样本	不显著
		发达经济体	+
		新兴市场经济体	结论不明
		发展中国家	结论不明

续表

文献	汇率制度弹性测度方法	样本分类	经济增长
Dubas 等（2010）	离散型：LYS 实际分类	工业化	不显著
		全部样本	-
	离散型：EFF 实际分类	工业化	不显著
		非工业化	-
Harms 和 Kretschmann（2009）	离散型：GGW 分类	全部样本	-
		发达经济体	不显著
		发展中国家	不显著
	离散型：RR 分类	工业化	+
		发达经济体	+
		发展中国家	-
	离散型：LYS 分类	工业化	+
		全部样本	+
		发达经济体	+
		新兴市场经济体	+
		发展中国家	不显著
		非工业化	+
Eichengreen 和 Razo - Garcia（2013）	离散型：LYS 实际分类	全部样本	结论不明
		新兴市场经济体	-
		发达经济体	+
	离散型：RR 实际分类	新兴市场经济体	-
		发达经济体	+
		全部样本	结论不明
	离散型：BOR 实际分类	新兴市场经济体	-
		发达经济体	+

注：1. 表中“结论不明”指在具体回归方程中，回归系数显著，但结果不一致或根本对立，或者表示使用不同的方法得到的结论不一致或相互冲突；“不显著”指所有回归系数统计上并不显著。“+”表示汇率制度弹性与通货膨胀是正相关的，即汇率制度弹性越高（越富有弹性），一国的通货膨胀率越高；“-”表示汇率制度弹性与通货膨胀是负相关的。

2. GGW、RR、LYS、BOR 和 BLP 分别指 Ghosh 等（1997）、Reinhart 和 Rogoff（2004）、Levy - Yeyati 和 Sturzenegger（2005）、Bubula 和 Ötker - Robe（2002）、Dubas 等（2010）及 Bailliu 等（2003）的汇率制度弹性测度方法。

资料来源：根据文献整理。

正如表 2 -5 所示，大量的研究表明，汇率制度弹性与经济增长之间的关系并不明确，在统计上也不显著（Ghosh 等，1997；Bailliu 等，2003；Levy - Yeyati 和 Sturzenegger，2003；Rogoff 等，2003；Husain 等，2005；Harms 和 Kretschmann，2009）。Bailliu 等（2003）提出了一个可能的解释。他们认为，固定汇率制度与中间汇率制度及浮动汇率制度并不是严格对等的概念。就固定汇率制度而言，这一制度安排实际上为一国的货币政策指定了一个名义锚——汇率。但是，中间和浮动汇率制度并没有同时为一国货币政策的实施指定一个名义锚。而已有的经验证据几乎都忽略了这一重要差异。

Bailliu 等（2003）因此在他们的研究中特别考虑了货币政策框架的影响，并重新进行了汇率制度的分类和弹性的测度，并以此考察了汇率制度对经济增长的影响。他们的证据表明，带有货币政策名义锚的汇率制度（无论是固定汇率制度还是中间或浮动汇率制度）都能促进经济增长，而不带有名义锚的中间/浮动汇率制度是不利于经济增长的。因此，他们的研究结论可以解读为，对经济增长而言，重要的是货币政策名义锚而不是汇率制度本身。

三、结论和本书的研究工作

综观既有研究，我们认为，国内外关于（人民币）汇率制度弹性影响因素的研究及其对宏观经济影响的研究还存在一定的拓展空间，我们扼要论述如下。

首先，除了少数跨国的经验研究（如 Frieden 等，2001；Wagner，2003；Shambaugh[a]，2004；Hall，2008；Frieden 等，2010；Singer，2010；Steinberg 和 Malhotra，2014）外，已有研究还没有充分注意到利益群体因素对人民币汇率制度弹性的影响。这表现在如下三个方面：第一，既有研究没有注意到来自美国的要求人民币升值或更加弹性化的外部政治压力对人民币汇率制度弹性的影响①；第二，这些研究也没有注意到中国国内的利益群体可能产生的对人民币汇率制度弹性的影响②；第三，据我们掌握的文献来看，目前还没有研究利用严谨的计量经济方法来考察国内利益群体对人民币汇率制度弹性的影响。

本书第四章分两节分别考察了外部的政治压力和国内利益群体对人民币汇

① 既有研究主要关注的是以美国为首的国际社会要求人民币升值的政治压力对人民币汇率水平的影响（如李子联，2011；刘涛和周继忠，2011；Liu 和 Pauwels，2012；Ramirez，2012），但这些研究还没有注意到这些政治压力对人民币汇率制度弹性可能产生的影响。

② 极少数研究涉及了这一议题，如 Kaplan（2006）及 Steinberg 和 Shih（2012）都认为，中国的出口利益群体能显著影响人民币汇率政策的制定，但他们并没有进一步讨论出口利益群体对人民币汇率制度弹性的影响。

率制度弹性的影响，这既是对已有研究的重要补充和拓展，也为我们从政策角度理解人民币汇率制度和汇率政策的制定提供了一个新的视角。

其次，关于（人民币）汇率制度弹性对货币政策独立性、通货膨胀和经济增长影响的研究主要是运用包括 RR 分类法、LYS 分类法及 SH 分类法等在内的离散型的汇率制度弹性测度方法展开的，很少有研究利用连续型的汇率制度弹性变量考察（人民币）汇率制度对货币政策独立性、经济增长和通货膨胀的影响。

第一，在人民币汇率制度弹性对货币政策独立性的影响方面，还存在改进的空间。一方面，在人民币汇率制度弹性逐渐增强的背景下，货币政策调控效果的变化还存在争议（张翔等，2014）；另一方面，虽然目前已经有学者对浮动汇率制度下的货币政策效果进行了分析，但是还没有定论（张翔等，2014）。更重要的是，既有研究大多拘泥于传统的固定和浮动两分法展开汇率制度弹性对货币政策效果影响的讨论，但事实上，中国的汇率制度既不完全固定，也不完全浮动，而是介于二者之间的制度，因此构建、测算人民币汇率制度弹性指数，在此基础上利用宏观经济目标指数检验法考察人民币汇率制度弹性对中国货币政策独立性的影响就具有重要的现实意义。本书第五章第一节利用第三章测算的 7 个月度频度的人民币汇率制度弹性指数，运用协整和向量自回归（vector autoregression，下文简称 VAR）考察了人民币汇率制度弹性对中国货币政策独立性的影响，以丰富和拓展这个领域的研究。

第二，关于人民币汇率制度弹性对通货膨胀影响的研究还很欠缺。本书第五章第一节在考察人民币汇率制度弹性对货币政策独立性的影响时，兼而考察了它对通货膨胀的影响，然后本书第五章第二节利用第三章测算人民币汇率制度弹性的方法，运用 1953—2018 年期间的年度频度的时间序列数据进一步深入考察人民币汇率制度弹性，以及中国政策当局在人民币汇率制度上的“言行一致性”对通货膨胀的影响。

第三，鉴于目前还很少有研究考察人民币汇率制度弹性对经济增长的影响，本书拟通过对这一问题的考察以填补这个方面的研究空缺。具体来说，本书第五章第三节首先利用第三章给出的人民币汇率制度弹性测算公式，测算了年度频度的人民币汇率制度弹性指数；然后利用时间序列计量经济模型考察了 1953—2018 年期间人民币汇率制度弹性对中国经济增长的影响；最后，同时利用测算的人民币汇率制度弹性指数和官方宣称的汇率制度类型，即同时考虑政策当局在汇率政策安排上的“言”与“行”两个方面，进一步考察了人民币汇率制度弹性对中国经济增长的影响。

第三章　人民币汇率制度弹性的测算与演变

本章第一节利用直接测度法和基于 EMP 的测度方法测算了人民币汇率制度弹性。在基于 EMP 的测度方法中，本节将信贷渠道引入开放经济，建立了一个基准的开放经济宏观结构模型，然后在此模型基础上给出了 EMP 的测算公式和汇率制度弹性的测算公式，并据此测算了人民币汇率制度弹性，从而拓展了模型依赖的 EMP 与汇率制度弹性测度方法。第二节利用单位根检验和 Markov 区制转换模型（Markov regime switching，MRS）考察了人民币汇率制度弹性的特征。

第一节　人民币汇率制度弹性测度

我们现在越来越清楚地认识到，各国实际上实行的汇率制度和这些国家事先所宣称的汇率制度常常是不同的（Rogoff 等，2003；Bersch 和 Klüh，2008；Levy - Yeyati 和 Sturzenegger，2016；Ilzetzki 等，2017、2019）。最近的一些研究表明，完全固定的汇率制度（包括美元化、货币局制度和货币联盟）与自由浮动汇率制度，并不是现实中各国实际实行的主要的汇率制度。与此恰恰相反，各种形式的、有限弹性的中间汇率制度安排则是现实中各国实际实行的汇率制度的主要构成形式（刘晓辉和张璟，2018；Ilzetzki 等，2017、2019）。这种反差使学术界对汇率制度分类和汇率制度弹性测度这两个方面的研究兴趣日益提高。

从中国的现实情况来看，20 多年来中国政策当局所宣布的汇率制度与事实上的汇率政策和汇率制度相去甚远（见表3 - 1）。1994 年人民币汇率制度改革时，政策当局公布的汇率制度是“以市场供求为基础的、单一的、有管理的浮动汇率制度”，但根据包括 RR 分类法在内的几种汇率制度实际分类方法的结果来看，1994—2005 年，我国事实上所表现出来的则是钉住或固定汇率制度。2005 年 7 月的汇率形成机制改革宣布实行“以市场供求为基础、参考一篮子货币进行调节、有管理的浮动汇率制度”，但几种汇率制度实际分类方法的结果表明，我国事实上的汇率制度还是缺乏弹性的。

表 3－1　　　　　　　　中国名义和事实汇率制度

<table>
<tr><th rowspan="2">年份</th><th rowspan="2">名义汇率制度</th><th colspan="3">事实分类法</th></tr>
<tr><th>RR</th><th>BT</th><th>IMF</th></tr>
<tr><td>1994</td><td rowspan="11">以市场供求为基础的、单一的、有管理的浮动汇率制度</td><td>事实钉住</td><td>钉住（平价改变）</td><td></td></tr>
<tr><td>1995</td><td>事实钉住</td><td>钉住（平价改变）</td><td></td></tr>
<tr><td>1996</td><td>事实钉住</td><td>钉住</td><td></td></tr>
<tr><td>1997</td><td>事实钉住</td><td>钉住</td><td></td></tr>
<tr><td>1998</td><td>事实钉住</td><td>钉住</td><td></td></tr>
<tr><td>1999</td><td>事实钉住</td><td>钉住</td><td></td></tr>
<tr><td>2000</td><td>事实钉住</td><td>钉住</td><td>传统的固定钉住制度</td></tr>
<tr><td>2001</td><td>事实钉住</td><td>钉住</td><td>传统的固定钉住制度</td></tr>
<tr><td>2002</td><td>事实钉住</td><td>钉住</td><td>传统的固定钉住制度</td></tr>
<tr><td>2003</td><td>事实钉住</td><td>钉住</td><td>传统的固定钉住制度</td></tr>
<tr><td>2004</td><td>事实钉住</td><td>钉住</td><td>传统的固定钉住制度</td></tr>
<tr><td>2005</td><td rowspan="12">以市场供求为基础、参考一篮子货币进行调节、有管理的浮动汇率制度</td><td>事实钉住</td><td>钉住（平价改变）</td><td>传统的固定钉住制度</td></tr>
<tr><td>2006</td><td>事实上的爬行带内钉住（带宽≤±1%）</td><td>钉住</td><td>爬行钉住</td></tr>
<tr><td>2007</td><td>事实上的爬行带内钉住（带宽≤±1%）</td><td>钉住</td><td>爬行钉住</td></tr>
<tr><td>2008</td><td>事实上的爬行带内钉住（带宽≤±1%）</td><td>钉住（平价改变）</td><td>稳定化安排</td></tr>
<tr><td>2009</td><td>事实上的爬行带内钉住（带宽≤±1%）</td><td>钉住</td><td>稳定化安排</td></tr>
<tr><td>2010</td><td>事实上的爬行带内钉住（带宽≤±1%）</td><td>钉住</td><td>类爬行钉住*</td></tr>
<tr><td>2011</td><td>事实上的爬行带内钉住（带宽≤±1%）</td><td>钉住</td><td>类爬行钉住*</td></tr>
<tr><td>2012</td><td>事实上的爬行带内钉住（带宽≤±1%）</td><td>钉住</td><td>类爬行钉住*</td></tr>
<tr><td>2013</td><td>事实上的爬行带内钉住（带宽≤±1%）</td><td>钉住</td><td>类爬行钉住*</td></tr>
<tr><td>2014</td><td>事实上的爬行钉住</td><td>钉住</td><td>类爬行钉住*</td></tr>
<tr><td>2015</td><td>事实上的爬行钉住</td><td>钉住（平价改变）</td><td>其他管理浮动*</td></tr>
<tr><td>2016</td><td>事实上的爬行钉住</td><td>钉住</td><td>稳定化安排*</td></tr>
<tr><td>2017</td><td></td><td></td><td></td><td>类爬行钉住*</td></tr>
</table>

注：*IMF 在其报告的注释中进一步指出，中国事实上的货币政策框架是钉住美元（或一篮子货币）的汇率锚。在 2018 年发布的报告脚注中则进一步说明，中国在报告期内的汇率制度做了两次分类（IMF 的数据截至 2018 年 4 月）。

资料来源：Ilzetzki 等（2017，2019）；Bleaney 和 Tian（2017）；AREAER（各期）；中国人民银行（www. pbc. gov. cn）。

与完全固定和自由浮动不同，在中间汇率制度下，我们很难判断和评估汇率变化的弹性程度。但问题恰恰在于，在资本流动逐年加强、资本市场日益一体化的今天（Ilzetzki 等，2017、2019），实行中间汇率制度的经济体却又面临如何管理其汇率弹性的难题：弹性太低，则有滑向固定汇率制度的可能，因此则可能导致储备的迅速积累和货币政策独立性的丧失①；弹性太高，对发展中国家而言又难以承受。因此，在事实上的中间汇率制度安排下，测算汇率制度弹性就有很重要的意义。对中国而言，也是如此。其一，人民币汇率制度弹性的测度对中央银行汇率政策的操作具有重要意义。在中国不断推进资本账户自由化的现实背景下，如何判断、评估经济条件变化对人民币汇率制度弹性的影响，并采取相应的政策措施进行积极主动的汇率管理，都需要我们准确测度人民币汇率制度弹性。其二，利用测算的人民币汇率制度弹性指数，我们可以系统考察人民币汇率制度弹性对货币政策独立性、通货膨胀和经济增长的影响等一系列重要问题，并以此进一步反馈于货币政策的调控②。

本节利用直接测度法和基于 EMP 的测度法测算了人民币汇率制度弹性，得到了 7 个人民币汇率制度弹性指数。这是本节的第一个贡献。本节的第二个贡献在于，我们引入了货币政策信贷传导渠道，拓展了模型依赖的 EMP 测算方法，并由此进一步测算了货币政策信贷传导渠道下的人民币汇率制度弹性。

如前所述，传统的 EMP 测算（以及建立在此基础上的模型依赖的汇率制度弹性测算）都是建立在 M－F 类型的模型基础上的。这类模型假设货币政策主要是通过利率渠道传递的，完全忽视了信贷传导渠道的作用。然而，对包括中国在内的大多数发展中国家来说，货币政策的信贷传导渠道作用巨大，甚至超过了利率等货币渠道。部分证据甚至表明，中国基本不存在利率传导渠道。考虑到中国的特殊情况，我们因此将货币政策的信贷传导渠道引入汇率制度弹性的测算模型，并在此基础上测算了人民币汇率制度弹性指数。

本节内容安排如下：第一部分根据汇率制度弹性的直接测度方法，给出了人民币汇率制度弹性的测算方法；第二部分引入货币政策信贷传导渠道，拓展了模型依赖的 EMP 测算方法，并在此基础上给出了人民币汇率制度弹性的测算公式。

---

① Ilzetzki 等（2017，2019）认为，近十余年来，新兴市场经济体外汇储备的迅速积累即是在资本市场一体化背景下试图保持有限汇率弹性的结果。

② 正如第二章所指出的，关于这些问题仅有的研究在人民币汇率制度弹性的测度上存在较大差异（胡再勇，2010；张翔等，2014；范小云等，2015）。

一、直接测度方法

我们首先在直接测度法基础上说明在测算人民币汇率制度弹性时对既有测算方法所作的局部修正、补充和拓展。

（一）HP 法

为便于行文，我们首先将 HP 法的公式（2－4）复制如下：

$$ERFI_t^{hp} = \frac{\sum_{k=0}^{n}\left[\frac{|S_{(t-k)} - S_{(t-k-1)}|}{S_{(t-k-1)}}\right]}{\sum_{k=0}^{n}\left[\frac{|R_{(t-k)} - R_{(t-k-1)}|}{H_{t-k-1}}\right]} \tag{3-1}$$

各变量含义见第二章第一节。借鉴 Lee 等（2009）的方法，将该指数转换为

$$FI_t^{hp} = 1 - \frac{1}{\exp^{ERFI_t^{hp}}} \tag{3-2}$$

显而易见，转换后的指数取值为［0，1］。固定汇率制度下，$FI_t^{hp} = 0$；浮动汇率制度下，$FI_t^{hp} = 1$；中间汇率制度下，指数取值为（0，1）。

在利用式（3－1）和式（3－2）测算人民币汇率制度弹性指数时，我们遵循 Poirson（2001）的方法，将 n 取值为 11。另外，由于样本期内（2000 年 12 月至 2018 年 12 月），国内外学术界和市场人士对人民币的关注仍主要集中于人民币兑美元的双边汇率，因此我们仍采用人民币兑美元汇率来测算人民币汇率制度弹性。①

（二）拓展的 HP 法

这个方法将汇率制度弹性定义为汇率变化绝对值与储备变化绝对值之和中汇率变化的占比（Combes 等，2012；范言慧等，2015），公式复制如下：

$$ERFI_t = \frac{|\Delta S/S|}{|\Delta S/S| + |\Delta R/H|} \tag{3-3}$$

该方法得到的汇率制度弹性指数在［0，1］。固定汇率制度下，$ERFI = 0$；浮动汇率制度下，$ERFI = 1$。

应注意的是，拓展的 HP 法受异常观测值的影响较大。为了减小异常值的影响，我们借鉴 HP 法的指数设计方法，将汇率变化和储备变化在一定期间内

---

① 长期以来中国一直是维持事实上的钉住美元的汇率政策的。例如，Ilzetzki 等（2017，2019）认为，1992 年 8 月至 2015 年 6 月人民币一直是事实上钉住美元的。Levy－Yeyati 和 Sturzenegger（2016）在拓展其汇率制度分类数据集时，也将美元作为 1974—2013 年人民币的参考货币。

进行平滑，即对汇率和储备变化分别求和，将指数重新定义如下：

$$FI_t^{ehp}=\frac{\sum_{k=0}^{n}\left[\frac{|S_{(t-k)}-S_{(t-k-1)}|}{S_{(t-k-1)}}\right]}{\sum_{k=0}^{n}\left[\frac{|S_{(t-k)}-S_{(t-k-1)}|}{S_{(t-k-1)}}\right]+\sum_{k=0}^{n}\left[\frac{|FR_{(t-k)}-FR_{(t-k-1)}|}{H_{t-k-1}}\right]} \quad (3-4)$$

利用式（3－4）估计人民币汇率制度弹性时，n 取值 11，汇率仍采用人民币兑美元双边汇率。

（三）HCR 法

首先，我们将 HCR 法的测算公式复制如下：

$$ERFI^{hcr}=\sigma_S^2/(\sigma_i^2+\sigma_{FR}^2) \quad (3-5)$$

其中，σ_S^2、σ_i^2和σ_{FR}^2分别表示汇率、利率和外汇储备的方差。在计算方差时，我们采用 12 个月内的汇率变化和储备变化的滚动方差。

其次，由于指数取值区间为［0，+∞），因此为了和 HP 指数及拓展的 HP 指数的解读保持一致，我们将 HCR 法下的汇率制度弹性指数转换为

$$FI_t^{hcr}=1-\frac{1}{\exp^{ERFI_t^{hcr}}} \quad (3-6)$$

转换后的指数取值在［0，1］。固定汇率制度下，$FI_t^{hcr}=0$；浮动汇率制度下，$FI_t^{hcr}=1$；中间汇率制度下，$FI_t^{hcr}\in(0,1)$。

最后，由于对于样本期（2000 年 12 月至 2018 年 12 月）内的中国来说，货币市场利率的变动很难真正反映货币政策的变化，我们因此不考虑利率变化的影响。这样做有如下两点理由：一是尽管最近两年中国启动了利率市场化改革进程，但在整个样本期内，中国其实并没有完全实现利率市场化，货币市场利率因此很难引导资本市场利率的变化；二是几乎在整个样本期内，中国对人民币汇率的管理，主要是通过外汇市场干预来实现的①，利率因素的影响不大。

二、基于 EMP 的测度：非模型依赖方法

我们首先给出 EMP 的经验公式：

$$EMP_t=h_1\Delta s_t-h_2\Delta i_t-h_3\Delta fr_t \quad (3-7)$$

其中，h_1、h_2、$h_3>0$，i 为名义利率，s 和 fr 分别表示以自然对数形式表示的

---

① 中国人民银行在 2018 年第二季度《中国货币政策执行报告》中指出，“央行已基本退出常态式外汇干预”。

汇率和外汇储备。于是，汇率制度弹性指数可表示为

$$ERFI_t = h_1 \Delta s_t / EMP_t \tag{3-8}$$

利用式（3－7）和式（3－8）测算汇率制度弹性，首先要求估计 EMP。EMP 的估计方法又分为非模型依赖和模型依赖两种，前者不依赖于汇率决定的结构主义模型，后者建立在汇率决定的结构主义模型基础上。本小节首先讨论非模型依赖测度方法。

如前所述，非模型依赖的测度方法首先需要确定 EMP 的构成，然后再确定各构成部分的权重，最后在此基础上测算 EMP。

首先，出于前述原因，我们不考虑利率因素影响，将非模型依赖的人民币 EMP 定义如下：

$$EMP_t^{id} = h_1 \Delta s_t - h_3 \Delta fr_t \tag{3-9}$$

人民币汇率制度弹性指数可相应地定义为

$$FI_t^{id} = h_1 \Delta s_t / EMP_t^{id} \tag{3-10}$$

其次，在各构成部分的权重设计上，我们同时考虑三种权重设计方案：一是将各构成部分的权重设置为 1（Aizenman 和 Hutchison，2010；Aizenman 和 Binici，2015）；二是令各部分权重为各构成部分标准差的倒数（Aizenman 和 Hutchison，2010；胡利琴等，2014）；三是将权重设为各构成部分标准差的倒数占所有构成部分标准差的倒数之和的比重（Stavarek，2007）。但根据式（3－10），后两种权重设计方案其实是一样的，因此，我们在后两种方案中任意选择一种即可。

最后，我们仍然以 12 个月为窗口期计算汇率和储备变化。但是和 HP 法及拓展的 HP 法不同的是，我们不计算汇率变化和储备变化绝对值的平均值，而是对 12 个月的汇率变化和储备变化直接取平均值。这样做的原因是，在计算 EMP 时，汇率的正向和反向变动代表了不同方向的外汇市场压力，如果对汇率和储备变化取绝对值就与 EMP 的定义相冲突了。

三、基于 EMP 的测度：模型依赖方法

与非模型依赖的 EMP 测算不同，模型依赖的 EMP 测度方法是建立在 M－F类型的结构主义宏观经济模型基础上的（如 Weymark，1995、1997、1998），但是，这类模型难以适用于包括中国在内的大多数发展中国家，因为这类模型中，货币政策主要是通过利率渠道传导的，而对包括中国在内的发展中国家来说，利率传导渠道可能并不顺畅，甚至并不存在。

从中国实践来看，一方面，中国中长期的存贷款利率仍没有完全市场化，

短期利率向中长期利率传导的机制不健全；另一方面，中国金融体系中银行占了主导地位，这就决定了中国企业对银行信贷的依赖超过了对其他融资方式的依赖。因此，中国利率传导渠道不是主渠道。越来越多的证据也表明，信贷传导机制在中国是非常重要的，甚至是中国货币政策的主要传导渠道（蒋瑛琨等，2005；盛朝晖，2006；赵振全等，2007；江群和曾令华，2008；盛松成和吴培新，2008；许伟和陈斌开，2009；潘敏和缪海斌，2010；汪川等，2011；刘凤兰和袁申国，2012）。

考虑到上述中国货币政策信贷传导渠道的现实约束，进一步改进和拓展模型依赖的 EMP 测度方法就具有重要意义。本小节借鉴已有研究（Bernanke 和 Blinder，1988；瓦什，1998），将信贷渠道引入开放经济，建立一个基准的开放经济宏观结构模型，然后在此模型基础上给出 EMP 和人民币汇率制度弹性的测算公式。

（一）纳入信贷渠道的小国开放经济模型

1. 模型设定。第一，设定产品市场曲线如下：

$$\Delta y_t = \alpha_0 - \alpha_1 \Delta i_t - \alpha_2 \Delta l_t + \alpha_3 \Delta s_t + u_t \qquad (3-11)$$

其中，$\alpha_i \geqslant 0\ (i=1, 2)$，$\alpha_3$ 的符号待定。y_t、i_t、s_t和 l_t分别表示实际产出、债券利率、名义汇率和贷款利率，u_t为产品市场冲击。除了债券利率和贷款利率之外，其余变量均以自然对数形式表示（下同）。

在 M－F 模型中，贷款利率（l_t）并不影响总需求。但 Bernanke 和 Blinder（1988）认为，这种影响是存在的：银行贷款利率越高，那么企业部门从银行获得信贷的成本就越高，从而投资需求下降，总需求减少。

假设马歇尔—勒纳条件成立且贬值不存在 J 曲线效应，那么，汇率对总需求的影响为正，说明本币贬值改善了贸易差额，扩张了总需求，从而增加了产出。但考虑到中国作为发展中国家的实际情况以及马歇尔—勒纳条件实证检验结论的不一致，我们只假设汇率对总需求有影响，这种影响是否存在 J 曲线效应也暂时撇开不论。至于这一影响的方向，则留待实证研究决定。

第二，设定货币需求函数如下：

$$\Delta m_t^d = \beta_0 \Delta y_t - \beta_1 \Delta i_t + \nu_t \qquad (3-12)$$

其中，β_0、$\beta_1 > 0$，Δm_t^d表示货币需求，ν_t是货币冲击。

$$m_t^s = m_{t-1}^s + \Delta d_t + \Delta fr_t \qquad (3-13)$$

式（3－13）表明，中央银行的资产只由国内信贷（d_t）和外汇储备（fr_t）构成，负债方只包括基础货币（由流通中的现金 c 和准备金 rr 构成），货币供给的变动要么来自信贷的变化，要么来自储备的变动，或者来自二者的共同作用（我们不考虑中央银行债券的影响）。

第三，假定无抛补利率平价成立，则

$$\Delta i_t = \Delta i_t^* + \Delta s_{t+1}^e - \Delta s_t \tag{3-14}$$

其中，i_t^* 表示国外债券利率。s_{t+1}^e 表示在 t 期对 $t+1$ 期汇率的预期值。式（3-14）假定资本是自由流动的，这对当前中国而言显然是苛刻的假设。但我们的目的在于首先建立一个基准模型。至于引入资本管制等现实因素以拓展模型，则留待后续研究。

第四，我们设定中央银行外汇市场逆风干预的反应函数如下：

$$\Delta fr_t = -\rho_t \Delta s_t \tag{3-15}$$

其中，ρ_t是中央银行的反应系数，一般来说，$\rho_t \geqslant 0$ 。

第五，我们给出私人部门信贷利率的行为函数：

$$\Delta l_t = \varphi_0 \Delta i_t + \varphi_1 \Delta y_t - \varphi_2 \Delta rr_t + \omega_t \tag{3-16}$$

其中，$\varphi_i \geqslant 0$（$i=1, 2$），rr_t表示准备金规模，ω_t表示信贷冲击。对于该行为函数的设定，解释如下：一是产出扩张会推动贷款需求，因此产出扩张会推高贷款利率；二是债券利率提高导致企业发债成本上升，企业因此会增加贷款需求，从而推高贷款利率；三是银行准备金规模提高，意味着银行体系的可贷资金供给增加，从而导致贷款利率下降。关于该式背后的原理和进一步的讨论，可参见 Bernanke 和 Blinder（1988）及瓦什（1998）等。

2. 模型推导。首先，在货币市场均衡时（$\Delta m_t^d = \Delta m_t^s$），我们有

$$\Delta c_t + \Delta rr_t = \Delta d_t + \Delta fr_t = \beta_0 \Delta y_t - \beta_1 \Delta i_t + \nu_t \tag{3-17}$$

将式（3-14）和式（3-15）代入式（3-11）可得

$$\Delta y_t = \alpha_0 - \alpha_1 \Delta i_t^* - \alpha_1 \Delta s_{t+1}^e + (\alpha_1 + \alpha_3) \Delta s_t - \alpha_2 \Delta l_t + u_t \tag{3-18}$$

将式（3-14）代入式（3-17）可得

$$\Delta rr_t = \Delta d_t - \rho_t \Delta s_t - \Delta c_t = \beta_0 \Delta y_t - \beta_1 (\Delta i_t^* + \Delta s_{t+1}^e - \Delta s_t) - \Delta c_t + \nu_t \tag{3-19}$$

将式（3-14）代入式（3-16）可得

$$\Delta l_t = \varphi_0 (\Delta i_t^* + \Delta s_{t+1}^e - \Delta s_t) + \varphi_1 \Delta y_t - \varphi_2 \Delta rr_t + \omega_t \tag{3-20}$$

由于

$$\Delta rr_t = \Delta m_t^s - \Delta c_t = \Delta d_t + \Delta fr_t - \Delta c_t ; \Delta fr_t = -\rho_t \Delta s_t$$

代入式（3-20）可得

$$\Delta l_t = \varphi_0 (\Delta i_t^* + \Delta s_{t+1}^e - \Delta s_t) + \varphi_1 \Delta y_t - \varphi_2 (\Delta d_t - \rho_t \Delta s_t - \Delta c_t) + \omega_t \tag{3-21}$$

将式（3－21）代入式（3－18）化简可得

$$(1+\alpha_2\varphi_1)\Delta y_t+(-\alpha_1-\alpha_3-\alpha_2\varphi_0+\alpha_2\varphi_2\rho_t)\Delta s_t$$
$$=(-\alpha_1-\alpha_2\varphi_0)\Delta i_t^*+(-\alpha_1-\alpha_2\varphi_0)\Delta s_{t+1}^e+\alpha_0$$
$$+\alpha_2\varphi_2(\Delta d_t-\Delta c_t)+u_t-\alpha_2\omega_t \quad (3-22)$$

将式（3－19）重写为

$$\beta_0\Delta y_t+(\beta_1+\rho_t)\Delta s_t=\beta_1\Delta i_t^*+\beta_1\Delta s_{t+1}^e+\Delta d_t-\nu_t \quad (3-23)$$

联立式（3－22）和式（3－23）可解得

$$\theta_t\Delta s_t=X_t+\lambda\Delta s_{t+1}^e \quad (3-24)$$

其中

$$\theta_t=\beta_0(\alpha_1+\alpha_3+\alpha_2\varphi_0-\alpha_2\varphi_2\rho_t)+(\rho_t+\beta_1)(1+\alpha_2\varphi_1)$$
$$X_t=[\beta_1(1+\alpha_2\varphi_1)+\beta_0\alpha_1+\beta_0\alpha_2\varphi_0]\Delta i_t^*+(1+\alpha_2\varphi_1-\beta_0\alpha_2\varphi_2)(\Delta d_t-\Delta c_t)+$$
$$(-1-\alpha_2\varphi_1)\nu_t-\beta_0\alpha_0-\beta_0u_t+\beta_0\alpha_2\omega_t$$
$$\lambda=\beta_1(1+\alpha_2\varphi_1)+\alpha_1\beta_0+\alpha_2\beta_0\varphi_0$$

3. EMP 的推导。由超额货币需求（excessive demand of currency，EDC）的定义可知（Weymark，1995、1997、1998）：

$$EDC_t=X_t+\lambda\Delta s_{t+1}^e \quad (3-25)$$

浮动汇率制度下有

$$\rho_t=0,\theta_t=\beta_0(\alpha_1+\alpha_3+\alpha_2\varphi_0)+\beta_1(1+\alpha_2\varphi_1)=\theta,\Delta fr_t=0$$

从而可得

$$\Delta s_t(float)=\frac{1}{\theta}(X_t+\lambda_t\Delta s_{t+1}^e)$$

再由式（3－24）可进一步得到

$$EMP_t=\frac{EDC_t}{\theta} \quad (3-26)$$

又由式（3－24）和式（3－25）可得

$$EDC_t=X_t+\lambda\Delta s_{t+1}^e=\theta_t\Delta s_t \quad (3-27)$$

由式（3－26）和式（3－27）可得到 EMP 的表达式为

$$EMP_t=\frac{\theta_t\Delta s_t}{\theta}=\Delta s_t+\frac{(1+\alpha_2\varphi_1-\beta_0\alpha_2\varphi_2)\rho_t\Delta s_t}{\beta_0(\alpha_1+\alpha_3+\alpha_2\varphi_0)+\beta_1(1+\alpha_2\varphi_1)}$$

由于 $\Delta fr_t=-\rho\Delta s_t$，因此，上式可进一步化简为

$$EMP_t^{mc}=EMP_t=\Delta s_t+\eta\Delta fr_t \quad (3-28)$$

其中，$\eta=-\dfrac{1+\alpha_2\varphi_1-\beta_0\alpha_2\varphi_2}{\beta_0(\alpha_1+\alpha_3+\alpha_2\varphi_0)+\beta_1(1+\alpha_2\varphi_1)}$。

相应地，人民币汇率制度弹性指数可定义为

$$FI_t^{mc} = \Delta s_t / EMP_t^{mc} \quad (3-29)$$

4. 模型特例——M－F模型。当 $\alpha_2 = 0$，且 $\varphi_0 = \varphi_1 = 0$ 时，银行贷款渠道不再影响总需求，此时模型就回到M－F模型，经济系统由如下方程刻画：

$$\Delta i_t = \Delta i_t^* + \Delta s_{t+1}^e - \Delta s_t \quad (3-14)$$

$$\Delta y_t = \alpha_0 - \alpha_1 \Delta i_t + \alpha_3 \Delta s_t + u_t \quad (3-30)$$

$$\Delta d_t - \rho_t \Delta s_t = \beta_0 \Delta y_t - \beta_1 \Delta i_t + \nu_t \quad (3-31)$$

在此情况下，EMP定义为

$$EMP_t^{mf} = \Delta s_t + \eta_m \Delta fr_t \quad (3-32)$$

其中，$\eta_m = -\dfrac{1}{\beta_0(\alpha_1 + \alpha_3) + \beta_1}$。

相应地，人民币汇率制度弹性指数可定义为

$$FI_t^{mf} = \Delta s_t / EMP_t^{mf} \quad (3-33)$$

（二）参数估计和弹性测算

1. 模型的参数估计。根据上面建立的结构主义模型，我们在估计人民币汇率制度弹性指数时需要分三步进行：首先，估计模型中的各个参数，从而得到 η 和 η_m 的估计值；其次，估计EMP；最后，根据式（3－29）和式（3－33）估计得到人民币汇率制度弹性指数。

（1）数据及处理。利用上述模型进行结构参数估计的样本期为1999年12月至2018年12月，各变量说明如下。

本国价格指数。我们采用CPI环比指数作为本国价格指数的代理指标。其中2001年1月至2018年12月的数据来自国家统计局统计数据库，其余摘自宋海林和刘澄（2003）。由于该指数序列具有明显的季节性特征，本书采用X13法进行了季节调整，并且计算了以1999年12月为基期的CPI定基比指数。

实际产出（y_t）。由于我国没有公布GDP月度数据，为解决这一问题，我们首先计算月度工业增加值和年度工业增加总值，由此估计各月工业增加值占全年工业增加值的比重。然后，我们利用该比重与GDP年度值相乘以估计月度GDP数据。其中1999年12月至2006年12月的月度工业增加值数据来自各期《中国经济景气月报》，2007年1月至2018年12月的月度工业增加值数据根据国家统计局统计数据库公布的工业增加值同比增速估计得到。最后，我们利用X13法将GDP月度数据进行季节调整，再利用CPI定基比指数剔除价格因素后得到实际产出。

债券利率（i_t）。我们采用30天银行间同业拆借加权平均利率作为债券利率的代理指标。其中1999年12月至2001年12月的数据来自《中国证券期货统计年鉴》（2000—2002年），其余数据摘自中国人民银行公布的全国银行间同业拆借交易统计表。国外利率（i_t^*）也采用30天的美国联邦基金有效利率，数据来自St. Louis Fed。贷款利率（l_t）采用90天期的银行间同业拆借利率作为代理指标。

名义汇率（s_t）。我们采用单位美元折合人民币月平均数作为名义汇率指标。对汇率预期（s_{t+1}^e）我们采用完全预期的假设，将下一期汇率的实现值作为本期汇率的预期值。汇率数据来自中国人民银行公布的汇率报表。

货币供给（m_t）。我们采用M_1口径的狭义货币量，数据来自中国人民银行公布的存款性公司概览报表。

国内信贷（d_t）。由于国内信贷规模不能直接从中国人民银行资产负债表中获得，我们依据“国内信贷=资产-国外净资产”这一统计恒等式，利用中国人民银行资产负债表中的总资产减去国外净资产来估计国内信贷规模。

外汇储备（fr_t）。该数据来自中国人民银行持有的外汇数量。

流通中现金（c_t）。我们采用中国人民银行发行的货币数量作为代理指标。

准备金（rr_t）。该数据为其他存款性公司存款[①]。其中，中国人民银行资产、国外净资产、外汇、发行货币、存款性公司存款数据均来自中国人民银行公布的货币当局资产负债表。

最后，我们利用X13法对货币供给（m_t）、国内信贷（d_t）、外汇储备（fr_t）、流通中现金（c_t）和准备金（rr_t）等指标进行季节调整以剔除季节性因素的影响。

（2）单位根检验。在估计结构模型参数之前，为了防止可能存在的伪回归，我们首先利用ADF检验、PP检验和DF-GLS检验对估计模型所需要的变量进行平稳性检验。其中，ADF检验和DF-GLS检验的滞后期选择标准为SIC信息准则最小时所对应的阶数，PP检验根据Newey-West自动选择带宽。[②]检验结果（见表3-2）表明，模型估计所需变量的一阶差分序列在1%的显著性水平上都能同时通过ADF检验、PP检验和DF-GLS检验，所以，用

---

① 需要注意的是，在我们的样本期内，准备金在货币当局资产负债表中的项目名称变化较大。为了保持口径前后的一致性，我们提取1999—2001年报表项目“准备金存款”、2002—2010年报表项目“金融性公司存款”、2011—2018年报表项目“其他存款性公司存款”作为样本期内的准备金指标。

② 在部分检验（包括货币供给、国内信贷、外汇储备、流通中的现金和准备金的一阶差分形式的PP检验与DF-GLS检验）中，我们首先根据时间序列的特征（例如，是否含有趋势项或截距项等），设定单位根检验形式，然后再根据信息准则选择最优滞后期或带宽。

于估计模型的一阶差分序列都是平稳的，不会造成伪回归的问题。

表 3 - 2 联立方程模型单位根检验

检验方法		Δy_t	Δi_t	Δi_t^*	Δl_t	Δs_t
ADF 检验	检验类型（C，T，L）	（C，0，1）	（0，0，0）	（0，0，4）	（0，0，1）	（0，0，4）
	统计量	-17.197	-19.157	-3.5420	-16.943	-4.7997
	1% 临界值	-3.4592	-2.5752	-2.5754	-2.5752	-2.5754
PP 检验	检验类型（C，T，B）	（C，0，14）	（0，0，14）	（0，0，3）	（0，0，11）	（0，0，5）
	统计量	-38.913	-20.945	-5.9167	-21.580	-8.4602
	1% 临界值	-3.4591	-2.5752	-2.5752	-2.5752	-2.5752
DF - GLS 检验	检验类型（C，T，L）	（C，T，0）	（C，T，0）	（C，T，0）	（C，T，1）	（C，0，0）
	统计量	-22.863	-6.4820	-5.3588	-3.9190	-8.4295
	1% 临界值	-3.4627	-3.4627	-3.4627	-2.4626	-2.5752
结论		I（0）	I（0）	I（0）	I（0）	I（0）
检验方法		Δm_t	Δd_t	Δfr_t	Δc_t	Δr_t
ADF 检验	检验类型（C，T，L）	（C，0，3）	（C，0，0）	（C，T，4）	（C，0，4）	（C，T，4）
	统计量	-4.8630	-18.589	-4.0313	-10.696	-5.1405
	1% 临界值	-3.4595	-3.4591	-3.9997	-3.4596	-3.9997
PP 检验	检验类型（C，T，B）	（C，0，9）	（C，0，7）	（C，T，9）	（C，0，31）	（C，T，8）
	统计量	-18.018	-18.735	-11.995	-41.094	-19.123
	1% 临界值	-3.4591	-3.4591	-3.9990	-3.4591	-3.9990
DF - GLS 检验	检验类型（C，T，L）	（C，0，3）	（C，0，1）	（C，T，2）	（C，0，4）	（C，T，0）
	统计量	-4.8416	-3.3490	-3.2887	-5.8852	-5.3082
	1% 临界值	-2.5753	-2.5752	-2.9252 **	-2.5754	-3.4627
结论		I（0）	I（0）	I（0）	I（0）	I（0）

注：1. DF - GLS 检验的检验类型（C，T，L）指第一阶段回归时用 GLS 估计原序列时是否包括常数项和时间趋势项。

2. **为 5% 显著性水平上的临界值。

（3）模型识别和参数估计。式（3 - 11）至式（3 - 16）加上等式 $\Delta m_t^d = \Delta c_t + \Delta rr_t$ 构成了待估计的开放经济结构模型，其中，只有产品市场方程（3 - 11）、货币市场方程（3 - 17）和私人部门信贷市场方程（3 - 16）是随机形式的，需要对其中的参数进行估计。其他方程都是确定的，不需要估计。若利用普通最小二乘法对联立方程系统中的结构式方程直接进行估计，则可能会产生有偏且不一致的参数估计。另外，本书构建的联立方程系统中随机扰动项也可能存在异方差和序列相关，考虑到这些现实约束，我们使用广义矩估计方法（GMM）估计联立方程系统。

在进行估计之前，我们首先判断联立方程系统是否可以识别。我们采用阶条件来判定联立方程系统中待估计方程（3－11）、方程（3－16）和方程（3－17）的可识别性。使用该方法首先要确定联立系统中内生变量和外生变量的个数，然后比较整个联立系统中外生变量个数和每个待估方程中斜率参数的个数。若外生变量的个数大于斜率参数的个数，则该方程过度识别；若外生变量的个数等于斜率参数的个数，则该方程恰好识别；若外生变量的个数小于斜率参数的个数，则该方程不可识别。

在我们构建的联立方程系统中，内生变量有 7 个，分别为实际产出（y_t）、货币供给（m_t）、债券利率（i_t）、外汇储备（fr_t）、名义汇率（s_t）、贷款利率（l_t）和准备金（rr_t）。外生变量有 4 个，分别为流通中现金（c_t）、国外利率（i_t^*）、国内信贷（d_t）和汇率预期（s_{t+1}^e）。待估计的产品市场方程（3－11）的参数有 3 个（α_1、α_2、α_3），货币市场方程（3－17）的参数有 2 个（β_0、β_1），私人部门信贷市场方程（3－16）的参数有 3 个（φ_0、φ_1、φ_2）。由此可见，我们联立方程系统中 3 个待估方程均是可以识别的，并且都是过度识别。

从理论上来说，利用 GMM 进行参数估计时，需要首先给出工具变量。在本书的具体估计中，我们将联立方程系统中所有的外生变量当期值直至滞后 12 期的值作为工具变量。本书估计的联立方程系统是时间序列模型，因此，我们利用 EViews 10.0 软件，选择 GMM－HAC（heteroskedasticity autocorrelation consistent covariance matrix，HAC）估计方法进行参数估计，在具体估计过程中，我们选择了系统默认的 Bartlett 核函数和固定带宽①，得到产品市场方程、货币市场方程和私人部门信贷市场方程中的结构参数值，估计结果见表 3－3。

表 3－3　　结构方程参数估计结果

$\Delta y_t = \alpha_0 - \alpha_1 \Delta i_t - \alpha_2 \Delta l_t + \alpha_3 \Delta s_t + u_t$			$\Delta m_t = \beta_0 \Delta y_t - \beta_1 \Delta i_t + \nu_t$			$\Delta l_t = \varphi_0 \Delta i_t + \varphi_1 \Delta y_t - \varphi_2 \Delta r_t + \omega_t$		
参数	估计值	p 值	参数	估计值	p 值	参数	估计值	p 值
α_1	0.2164	0.0000	β_0	0.0964	0.0000	φ_0	0.6142	0.0000
α_2	0.5234	0.0000	β_1	0.7214	0.0000	φ_1	－0.0112	0.0000

① 用 Andrews 方法和 Variable－Newey－West 两种方法选择带宽不影响参数估计结果。

续表

$\Delta y_t = \alpha_0 - \alpha_1 \Delta i_t - \alpha_2 \Delta l_t + \alpha_3 \Delta s_t + u_t$			$\Delta m_t = \beta_0 \Delta y_t - \beta_1 \Delta i_t + \nu_t$			$\Delta l_t = \varphi_0 \Delta i_t + \varphi_1 \Delta y_t - \varphi_2 \Delta r_t + \omega_t$		
参数	估计值	p 值	参数	估计值	p 值	参数	估计值	p 值
α_3	-0.4005	0.0000				φ_2	-0.0328	0.0000
Adj. R^2 =0.317；DW =2.308；Q（36）=26.83（0.866）			Adj. R^2 =0.091；DW =2.263；Q（36）=57.64（0.012）			Adj. R^2 =0.366；DW =2.058；Q（36）=32.17（0.651）		

注：本表未报告产品市场回归模型截距项和对各方程残差项的调整结果。

最后，我们还估计了 M－F 形式的结构模型，该模型是本书所设定的结构模型的特例。我们只需将方程（3－11）中的 α_2 设定为 0，并将方程（3－16）从模型中剔除。利用阶条件可知，我们所得到的 M－F 类型的结构模型仍然是可识别的，估计结果见表 3－4。

表 3－4　　　　M－F 模型参数估计结果

产品市场：$\Delta y_t = \alpha_0 - \alpha_1 \Delta i_t + \alpha_3 \Delta s_t + u_t$			货币市场：$\Delta m_t = \beta_0 \Delta y_t - \beta_1 \Delta i_t + v_t$		
参数	估计值	p 值	参数	估计值	p 值
α_1	0.6156	0.0000	β_0	0.0932	0.0000
α_3	-0.3905	0.0000	β_1	0.6798	0.0000
Adj. R^2 =0.323；DW =2.326；Q（36）=27.96（0.829）			Adj. R^2 =0.097；DW =2.264；Q（36）=58.81（0.010）		

注：本表未报告产品市场回归模型截距项和对各方程残差项的调整结果。

2. 中国货币政策信贷传导渠道存在性的简要讨论。我们的实证估计结果为支持货币政策信贷传导渠道提供了初步的证据，这可以从以下三个方面加以说明和论证。

首先，表 3－3 的产品市场回归结果表明，贷款利率对产出的影响方向是符合理论预期的：贷款利率上升将导致产出紧缩。同时，这种影响不仅统计上是显著的（回归系数的 p 值为 0.0000），而且在经济上也非常显著：产出对贷款利率的半弹性为 0.5234①，意味着贷款利率每上升 1 个百分点，将导致产出下降 0.5 个百分点。

其次，从信贷市场的回归结果来看，贷款利率对准备金的回归结果表明，准备金规模提高 1%，将导致贷款利率上升 3.28 个基点。这个影响虽然统计

① 本书构建的联立方程系统中，利率水平是直接差分的，而产出是取了对数后差分的。

上显著，但是影响的数量效应却比较小。我们还注意到，这个影响与我们的理论模型的假设是相反的，导致这一结果的可能原因有：一是样本期内，中国的存贷款利率并未放开，而我们使用的是银行间 90 天拆借利率作为贷款利率的代理变量，这在一定程度上影响了估计结果①；二是中国存在大量的更加依赖银行贷款的中小企业，它们对银行信贷的需求是刚性的，这导致在贷款利率上升的情况下，它们对信贷资金的需求仍然可能是增加的。而存在预算软约束问题的国有企业对信贷资金的需求并不敏感，并且这类企业还可以通过证券市场筹集外部资金。

最后，我们将信贷市场方程代入产品市场方程得到修正后的 IS 曲线，与传统的 IS 曲线相比，只要 $\alpha_2\varphi_2 \neq 0$ ，那么准备金变量就会出现在修正后的 IS 曲线中，这就意味着影响准备金规模的货币政策会通过改变银行贷款利率驱动 IS 曲线的移动，从而对产出产生直接的影响。相比于传统的开放经济模型，引入信贷传导渠道的小国模型中，货币政策还可以通过信贷渠道影响实体经济。

从实证回归结果来看，前面的分析也指出，尽管准备金规模变动对信贷利率的影响较小（φ_2），但该回归结果在统计上是显著异于 0 的（p 值为 0.0000），并且，α_2的回归结果统计上也显著异于 0，这意味着二者之积也可能是统计上显著异于 0 的。严谨起见，我们在用 GMM－HAC 估计了联立方程模型后，对二者之积做了 Wald 检验（二者之积 = $-0.0328 \times 0.5234 = -0.0172$），检验的 Chi 方统计量为 57.653，对应的 p 值为 0.0000，拒绝了原假设，即二者之积在统计上是显著异于 0 的。这是中国存在信贷传导渠道的重要证据。

3. 人民币汇率制度弹性的测算。我们回到人民币汇率制度弹性的测算问题上来。第一，为了便于比较并突出信贷传导渠道对 EMP 和汇率制度弹性的影响，我们在上述模型参数估计过程中同时估计了引入信贷渠道和没有引入信贷渠道两种情形下的 EMP，即式（3－28）和式（3－32）。

第二，在利用式（3－29）和式（3－33）估计人民币汇率制度弹性指数过程中，我们仍然以 12 个月为窗口计算汇率和储备变化，但我们不计算汇率变化和储备变化绝对值的平均值，而是对 12 个月的汇率变化和储备变化直接

① 样本期内，中国的存贷款利率并没有市场化，因此，如果使用贷款基准利率进行回归，那么一阶差分后得到的序列是在 0 附近变化极其微小的序列，这会严重影响回归结果，我们因此选择了银行间 90 天同业拆借的加权平均利率作为贷款利率的代理变量。

取平均值。这一点在前一小节已经做了说明。

第三，根据表 3 - 3 和表 3 - 4 的参数估计结果，我们得到转换因子的估计值，分别为 $\eta = -1.3633$ 和 $\eta_m = -1.4250$ ①。在此基础上，根据式（3 - 28）和式（3 - 32）我们可估计得到两种情形的 EMP，然后根据式（3 - 29）和式（3 - 33）即可估计得到两种情形下的人民币汇率制度弹性指数。

第四，应该指出的是，2017 年以后人民币汇率制度弹性化趋势已经十分显著，但由于数据异常，本书利用基于 EMP 的测度方法测算得到的 4 个人民币汇率制度弹性指数在 2017 年 8 月至 2018 年 5 月和 2018 年 8 月期间的取值严重不符合现实情况，因此我们对这些时期的指数值做了调整。首先将这些月份的数据清除，然后利用 EViews 10.0 的对数线性插值方法补齐这些缺失值。

第五，我们在附表 A - 3 - 1 报告了 7 个人民币汇率制度弹性指数的原始时间序列以及基于 EMP 测度方法测算的 4 个经过调整的人民币汇率制度弹性指数序列。附表 A - 3 - 2 报告了原始序列的分布情况。

第二节　人民币汇率制度弹性的典型特征及动态演变

本章第一节利用直接测度法（包括 HP 法、拓展的 HP 法和 HCR 法）以及基于 EMP 的测度法（包括非模型依赖和模型依赖的测度方法），测算得到了 7 个人民币汇率制度弹性指数，本节在此基础上，首先考察样本期内（2000.12—2018.12）人民币汇率制度弹性的演变及其特征事实，然后利用单位根检验和 Markov 区制转换模型进一步考察这 7 个指数的时间序列特征和人民币汇率制度演变的动态特征。

一、演变趋势与统计特征

（一）人民币汇率制度弹性的演变

根据第一节的测算结果，我们将人民币汇率制度弹性指数绘制在图 3 - 1 至图 3 - 3 中（附表 A - 3 - 1 报告了各指数序列）。结合图形，我们对样本期内人民币汇率制度弹性的演变进行初步的考察和分析。总体而言，人民币汇率制度弹性经历了“三升”、“两降”、“三固定”和一段高位运行的时期，我们按照时间顺序扼要分析说明这 9 个历史期中人民币汇率制度弹性的表现。

---

① 由于信贷传导渠道的存在，使用 M - F 模型会低估转换因子，但低估的程度并不严重（低估了约 4.53%）。

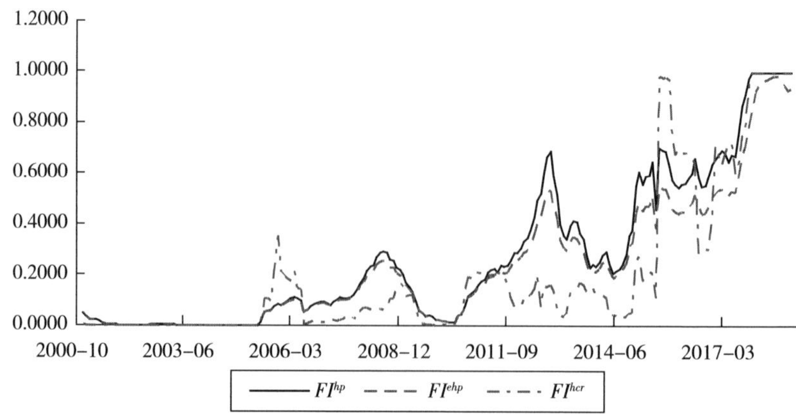

注：FI^{hp}、FI^{ehp}和FI^{hcr}分别表示利用HP法、拓展的HP法和HCR法三类直接测度法测算得到的人民币汇率制度弹性指数。

图3－1 人民币汇率制度弹性指数：直接测度法（2000.12—2018.12）

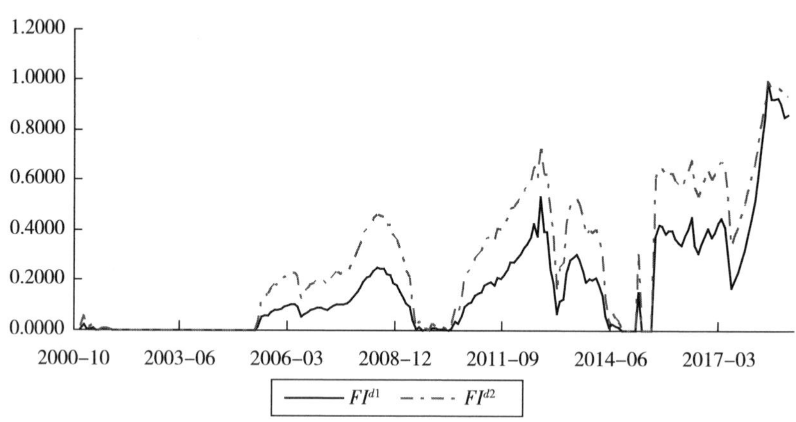

注：FI^{d1}和FI^{d2}的测算是建立在非模型依赖的EMP测算基础上的，前者测算涉及的EMP的各构成部分的权重为1，后者测算涉及的EMP的各构成部分的权重为各构成部分标准差的倒数。

图3－2 人民币汇率制度弹性指数：非模型依赖的EMP测度法（2000.12—2018.12）

1. 第一次事实上的固定汇率制度时期（2000.12—2005.6）。这段时期人民币维持了长达4年半的事实上的固定汇率制度。各种测算方法得到的人民币汇率制度弹性的数值在这段时期内基本为0。这段历史时期中，包括IMF、RR和BT在内的各种汇率制度分类方法也都将中国汇率制度划分为事实上的钉住制度或固定汇率制度（见表3－1）。

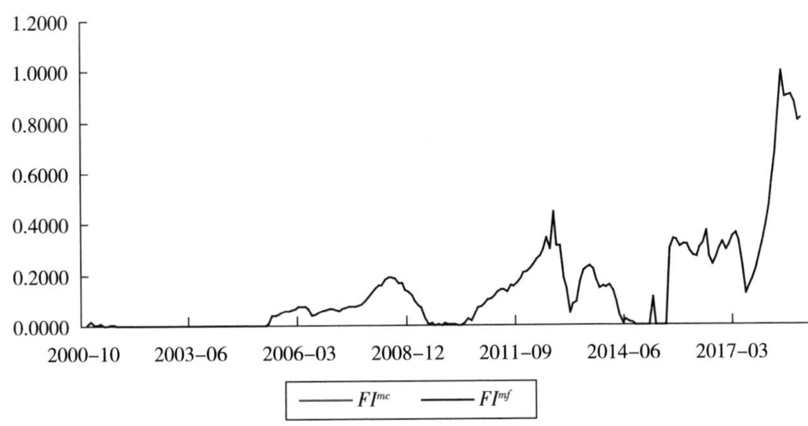

注：FI^{mc}和 FI^{mf}的测算是建立在模型依赖的 EMP 测算基础上的。前者 EMP 的测算是建立在本书建立的纳入信贷传导渠道的经济结构模型基础上的，而后者 EMP 的测算则是建立在 M－F 模型基础上的。

图 3－3　人民币汇率制度弹性指数：模型依赖的 EMP 测度法（2000. 12—2018. 12）

2. 第一次弹性上升时期（2005. 7—2008. 8）。以 2005 年 7 月 21 日的人民币汇率形成机制改革为契机，中国重启了人民币汇率弹性化进程。2005 年7 月至 2008 年 8 月底的三年时间内，人民币汇率制度弹性总体上呈现稳定上升的态势，这是样本期内人民币汇率制度弹性指数的第一次上升时期。这段时期内，RR、BT 和 IMF 分类法也都调整了对中国汇率制度的分类，分类结果都体现了弹性增加的特征（见表 3－1）。

3. 第一次弹性下降时期（2008. 9—2009. 8）。受国际金融危机影响，人民币汇率制度弹性第一次持续上升结束于 2008 年 8 月底，在 2008 年 8 月达到历史峰值之后，人民币汇率制度弹性出现了第一次的持续下降，至 2009 年 8 月底，各测算方法得到的汇率制度弹性指数已基本触及下限 0。

4. 第二次事实上的固定汇率制度时期（2009. 9—2010. 5）。这一次事实上的固定汇率制度时期历时较短，1 年不到。各种测算方法，尤其是基于 EMP 测算方法得到的人民币汇率制度弹性指数基本为 0。

5. 第二次弹性上升时期（2010. 6—2012. 9）。2010 年 6 月 19 日，人民币汇率形成机制重新增加弹性，这一次汇率形成机制的调整使人民币汇率制度弹性迎来了第二次的上升期，这一过程维持了两年多的时间（2010 年 6 月至 2012 年 9 月）。除了 HCR 法之外，其余 6 种测算方法都表明，人民币汇率制度弹性指数持续上升，在 2012 年 9 月达到峰值（HP 法在 2012 年 11 月达到峰值，为0.6856）。

6. 第二次弹性下降时期（2012.10—2014.7）。2012 年 10 月至 2014 年 7 月是人民币汇率制度弹性的第二次下降时期。与第一次持续下降时期不同的是，这一次的弹性下降在 2013 年 4 月左右出现了短暂的反弹，随后继续下跌。

7. 第三次事实上的固定汇率制度时期（2014.8—2015.7）。自 2014 年7 月之后，直接测度法和基于 EMP 的测度法估计得到的人民币汇率制度弹性指数出现了较大的分歧，但基于 EMP 的测度方法得到的结果与 RR 分类法、BT 分类法及 IMF 分类法的结果较为接近（见表 3－1），因此我们下面对后续人民币汇率制度弹性的论述和分析以基于 EMP 测度方法得到的结果为主。

基于 EMP 测度方法得到的估计结果表明，除了 2015 年 3 月人民币汇率制度弹性出现了短暂的反弹之外，其余月份人民币汇率制度弹性指数基本为 0，人民币又重回事实上的固定汇率制度。RR 分类法则将 2014 年 8 月至 2014 年 11 月的汇率制度归为事实上的移动区间钉住（区间小于等于±1%），将 2014 年 12 月至 2015 年 7 月的汇率制度归为事实上的爬行钉住汇率制度（Ilzetzki 等，2017、2019）。

8. 高位运行时期（2015.8—2017.7）。2015 年 8 月 11 日的“8·11 汇改”后，人民币于 2015 年 12 月 11 日初步形成“收盘汇率＋一篮子货币汇率变化”的中间价形成机制（见表 1－1），随后陆续出台的一系列中间价调整措施对稳定人民币汇率波动起到了重要作用，促使这一时期人民币汇率制度弹性指数在相对较高的水平上震荡，汇率形成机制的市场化程度稳步提高。

9. 第三次弹性上升时期（2017.8—2018.12）。2017 年 8 月以后，各种测算方法得到的结果都表明，人民币汇率制度弹性在经历上一个时期的高位震荡之后，迅速上升，到 2018 年六七月份达到历史最高值。各种估计结果表明，人民币汇率制度弹性指数都接近 1，已基本接近浮动汇率制度了。

总体来看，自 2015 年“8·11 汇改”以来，人民币汇率制度弹性在经历了高位波动之后，迅速提升，更加弹性的汇率形成机制逐渐明朗。这与 Frankel（2019）的估计结果也是一致的。他的研究表明，2015 年 4 月之后，美元在人民币篮子货币中的权重显著下降至 0.5，人民币对美元汇率更加弹性化。

（二）统计特征

我们现在扼要讨论 7 个人民币汇率制度弹性指数的统计特征。表 3－5 给出了 7 个指数的描述统计和相关系数矩阵。

表 3－5　　人民币汇率制度弹性指数的描述统计

指数	FI^{hp}	FI^{ehp}	FI^{hcr}	FI^{d1}	FI^{d2}	FI^{mc}	FI^{mf}
均值	0.2718	0.2343	0.2040	0.1688	0.2731	0.1416	0.1380
中值	0.1727	0.1593	0.0732	0.0993	0.2204	0.0748	0.0718
最大值	1.0000	0.9828	1.0000	0.9979	0.9992	0.9972	0.9970
最小值	0.0001	0.0001	0.0000	0.0000	0.0000	0.0000	0.0000
标准差	0.2962	0.2574	0.3022	0.2093	0.2690	0.1935	0.1914
相关系数矩阵							
FI^{hp}	1.0000						
FI^{ehp}	0.9929***	1.0000					
FI^{hcr}	0.8849***	0.8884***	1.0000				
FI^{d1}	0.8540***	0.8841***	0.8277***	1.0000			
FI^{d2}	0.8380***	0.8478***	0.7842***	0.9589	1.0000		
FI^{mc}	0.8407***	0.8787***	0.8245***	0.9950***	0.9265***	1.0000	
FI^{mf}	0.8381***	0.8772***	0.8232***	0.9935***	0.9212***	0.9999***	1.0000

注：1. FI^{hp}、FI^{ehp}和FI^{hcr}分别指利用 HP 法、拓展的 HP 法和 HCR 法等三类直接测度法测算得到的人民币汇率制度弹性指数。

2. FI^{d1}、FI^{d2}、FI^{mc}和FI^{mf}是利用基于 EMP 的测度法得到的人民币汇率制度弹性指数。其中，FI^{d1}、FI^{d2}的测算是建立在非模型依赖的 EMP 测算基础上的。FI^{d1}测算涉及的 EMP 的各构成部分的权重为 1，而FI^{d2}测算涉及的 EMP 的各构成部分的权重为各构成部分标准差的倒数。FI^{mc}和FI^{mf}的测算是建立在模型依赖的 EMP 测算基础上的。前者 EMP 的测算是建立在本书建立的纳入信贷传导渠道的经济结构模型基础上的，而后者 EMP 的测算则是建立在 M－F 模型基础上的。

由表 3－5 可见：

一是各个汇率制度弹性指数序列表现出了高度的相关性，并且各个指数组内相关性高于组间相关性，即直接测度法得到的 3 个指数序列之间的相关性和利用 EMP 方法估计得到的 4 个指数序列之间的相关性高于彼此之间的相关性。

二是样本期内（2000.12—2018.12），7 个指数序列均值为 0.1380～0.2731，远低于 0.5。这说明平均而言，样本期内人民币汇率制度是缺乏弹性的。利用基于模型依赖的 EMP 测算方法得到的两个指数序列平均值是最低的，约为 0.14。一方面，这说明人民币汇率制度总体而言是缺乏弹性的①；另一方

① 附表 A－3－1 报告了未经调整的原始序列的分布情况，该表说明，约 75% 以上的观测值是低于 0.5 的，这也佐证了样本期内，人民币汇率制度总体上是缺乏弹性的。

面，直接测度法和非模型依赖的 EMP 测度法没有考虑到在面临经济冲击时经济系统本身具有吸收冲击的能力，因此这些方法可能高估了汇率制度弹性指数，也因此可能高估了人民币汇率形成机制的市场化程度。

二、人民币汇率制度弹性的单位根检验与动态特征

（一）人民币汇率制度弹性指数的单位根过程

我们进一步考察 7 个人民币汇率制度弹性指数的平稳性特征。我们同时利用 ADF、PP 和 DF－GLS 等三种单位根检验方法检验估计得到的 7 个人民币汇率制度弹性指数序列的平稳性。应该指出的是，ADF 和 PP 检验的缺点在于，这两个检验方法的检验功效较低，当样本容量不大或者真实模型接近单位根的时候，这一缺点更加突出，而 DF－GLS 检验则能克服这一不足，因此是目前最有功效的单位根检验方法（陈强，2010：417）。

另外需要说明的是，ADF 检验结果对滞后阶数的选择很敏感：如果滞后阶数太小，则扰动项可能存在自相关，从而使检验出现偏差；如果滞后阶数太大，则会降低检验的功效。我们使用 EViews 默认的最大滞后阶数，将原序列和一阶差分序列的最大滞后期取 14，然后使用由大到小的序贯 t 规则，考察 ADF 检验中的滞后一阶回归系数是否显著。PP 检验根据 Newey－West 自动选择带宽。DF－GLS 检验也根据 AIC 准则自动选择滞后阶数（EViews 默认的最大滞后阶数是 14）。

我们利用 EViews 10.0 软件对 7 个指数序列所进行的单位根检验结果（见表 3－6）表明，7 个人民币汇率制度弹性指数均为一阶单整，即 I（1）过程，这和很多宏观变量的时间序列平稳性特征是一致的，这意味着后续利用本书测算的 7 个人民币汇率制度弹性指数序列进行相关研究（如协整和 VAR 分析等）是可行的。

（二）人民币汇率制度的区制转移特征

2005 年 7 月“汇改”以来，中国陆续出台了很多进一步完善汇率形成机制改革的措施和政策（见表 1－1 和表 1－2），这些政策可能导致人民币汇率形成机制和汇率行为出现大的变动（见图 3－1 至图 3－3）。而前面的初步考察也表明，人民币汇率制度弹性在不停的变化中日趋弹性化。总体上来说，人民币汇率制度正在从事实上的固定汇率制度转向更有弹性的汇率制度，这意味着样本期内人民币汇率制度弹性可能呈现不同的特征或模式（见图 3－1 至图 3－3）。本小节建立仅均值随区制不同的 Markov 区制转换模型考察人民币汇率

制度弹性的动态特征。

1. 模型设定与估计。由之前的分析，我们假设人民币汇率制度弹性存在两个区制：高弹性区制和低弹性区制，从而将仅均值随区制不同的 Markov 区制转换模型设定如下：

$$erfi_t = \mu_t(s_t) + \varepsilon_t(s_t)$$

其中，$erfi_t$是人民币汇率制度弹性，在回归时以本书估计的 7 个人民币汇率制度弹性指数表示。s_t为状态变量，μ_t为对应状态变量的均值，ε_t（s_t）为随机扰动项，它是随区制变化而变化的。我们假设人民币汇率制度存在高弹性和低弹性两个区制，因此，s_t取值为 1 和 2，分别表示高弹性区制和低弹性区制。

表 3－6　　　　人民币汇率制度弹性指数的单位根检验

待检验序列		FI^{hp}	FI^{ehp}	FI^{hcr}	FI^{d1}	FI^{d2}	FI^{mc}	FI^{mf}
原序列平稳性检验								
ADF 检验	检验类型（C，T，L）	（C，T，2）	（C，T，2）	（C，T，0）	（C，T，2）	（C，T，0）	（C，T，2）	（C，T，2）
	统计量	－2.4428	－2.0756	－2.5393	－2.8692	－2.5903	－2.6538	－2.6251
	1%临界值	－4.0015	－4.0015	－4.0011	－4.0015	－4.0011	－4.0015	－4.0015
PP 检验	检验类型（C，T，B）	（C，T，2）	（C，T，7）	（C，T，6）	（C，T，3）	（C，T，3）	（C，T，4）	（C，T，4）
	统计量	－2.0519	－1.6109	－2.3682	－2.0707	－2.9428	－1.7906	－1.7519
	1%临界值	－4.0011	－4.0011	－4.0011	－4.0011	－4.0011	－4.0011	－4.0011
DF－GLS 检验	检验类型（C，T，L）	（C，T，2）	（C，T，2）	（C，T，2）	（C，T，2）	（C，T，0）	（C，T，2）	（C，T，2）
	统计量	－1.8725	－1.6607	－1.2363	－2.7809	－2.5419	－2.6020	－2.5791
	1%临界值	－3.4614	－3.4614	－3.4614	－3.4614	－3.4616	－3.1614	－3.4614
一阶差分序列平稳性检验								
ADF 检验	检验类型（C，T，L）	（0，0，1）	（0，0，1）	（0，0，1）	（0，0，1）	（0，0，0）	（0，0，1）	（0，0，1）
	统计量	－7.5609	－6.7555	－5.2361	－7.8540	－13.991	－7.5800	－7.5473
	1%临界值	－2.5758	－2.5758	－2.5758	－2.5758	－2.5758	－2.5758	－2.5758
PP 检验	检验类型（C，T，B）	（0，0，5）	（0，0，7）	（0，0，1）	（0，0，1）	（0，0，8）	（0，0，2）	（0，0，1）
	统计量	－13.123	－12.140	－15.040	－12.676	－14.010	－12.444	－12.436
	1%临界值	－2.5758	－2.5758	－2.5758	－2.5758	－2.5758	－2.5758	－2.5758

续表

待检验序列		FI^{hp}	FI^{ehp}	FI^{hcr}	FI^{d1}	FI^{d2}	FI^{mc}	FI^{mf}
DF－GLS检验	检验类型（C，T，L）	（C，0，1）	（C，0，1）	（C，0，0）	（C，0，1）	（C，0，1）	（C，0，2）	（C，0，1）
	统计量	－6.7780	－5.8558	－14.841	－7.4095	－7.0205	－7.3553	－7.3414
	1%临界值	－2.5758	－2.5758	－2.5758	－2.5758	－2.5758	－2.5758	－2.5758
结论		I（1）	I（1）	I（1）	I（1）	I（1）	I（1）	I（1）

注：DF－GLS检验的检验类型（C，T，L）指第一阶段回归时用GLS估计原序列时是否包括常数项和时间趋势项。

遵循Markov区制转换模型的设定，我们进一步假设转换概率如下：

$$P(s_t = 1 | s_{t-1} = 1) = p$$

$$P(s_t = 2 | s_{t-1} = 2) = q$$

p 和 q 是汇率制度出于高弹性区制和低弹性区制的概率。我们利用EViews 10.0软件进行上述Markov区制转换模型的估计，结果报告在表3－7中。

表3－7 Markov区制转换模型估计结果

直接测度法：FI^{hp} 指数							
参数估计				维持概率			
参数	估计值	标准差	z 统计量	$P(s_t=1 \| s_t-1=1)$		$P(s_t=2 \| s_t-1=2)$	
μ_1	0.4816***	0.0261	18.464	p	0.9867	q	0.9854
μ_2	0.0362***	0.0048	7.5972	平均持续期（月）			
log（sigma）$_1$	－1.3288***	0.0674	－19.717	高弹性区制（s_t = 1）		低弹性区制（s_t = 2）	
log（sigma）$_2$	－3.1686***	0.0876	－36.171	74.999		68.719	
直接测度法：FI^{ehp} 指数							
参数估计				维持概率			
参数	估计值	标准差	z 统计量	$P(s_t=1 \| s_t-1=1)$		$P(s_t=2 \| s_t-1=2)$	
μ_1	0.4108***	0.02329	17.638	p	0.9867	q	0.9854
μ_2	0.0344***	0.0045	7.5927	平均持续期（月）			
log（sigma）$_1$	－1.4382***	0.0670	－21.457	高弹性区制（s_t = 1）		低弹性区制（s_t = 2）	
log（sigma）$_2$	－3.2279***	0.0872	－37.034	75.201		68.435	
直接测度法：FI^{hcr} 指数							
参数估计				维持概率			
参数	估计值	标准差	z 统计量	$P(s_t=1 \| s_t-1=1)$		$P(s_t=2 \| s_t-1=2)$	
μ_1	0.2851***	0.0263	10.853	p	0.9892	q	0.9782

续表

直接测度法：FI^{hcr} 指数							
μ_2	0.0004 ***	0.0001	3.2779	平均持续期（月）			
log（sigma）$_1$	−1.1315 ***	0.0576	−19.654	高弹性区制（$s_t=1$）		低弹性区制（$s_t=2$）	
log（sigma）$_2$	−7.0308 ***	0.0942	−74.628	92.754		45.925	
基于 EMP 的测度法：FI^{d1} 指数							
参数估计				维持概率			
参数	估计值	标准差	z 统计量	$P(s_t=1\mid s_t-1=1)$		$P(s_t=2\mid s_t-1=2)$	
μ_1	0.2384 ***	0.0175	13.633	p	0.9690	q	0.9173
μ_2	0.0005 ***	0.0001	3.5441	平均持续期（月）			
log（sigma）$_1$	−1.5494 ***	0.0579	−26.765	高弹性区制（$s_t=1$）		低弹性区制（$s_t=2$）	
log（sigma）$_2$	−6.9636 ***	0.1349	−51.611	32.219		12.099	
基于 EMP 的测度法：FI^{d2} 指数							
参数估计				维持概率			
参数	估计值	标准差	z 统计量	$P(s_t=1\mid s_t-1=1)$		$P(s_t=2\mid s_t-1=2)$	
μ_1	0.3646 ***	0.0200	18.220	p	0.9735	q	0.9133
μ_2	0.0003 ***	0.0000	5.5371	平均持续期（月）			
log（sigma）$_1$	−1.3832 ***	0.0563	−24.567	高弹性区制（$s_t=1$）		低弹性区制（$s_t=2$）	
log（sigma）$_2$	−7.6993 ***	0.0976	−78.916	37.703		11.531	
基于 EMP 的测度法：FI^{mc} 指数							
参数估计				维持概率			
参数	估计值	标准差	z 统计量	$P(s_t=1\mid s_t-1=1)$		$P(s_t=2\mid s_t-1=2)$	
μ_1	0.1892 ***	0.0161	11.760	p	0.9726	q	0.9110
μ_2	0.0001 ***	0.0000	5.5532	平均持续期（月）			
log（sigma）$_1$	−1.5996 ***	0.0563	−28.423	高弹性区制（$s_t=1$）		低弹性区制（$s_t=2$）	
log（sigma）$_2$	−8.9407 ***	0.0974	−91.761	36.526		11.240	
基于 EMP 的测度法：FI^{mf} 指数							
参数估计				维持概率			
参数	估计值	标准差	z 统计量	$P(s_t=1\mid s_t-1=1)$		$P(s_t=2\mid s_t-1=2)$	
μ_1	0.1952 ***	0.0165	11.824	p	0.9691	q	0.9179
μ_2	0.0003 ***	0.0000	3.7422	平均持续期（月）			
log（sigma）$_1$	−1.6038 ***	0.0579	−27.697	高弹性区制（$s_t=1$）		低弹性区制（$s_t=2$）	
log（sigma）$_2$	−7.3093 ***	0.1082	−67.568	32.343		12.175	

注：1. *** 表示 1% 显著性水平上的临界值。

2. $s_t=1$ 和 $s_t=2$ 分别对应人民币汇率制度高弹性区制和低弹性区制；log（sigma）$_1$ 和 log（sigma）$_2$ 分别对应高弹性区制和低弹性区制估计中的误差方差的对数。

2. 估计结果分析。我们根据表 3 –7 报告的对 7 个人民币汇率制度弹性指数的回归结果，进一步讨论人民币汇率制度的动态特征。

（1）不同区制的差异性。表 3 –7 表明，不同的区制中，人民币汇率制度弹性指数确实存在显著差异。利用直接测度法得到的 3 个人民币汇率制度弹性指数的估计结果表明，3 个指数低弹性区制的均值分别为 0.036、0.034 和 0.0004，而 3 个指数高弹性区制的均值分别为 0.482、0.411 和 0.285。利用基于 EMP 测度法得到的 4 个人民币汇率制度弹性指数的估计结果表明，4 个指数低弹性区制的均值已经非常接近于 0（FI^{d1}、FI^{d2}、FI^{mc} 和 FI^{mf} 4 个指数的低弹性区制均值分别为 0.0005、0.0003、0.0001 和 0.0003），4 个指数高弹性区制的均值则都超过了 0.189。

进一步看，低弹性区制和高弹性区制的平均持续期也存在显著差异。不论是利用直接测度法还是基于 EMP 的测度法得到的人民币汇率制度弹性指数的结果都表明，高弹性区制的平均持续期都显著高于低弹性区制的平均持续期：FI^{hp} 指数和 FI^{ehp} 指数回归得到的高弹性区制的平均持续期比低弹性区制的平均持续期高出 6 个月左右，而 FI^{hcr} 指数则高出约 47 个月①；4 个基于 EMP 指数的估计结果中，高弹性区制比低弹性区制的平均持续期高出 20 ~ 26 个月。因此，总体来说，初步的估计结果支持了本节前面的结论：样本期内，人民币汇率制度形成机制日渐弹性化。

（2）人民币汇率制度弹性的高区制依赖性（high regime dependence）。表 3 –7 还表明，样本期内，人民币汇率制度弹性在两个区制中都表现出了高度的区制依赖特征：利用 7 个人民币汇率制度弹性指数估计得到的两个区制的维持概率都高于 91%，这意味着如果上一期人民币汇率制度处于高（低）弹性区制，那么下一期处于高（低）弹性区制的概率超过了 91%。对表 3 –7 估计结果的进一步观察可知，采用直接测度法得到的 3 个指数序列进行 Markov 区制转换模型估计得到的区制维持概率都高于 97%，且高低区制的维持概率并没有显著差异（低弹性区制的维持概率仅略低于高弹性区制的维持概率），但基于 EMP 测度方法得到的 4 个指数序列的估计结果却表明，尽管高弹性区制和低弹性区制的区制维持概率都高于 91%，但高弹性区制的维持概率都比低弹性区制的维持概率高出 5% 以上。

---

① 考虑到 FI^{hcr} 与其余 6 个指数序列存在一定的差异（见图 3 –1 至图 3 –3 和表 3 –5），这个结果就不足为奇了。

三、结论

近年来，关于人民币汇率形成机制市场化问题的讨论日益增多，争论也非常激烈。2005 年 7 月启动汇率制度改革以来，中国人民银行多次出台了相关的配套政策举措，旨在提高人民币汇率形成机制的市场化程度。但是，从事后的经济运行数据来看，在各种旨在提升汇率形成机制市场化程度的举措出台之后，人民币汇率形成机制的市场化程度是否有了实质性的提升呢？或者说，随着汇率形成机制市场化改革各种政策的出台和推进，当下的人民币汇率形成机制的市场化程度究竟到了什么程度呢？

作为对上述问题的回答，本章利用直接测度法和基于 EMP 的测度法，测算了 2000 年 12 月至 2018 年 12 月的人民币汇率制度弹性指数。研究发现：其一，总体而言，尽管样本期内人民币汇率制度是缺乏弹性的，但近年来，尤其是 2015 年“8・11 汇改”以后，人民币汇率形成机制的弹性化特征逐渐明晰；其二，7 个人民币汇率制度弹性指数序列是高度相关的，但组间相关性低于组内相关性；其三，7 个人民币汇率制度弹性指数序列都是一阶单整的；其四，人民币汇率制度弹性不仅在高弹性区制和低弹性区制之间存在显著差异，而且存在高度的区制依赖性特征。

本章的研究为第四章考察主要经济因素和政治因素对人民币汇率制度弹性的影响提供了数据支撑，也为第五章在开放经济背景下考察中国汇率制度弹性对货币政策独立性、通货膨胀和经济增长的影响提供了坚实的数据支持和方法论基础。

附表 A-3-1　　　　人民币汇率制度弹性指数

时间	FI^{hp}	FI^{ehp}	FI^{hcr}	FI^{d1}	FI^{d2}	FI^{mc}	FI^{mf}	FI^{d1o}	FI^{d2o}	FI^{mco}	FI^{mfo}
2000-12	0.0490	0.0479	0.0023	0.0058	0.0148	0.0043	0.0041	0.0058	0.0148	0.0043	0.0041
2001-01	0.0375	0.0368	0.0011	0.0246	0.0606	0.0181	0.0174	0.0246	0.0606	0.0181	0.0174
2001-02	0.0237	0.0235	0.0004	0.0049	0.0123	0.0036	0.0034	0.0049	0.0123	0.0036	0.0034
2001-03	0.0225	0.0223	0.0004	0.0050	0.0127	0.0037	0.0035	0.0050	0.0127	0.0037	0.0035
2001-04	0.0208	0.0206	0.0004	0.0096	0.0242	0.0070	0.0067	0.0096	0.0242	0.0070	0.0067
2001-05	0.0166	0.0164	0.0004	0.0021	0.0053	0.0015	0.0015	0.0021	0.0053	0.0015	0.0015
2001-06	0.0102	0.0102	0.0001	0.0002	0.0006	0.0002	0.0002	0.0002	0.0006	0.0002	0.0002
2001-07	0.0062	0.0062	0.0000	0.0041	0.0106	0.0030	0.0029	0.0041	0.0106	0.0030	0.0029
2001-08	0.0052	0.0052	0.0000	0.0042	0.0106	0.0031	0.0029	0.0042	0.0106	0.0031	0.0029
2001-09	0.0036	0.0036	0.0000	0.0024	0.0062	0.0018	0.0017	0.0024	0.0062	0.0018	0.0017
2001-10	0.0033	0.0033	0.0000	0.0022	0.0055	0.0016	0.0015	0.0022	0.0055	0.0016	0.0015
2001-11	0.0021	0.0021	0.0000	0.0006	0.0015	0.0004	0.0004	0.0006	0.0015	0.0004	0.0004
2001-12	0.0019	0.0019	0.0000	0.0002	0.0006	0.0002	0.0002	0.0002	0.0006	0.0002	0.0002
2002-01	0.0019	0.0019	0.0000	0.0005	0.0012	0.0004	0.0003	0.0005	0.0012	0.0004	0.0003
2002-02	0.0019	0.0019	0.0000	0.0005	0.0013	0.0004	0.0004	0.0005	0.0013	0.0004	0.0004
2002-03	0.0017	0.0017	0.0000	0.0007	0.0019	0.0005	0.0005	0.0007	0.0019	0.0005	0.0005
2002-04	0.0014	0.0014	0.0000	0.0000	0.0000	0.0000	0.0000	-0.0001	-0.0003	-0.0001	-0.0001
2002-05	0.0016	0.0016	0.0000	0.0003	0.0009	0.0003	0.0002	0.0003	0.0009	0.0003	0.0002
2002-06	0.0019	0.0019	0.0000	0.0002	0.0004	0.0001	0.0001	0.0002	0.0004	0.0001	0.0001
2002-07	0.0021	0.0021	0.0000	0.0005	0.0012	0.0003	0.0003	0.0005	0.0012	0.0003	0.0003
2002-08	0.0021	0.0021	0.0000	0.0005	0.0012	0.0003	0.0003	0.0005	0.0012	0.0003	0.0003
2002-09	0.0023	0.0023	0.0000	0.0000	0.0000	0.0000	0.0000	-0.0003	-0.0009	-0.0002	-0.0002
2002-10	0.0025	0.0025	0.0000	0.0000	0.0000	0.0000	0.0000	-0.0002	-0.0004	-0.0001	-0.0001
2002-11	0.0023	0.0023	0.0000	0.0000	0.0000	0.0000	0.0000	0.0000	0.0000	0.0000	0.0000
2002-12	0.0024	0.0024	0.0000	0.0000	0.0000	0.0000	0.0000	-0.0003	-0.0008	-0.0002	-0.0002
2003-01	0.0024	0.0024	0.0000	0.0000	0.0000	0.0000	0.0000	-0.0001	-0.0002	-0.0001	-0.0001
2003-02	0.0029	0.0029	0.0000	0.0000	0.0000	0.0000	0.0000	-0.0007	-0.0018	-0.0005	-0.0005
2003-03	0.0025	0.0024	0.0000	0.0000	0.0000	0.0000	0.0000	-0.0002	-0.0005	-0.0001	-0.0001
2003-04	0.0023	0.0023	0.0000	0.0001	0.0002	0.0001	0.0001	0.0001	0.0002	0.0001	0.0001
2003-05	0.0020	0.0020	0.0000	0.0000	0.0000	0.0000	0.0000	0.0000	0.0000	0.0000	0.0000
2003-06	0.0018	0.0018	0.0000	0.0000	0.0000	0.0000	0.0000	0.0000	0.0000	0.0000	0.0000
2003-07	0.0018	0.0018	0.0000	0.0000	0.0000	0.0000	0.0000	-0.0004	-0.0009	-0.0003	-0.0002
2003-08	0.0018	0.0018	0.0000	0.0000	0.0000	0.0000	0.0000	-0.0002	-0.0005	-0.0001	-0.0001
2003-09	0.0016	0.0016	0.0000	0.0000	0.0000	0.0000	0.0000	-0.0001	-0.0002	0.0000	0.0000
2003-10	0.0016	0.0016	0.0000	0.0001	0.0003	0.0001	0.0001	0.0001	0.0003	0.0001	0.0001

续表

时间	FI^{hp}	FI^{ehp}	FI^{hcr}	FI^{d1}	FI^{d2}	FI^{mc}	FI^{mf}	FI^{d1o}	FI^{d2o}	FI^{mco}	FI^{mfo}
2003 - 11	0. 0017	0. 0017	0. 0000	0. 0000	0. 0000	0. 0000	0. 0000	0. 0000	0. 0000	0. 0000	0. 0000
2003 - 12	0. 0014	0. 0014	0. 0000	0. 0001	0. 0004	0. 0001	0. 0001	0. 0001	0. 0004	0. 0001	0. 0001
2004 - 01	0. 0013	0. 0013	0. 0000	0. 0000	0. 0000	0. 0000	0. 0000	-0. 0001	-0. 0002	-0. 0001	-0. 0001
2004 - 02	0. 0011	0. 0011	0. 0000	0. 0001	0. 0003	0. 0001	0. 0001	0. 0001	0. 0003	0. 0001	0. 0001
2004 - 03	0. 0010	0. 0010	0. 0000	0. 0001	0. 0002	0. 0000	0. 0000	0. 0001	0. 0002	0. 0000	0. 0000
2004 - 04	0. 0011	0. 0011	0. 0000	0. 0001	0. 0003	0. 0001	0. 0001	0. 0001	0. 0003	0. 0001	0. 0001
2004 - 05	0. 0011	0. 0011	0. 0000	0. 0000	0. 0000	0. 0000	0. 0000	-0. 0001	-0. 0003	-0. 0001	-0. 0001
2004 - 06	0. 0012	0. 0012	0. 0000	0. 0002	0. 0005	0. 0001	0. 0001	0. 0002	0. 0005	0. 0001	0. 0001
2004 - 07	0. 0011	0. 0011	0. 0000	0. 0004	0. 0010	0. 0003	0. 0003	0. 0004	0. 0010	0. 0003	0. 0003
2004 - 08	0. 0010	0. 0010	0. 0000	0. 0001	0. 0003	0. 0001	0. 0001	0. 0001	0. 0003	0. 0001	0. 0001
2004 - 09	0. 0010	0. 0010	0. 0000	0. 0003	0. 0007	0. 0002	0. 0002	0. 0003	0. 0007	0. 0002	0. 0002
2004 - 10	0. 0009	0. 0009	0. 0000	0. 0001	0. 0003	0. 0001	0. 0001	0. 0001	0. 0003	0. 0001	0. 0001
2004 - 11	0. 0007	0. 0007	0. 0000	0. 0002	0. 0005	0. 0002	0. 0001	0. 0002	0. 0005	0. 0002	0. 0001
2004 - 12	0. 0006	0. 0006	0. 0000	0. 0002	0. 0005	0. 0001	0. 0001	0. 0002	0. 0005	0. 0001	0. 0001
2005 - 01	0. 0005	0. 0005	0. 0000	0. 0002	0. 0004	0. 0001	0. 0001	0. 0002	0. 0004	0. 0001	0. 0001
2005 - 02	0. 0005	0. 0005	0. 0000	0. 0002	0. 0006	0. 0002	0. 0002	0. 0002	0. 0006	0. 0002	0. 0002
2005 - 03	0. 0004	0. 0004	0. 0000	0. 0002	0. 0006	0. 0002	0. 0002	0. 0002	0. 0006	0. 0002	0. 0002
2005 - 04	0. 0004	0. 0004	0. 0000	0. 0002	0. 0004	0. 0001	0. 0001	0. 0002	0. 0004	0. 0001	0. 0001
2005 - 05	0. 0003	0. 0003	0. 0000	0. 0002	0. 0005	0. 0002	0. 0001	0. 0002	0. 0005	0. 0002	0. 0001
2005 - 06	0. 0001	0. 0001	0. 0000	0. 0001	0. 0002	0. 0000	0. 0000	0. 0001	0. 0002	0. 0000	0. 0000
2005 - 07	0. 0131	0. 0130	0. 0092	0. 0129	0. 0325	0. 0095	0. 0091	0. 0129	0. 0325	0. 0095	0. 0091
2005 - 08	0. 0556	0. 0541	0. 1098	0. 0541	0. 1279	0. 0403	0. 0386	0. 0541	0. 1279	0. 0403	0. 0386
2005 - 09	0. 0589	0. 0572	0. 1073	0. 0572	0. 1346	0. 0426	0. 0408	0. 0572	0. 1346	0. 0426	0. 0408
2005 - 10	0. 0624	0. 0605	0. 1006	0. 0605	0. 1418	0. 0451	0. 0433	0. 0605	0. 1418	0. 0451	0. 0433
2005 - 11	0. 0742	0. 0716	0. 2208	0. 0716	0. 1651	0. 0535	0. 0513	0. 0716	0. 1651	0. 0535	0. 0513
2005 - 12	0. 0839	0. 0805	0. 3543	0. 0805	0. 1834	0. 0604	0. 0579	0. 0805	0. 1834	0. 0604	0. 0579
2006 - 01	0. 0822	0. 0790	0. 2120	0. 0790	0. 1802	0. 0592	0. 0568	0. 0790	0. 1802	0. 0592	0. 0568
2006 - 02	0. 0906	0. 0867	0. 1925	0. 0867	0. 1958	0. 0651	0. 0625	0. 0867	0. 1958	0. 0651	0. 0625
2006 - 03	0. 0981	0. 0936	0. 1857	0. 0936	0. 2093	0. 0704	0. 0676	0. 0936	0. 2093	0. 0704	0. 0676
2006 - 04	0. 1061	0. 1008	0. 1773	0. 1008	0. 2233	0. 0760	0. 0730	0. 1008	0. 2233	0. 0760	0. 0730
2006 - 05	0. 1110	0. 1053	0. 2142	0. 1053	0. 2318	0. 0795	0. 0763	0. 1053	0. 2318	0. 0795	0. 0763
2006 - 06	0. 1088	0. 1033	0. 1473	0. 1033	0. 2279	0. 0779	0. 0748	0. 1033	0. 2279	0. 0779	0. 0748
2006 - 07	0. 0993	0. 0947	0. 1424	0. 0947	0. 2114	0. 0712	0. 0683	0. 0947	0. 2114	0. 0712	0. 0683
2006 - 08	0. 0551	0. 0536	0. 0044	0. 0536	0. 1268	0. 0399	0. 0382	0. 0536	0. 1268	0. 0399	0. 0382
2006 - 09	0. 0648	0. 0628	0. 0108	0. 0628	0. 1466	0. 0469	0. 0449	0. 0628	0. 1466	0. 0469	0. 0449

续表

时间	FI^{hp}	FI^{ehp}	FI^{hcr}	FI^{d1}	FI^{d2}	FI^{mc}	FI^{mf}	FI^{d1o}	FI^{d2o}	FI^{mco}	FI^{mfo}
2006 - 10	0. 0755	0. 0728	0. 0140	0. 0728	0. 1676	0. 0545	0. 0522	0. 0728	0. 1676	0. 0545	0. 0522
2006 - 11	0. 0852	0. 0818	0. 0184	0. 0818	0. 1858	0. 0613	0. 0588	0. 0818	0. 1858	0. 0613	0. 0588
2006 - 12	0. 0878	0. 0841	0. 0138	0. 0841	0. 1906	0. 0631	0. 0606	0. 0841	0. 1906	0. 0631	0. 0606
2007 - 01	0. 0957	0. 0914	0. 0133	0. 0914	0. 2050	0. 0687	0. 0659	0. 0914	0. 2050	0. 0687	0. 0659
2007 - 02	0. 0937	0. 0895	0. 0141	0. 0895	0. 2013	0. 0673	0. 0645	0. 0895	0. 2013	0. 0673	0. 0645
2007 - 03	0. 0898	0. 0860	0. 0147	0. 0860	0. 1943	0. 0646	0. 0619	0. 0860	0. 1943	0. 0646	0. 0619
2007 - 04	0. 0826	0. 0794	0. 0201	0. 0794	0. 1810	0. 0595	0. 0570	0. 0794	0. 1810	0. 0595	0. 0570
2007 - 05	0. 0943	0. 0901	0. 0231	0. 0901	0. 2025	0. 0677	0. 0650	0. 0901	0. 2025	0. 0677	0. 0650
2007 - 06	0. 1044	0. 0993	0. 0200	0. 0993	0. 2204	0. 0748	0. 0718	0. 0993	0. 2204	0. 0748	0. 0718
2007 - 07	0. 1109	0. 1051	0. 0208	0. 1051	0. 2315	0. 0794	0. 0762	0. 1051	0. 2315	0. 0794	0. 0762
2007 - 08	0. 1073	0. 1019	0. 0284	0. 1019	0. 2254	0. 0769	0. 0738	0. 1019	0. 2254	0. 0769	0. 0738
2007 - 09	0. 1095	0. 1039	0. 0337	0. 1039	0. 2292	0. 0784	0. 0753	0. 1039	0. 2292	0. 0784	0. 0753
2007 - 10	0. 1130	0. 1071	0. 0185	0. 1071	0. 2352	0. 0809	0. 0776	0. 1071	0. 2352	0. 0809	0. 0776
2007 - 11	0. 1223	0. 1154	0. 0328	0. 1154	0. 2506	0. 0873	0. 0839	0. 1154	0. 2506	0. 0873	0. 0839
2007 - 12	0. 1438	0. 1344	0. 0289	0. 1344	0. 2846	0. 1022	0. 0982	0. 1344	0. 2846	0. 1022	0. 0982
2008 - 01	0. 1669	0. 1544	0. 0604	0. 1544	0. 3188	0. 1181	0. 1136	0. 1544	0. 3188	0. 1181	0. 1136
2008 - 02	0. 1880	0. 1723	0. 0732	0. 1723	0. 3480	0. 1325	0. 1275	0. 1723	0. 3480	0. 1325	0. 1275
2008 - 03	0. 2155	0. 1953	0. 0732	0. 1953	0. 3836	0. 1512	0. 1456	0. 1953	0. 3836	0. 1512	0. 1456
2008 - 04	0. 2346	0. 2109	0. 0650	0. 2109	0. 4066	0. 1639	0. 1579	0. 2109	0. 4066	0. 1639	0. 1579
2008 - 05	0. 2389	0. 2144	0. 0706	0. 2144	0. 4117	0. 1668	0. 1608	0. 2144	0. 4117	0. 1668	0. 1608
2008 - 06	0. 2708	0. 2400	0. 0616	0. 2400	0. 4474	0. 1881	0. 1814	0. 2400	0. 4474	0. 1881	0. 1814
2008 - 07	0. 2871	0. 2528	0. 0686	0. 2528	0. 4645	0. 1989	0. 1919	0. 2528	0. 4645	0. 1989	0. 1919
2008 - 08	0. 2922	0. 2568	0. 0616	0. 2493	0. 4598	0. 1959	0. 1890	0. 2493	0. 4598	0. 1959	0. 1890
2008 - 09	0. 2880	0. 2535	0. 0717	0. 2458	0. 4551	0. 1929	0. 1861	0. 2458	0. 4551	0. 1929	0. 1861
2008 - 10	0. 2590	0. 2306	0. 1060	0. 2226	0. 4233	0. 1736	0. 1673	0. 2226	0. 4233	0. 1736	0. 1673
2008 - 11	0. 2583	0. 2300	0. 1071	0. 2212	0. 4213	0. 1724	0. 1662	0. 2212	0. 4213	0. 1724	0. 1662
2008 - 12	0. 2304	0. 2075	0. 1430	0. 1904	0. 3761	0. 1471	0. 1416	0. 1904	0. 3761	0. 1471	0. 1416
2009 - 01	0. 2199	0. 1989	0. 1666	0. 1783	0. 3574	0. 1373	0. 1321	0. 1783	0. 3574	0. 1373	0. 1321
2009 - 02	0. 2004	0. 1828	0. 1538	0. 1592	0. 3267	0. 1219	0. 1173	0. 1592	0. 3267	0. 1219	0. 1173
2009 - 03	0. 1727	0. 1593	0. 1163	0. 1323	0. 2811	0. 1006	0. 0967	0. 1323	0. 2811	0. 1006	0. 0967
2009 - 04	0. 1510	0. 1407	0. 1227	0. 1087	0. 2381	0. 0821	0. 0788	0. 1087	0. 2381	0. 0821	0. 0788
2009 - 05	0. 1370	0. 1284	0. 1213	0. 0957	0. 2134	0. 0720	0. 0691	0. 0957	0. 2134	0. 0720	0. 0691
2009 - 06	0. 0924	0. 0883	0. 0617	0. 0426	0. 1023	0. 0316	0. 0303	0. 0426	0. 1023	0. 0316	0. 0303
2009 - 07	0. 0595	0. 0578	0. 0118	0. 0042	0. 0107	0. 0031	0. 0030	0. 0042	0. 0107	0. 0031	0. 0030
2009 - 08	0. 0511	0. 0499	0. 0106	0. 0149	0. 0374	0. 0110	0. 0105	0. 0149	0. 0374	0. 0110	0. 0105

续表

时间	FI^{hp}	FI^{ehp}	FI^{hcr}	FI^{d1}	FI^{d2}	FI^{mc}	FI^{mf}	FI^{d1o}	FI^{d2o}	FI^{mco}	FI^{mfo}
2009 - 09	0. 0371	0. 0364	0. 0036	0. 0014	0. 0035	0. 0010	0. 0010	0. 0014	0. 0035	0. 0010	0. 0010
2009 - 10	0. 0397	0. 0389	0. 0044	0. 0033	0. 0085	0. 0024	0. 0023	0. 0033	0. 0085	0. 0024	0. 0023
2009 - 11	0. 0342	0. 0336	0. 0056	0. 0009	0. 0022	0. 0006	0. 0006	0. 0009	0. 0022	0. 0006	0. 0006
2009 - 12	0. 0240	0. 0237	0. 0022	0. 0105	0. 0264	0. 0077	0. 0074	0. 0105	0. 0264	0. 0077	0. 0074
2010 - 01	0. 0205	0. 0203	0. 0025	0. 0075	0. 0190	0. 0055	0. 0053	0. 0075	0. 0190	0. 0055	0. 0053
2010 - 02	0. 0189	0. 0188	0. 0026	0. 0060	0. 0152	0. 0044	0. 0042	0. 0060	0. 0152	0. 0044	0. 0042
2010 - 03	0. 0173	0. 0172	0. 0032	0. 0050	0. 0128	0. 0037	0. 0035	0. 0050	0. 0128	0. 0037	0. 0035
2010 - 04	0. 0148	0. 0147	0. 0032	0. 0031	0. 0080	0. 0023	0. 0022	0. 0031	0. 0080	0. 0023	0. 0022
2010 - 05	0. 0122	0. 0121	0. 0020	0. 0000	0. 0000	0. 0000	0. 0000	-0. 0020	-0. 0050	-0. 0014	-0. 0014
2010 - 06	0. 0139	0. 0138	0. 0030	0. 0112	0. 0283	0. 0083	0. 0079	0. 0112	0. 0283	0. 0083	0. 0079
2010 - 07	0. 0392	0. 0384	0. 0389	0. 0360	0. 0874	0. 0267	0. 0255	0. 0360	0. 0874	0. 0267	0. 0255
2010 - 08	0. 0462	0. 0452	0. 0430	0. 0273	0. 0672	0. 0202	0. 0193	0. 0273	0. 0672	0. 0202	0. 0193
2010 - 09	0. 0787	0. 0757	0. 1430	0. 0573	0. 1349	0. 0427	0. 0409	0. 0573	0. 1349	0. 0427	0. 0409
2010 - 10	0. 1182	0. 1118	0. 1922	0. 0960	0. 2139	0. 0722	0. 0693	0. 0960	0. 2139	0. 0722	0. 0693
2010 - 11	0. 1298	0. 1221	0. 1873	0. 1065	0. 2341	0. 0804	0. 0772	0. 1065	0. 2341	0. 0804	0. 0772
2010 - 12	0. 1375	0. 1289	0. 2078	0. 1135	0. 2470	0. 0858	0. 0824	0. 1135	0. 2470	0. 0858	0. 0824
2011 - 01	0. 1636	0. 1515	0. 2096	0. 1373	0. 2898	0. 1046	0. 1005	0. 1373	0. 2898	0. 1046	0. 1005
2011 - 02	0. 1738	0. 1603	0. 2026	0. 1465	0. 3056	0. 1118	0. 1075	0. 1465	0. 3056	0. 1118	0. 1075
2011 - 03	0. 1831	0. 1682	0. 1876	0. 1547	0. 3193	0. 1183	0. 1138	0. 1547	0. 3193	0. 1183	0. 1138
2011 - 04	0. 2129	0. 1931	0. 1891	0. 1798	0. 3598	0. 1385	0. 1333	0. 1798	0. 3598	0. 1385	0. 1333
2011 - 05	0. 2218	0. 2005	0. 1945	0. 1891	0. 3741	0. 1461	0. 1406	0. 1891	0. 3741	0. 1461	0. 1406
2011 - 06	0. 2243	0. 2026	0. 1990	0. 1914	0. 3776	0. 1479	0. 1424	0. 1914	0. 3776	0. 1479	0. 1424
2011 - 07	0. 2110	0. 1916	0. 2127	0. 1802	0. 3604	0. 1388	0. 1336	0. 1802	0. 3604	0. 1388	0. 1336
2011 - 08	0. 2370	0. 2129	0. 2074	0. 2129	0. 4095	0. 1656	0. 1595	0. 2129	0. 4095	0. 1656	0. 1595
2011 - 09	0. 2318	0. 2087	0. 1896	0. 2087	0. 4033	0. 1621	0. 1561	0. 2087	0. 4033	0. 1621	0. 1561
2011 - 10	0. 2365	0. 2125	0. 1635	0. 2206	0. 4205	0. 1720	0. 1657	0. 2206	0. 4205	0. 1720	0. 1657
2011 - 11	0. 2580	0. 2299	0. 1111	0. 2424	0. 4506	0. 1901	0. 1833	0. 2424	0. 4506	0. 1901	0. 1833
2011 - 12	0. 2885	0. 2540	0. 0769	0. 2731	0. 4907	0. 2161	0. 2087	0. 2731	0. 4907	0. 2161	0. 2087
2012 - 01	0. 2892	0. 2545	0. 0894	0. 2764	0. 4947	0. 2189	0. 2114	0. 2764	0. 4947	0. 2189	0. 2114
2012 - 02	0. 3074	0. 2687	0. 0799	0. 2934	0. 5155	0. 2334	0. 2256	0. 2934	0. 5155	0. 2334	0. 2256
2012 - 03	0. 3346	0. 2894	0. 1078	0. 3059	0. 5304	0. 2443	0. 2362	0. 3059	0. 5304	0. 2443	0. 2362
2012 - 04	0. 3447	0. 2971	0. 1086	0. 3331	0. 5614	0. 2681	0. 2595	0. 3331	0. 5614	0. 2681	0. 2595

续表

时间	FI^{hp}	FI^{ehp}	FI^{hcr}	FI^{d1}	FI^{d2}	FI^{mc}	FI^{mf}	FI^{d1o}	FI^{d2o}	FI^{mco}	FI^{mfo}
2012 - 05	0. 3759	0. 3204	0. 1218	0. 3482	0. 5779	0. 2815	0. 2726	0. 3482	0. 5779	0. 2815	0. 2726
2012 - 06	0. 4267	0. 3575	0. 1434	0. 3717	0. 6026	0. 3026	0. 2934	0. 3717	0. 6026	0. 3026	0. 2934
2012 - 07	0. 4927	0. 4043	0. 2005	0. 4286	0. 6579	0. 3550	0. 3449	0. 4286	0. 6579	0. 3550	0. 3449
2012 - 08	0. 5208	0. 4238	0. 0762	0. 3792	0. 6103	0. 3095	0. 3001	0. 3792	0. 6103	0. 3095	0. 3001
2012 - 09	0. 6010	0. 4789	0. 1614	0. 5344	0. 7463	0. 4571	0. 4461	0. 5344	0. 7463	0. 4571	0. 4461
2012 - 10	0. 6634	0. 5213	0. 1523	0. 3933	0. 6244	0. 3223	0. 3127	0. 3933	0. 6244	0. 3223	0. 3127
2012 - 11	0. 6856	0. 5364	0. 1607	0. 3944	0. 6254	0. 3233	0. 3137	0. 3944	0. 6254	0. 3233	0. 3137
2012 - 12	0. 5895	0. 4710	0. 1391	0. 2434	0. 4519	0. 1909	0. 1842	0. 2434	0. 4519	0. 1909	0. 1842
2013 - 01	0. 5115	0. 4174	0. 0641	0. 1952	0. 3834	0. 1511	0. 1455	0. 1952	0. 3834	0. 1511	0. 1455
2013 - 02	0. 3984	0. 3369	0. 0456	0. 0678	0. 1572	0. 0507	0. 0486	0. 0678	0. 1572	0. 0507	0. 0486
2013 - 03	0. 3568	0. 3062	0. 0370	0. 1154	0. 2506	0. 0873	0. 0839	0. 1154	0. 2506	0. 0873	0. 0839
2013 - 04	0. 3427	0. 2956	0. 0485	0. 1251	0. 2682	0. 0949	0. 0912	0. 1251	0. 2682	0. 0949	0. 0912
2013 - 05	0. 3936	0. 3334	0. 1367	0. 2276	0. 4303	0. 1777	0. 1714	0. 2276	0. 4303	0. 1777	0. 1714
2013 - 06	0. 4145	0. 3487	0. 1415	0. 2847	0. 5050	0. 2260	0. 2183	0. 2847	0. 5050	0. 2260	0. 2183
2013 - 07	0. 4071	0. 3433	0. 1496	0. 2918	0. 5136	0. 2321	0. 2243	0. 2918	0. 5136	0. 2321	0. 2243
2013 - 08	0. 3659	0. 3130	0. 1718	0. 3034	0. 5275	0. 2421	0. 2341	0. 3034	0. 5275	0. 2421	0. 2341
2013 - 09	0. 3405	0. 2940	0. 1630	0. 2848	0. 5052	0. 2261	0. 2184	0. 2848	0. 5052	0. 2261	0. 2184
2013 - 10	0. 2809	0. 2480	0. 1361	0. 2387	0. 4456	0. 1870	0. 1804	0. 2387	0. 4456	0. 1870	0. 1804
2013 - 11	0. 2273	0. 2050	0. 1477	0. 1941	0. 3817	0. 1501	0. 1446	0. 1941	0. 3817	0. 1501	0. 1446
2013 - 12	0. 2414	0. 2165	0. 1475	0. 2062	0. 3998	0. 1601	0. 1542	0. 2062	0. 3998	0. 1601	0. 1542
2014 - 01	0. 2342	0. 2106	0. 1276	0. 2006	0. 3914	0. 1554	0. 1497	0. 2006	0. 3914	0. 1554	0. 1497
2014 - 02	0. 2530	0. 2258	0. 1204	0. 2094	0. 4044	0. 1627	0. 1567	0. 2094	0. 4044	0. 1627	0. 1567
2014 - 03	0. 2800	0. 2473	0. 1216	0. 1834	0. 3653	0. 1414	0. 1361	0. 1834	0. 3653	0. 1414	0. 1361
2014 - 04	0. 2918	0. 2565	0. 1132	0. 1394	0. 2934	0. 1062	0. 1021	0. 1394	0. 2934	0. 1062	0. 1021
2014 - 05	0. 2477	0. 2216	0. 0446	0. 0581	0. 1366	0. 0433	0. 0415	0. 0581	0. 1366	0. 0433	0. 0415
2014 - 06	0. 2062	0. 1876	0. 0456	0. 0152	0. 0381	0. 0112	0. 0107	0. 0152	0. 0381	0. 0112	0. 0107
2014 - 07	0. 2148	0. 1947	0. 0406	0. 0289	0. 0709	0. 0214	0. 0205	0. 0289	0. 0709	0. 0214	0. 0205
2014 - 08	0. 2259	0. 2039	0. 0356	0. 0198	0. 0493	0. 0146	0. 0140	0. 0198	0. 0493	0. 0146	0. 0140
2014 - 09	0. 2446	0. 2190	0. 0344	0. 0135	0. 0338	0. 0099	0. 0095	0. 0135	0. 0338	0. 0099	0. 0095
2014 - 10	0. 2818	0. 2487	0. 0376	0. 0000	0. 0000	0. 0000	0. 0000	-0. 0156	-0. 0411	-0. 0114	-0. 0109
2014 - 11	0. 3559	0. 3055	0. 0515	0. 0000	0. 0000	0. 0000	0. 0000	-0. 0281	-0. 0753	-0. 0204	-0. 0195
2014 - 12	0. 3786	0. 3224	0. 0524	0. 0000	0. 0000	0. 0000	0. 0000	-0. 0585	-0. 1650	-0. 0422	-0. 0403

续表

时间	FI^{hp}	FI^{ehp}	FI^{hcr}	FI^{d1}	FI^{d2}	FI^{mc}	FI^{mf}	FI^{d1o}	FI^{d2o}	FI^{mco}	FI^{mfo}
2015-01	0.5525	0.4457	0.2536	0.0000	0.0000	0.0000	0.0000	-2.5064	2.2014	-1.1023	-1.0064
2015-02	0.6062	0.4824	0.2761	0.0000	0.0000	0.0000	0.0000	1.1155	1.0421	1.1644	1.1731
2015-03	0.5589	0.4501	0.1779	0.1512	0.3134	0.1155	0.1111	0.1512	0.3134	0.1155	0.1111
2015-04	0.5907	0.4718	0.1904	0.0000	0.0000	0.0000	0.0000	-0.2847	-1.3154	-0.1941	-0.1842
2015-05	0.5928	0.4732	0.2137	0.0000	0.0000	0.0000	0.0000	-0.6874	23.5820	-0.4262	-0.4003
2015-06	0.6492	0.5116	0.2084	0.0000	0.0000	0.0000	0.0000	-0.8227	7.3688	-0.4950	-0.4636
2015-07	0.4594	0.3809	0.1123	0.0000	0.0000	0.0000	0.0000	-0.3077	-1.5202	-0.2086	-0.1978
2015-08	0.7022	0.5478	0.9830	0.3780	0.6091	0.3084	0.2990	0.3780	0.6091	0.3084	0.2990
2015-09	0.6903	0.5397	0.9769	0.4228	0.6525	0.3495	0.3395	0.4228	0.6525	0.3495	0.3395
2015-10	0.6882	0.5382	0.9804	0.4195	0.6494	0.3464	0.3364	0.4195	0.6494	0.3464	0.3364
2015-11	0.6305	0.4989	0.9666	0.3877	0.6188	0.3172	0.3076	0.3877	0.6188	0.3172	0.3076
2015-12	0.5737	0.4602	0.7360	0.3984	0.6293	0.3269	0.3173	0.3984	0.6293	0.3269	0.3173
2016-01	0.5568	0.4487	0.6720	0.3994	0.6303	0.3279	0.3182	0.3994	0.6303	0.3279	0.3182
2016-02	0.5426	0.4389	0.6947	0.3678	0.5986	0.2991	0.2899	0.3678	0.5986	0.2991	0.2899
2016-03	0.5557	0.4479	0.6834	0.3487	0.5785	0.2820	0.2731	0.3487	0.5785	0.2820	0.2731
2016-04	0.5597	0.4506	0.6821	0.3427	0.5720	0.2766	0.2678	0.3427	0.5720	0.2766	0.2678
2016-05	0.5807	0.4650	0.6754	0.3834	0.6145	0.3133	0.3038	0.3834	0.6145	0.3133	0.3038
2016-06	0.6013	0.4790	0.6671	0.4049	0.6356	0.3329	0.3232	0.4049	0.6356	0.3329	0.3232
2016-07	0.6593	0.5185	0.6315	0.4548	0.6814	0.3796	0.3692	0.4548	0.6814	0.3796	0.3692
2016-08	0.5821	0.4660	0.2863	0.3436	0.5729	0.2774	0.2686	0.3436	0.5729	0.2774	0.2686
2016-09	0.5473	0.4421	0.2906	0.3098	0.5350	0.2477	0.2395	0.3098	0.5350	0.2477	0.2395
2016-10	0.5547	0.4472	0.3040	0.3455	0.5751	0.2792	0.2703	0.3455	0.5751	0.2792	0.2703
2016-11	0.5897	0.4711	0.3028	0.3804	0.6115	0.3105	0.3011	0.3804	0.6115	0.3105	0.3011
2016-12	0.6374	0.5036	0.4546	0.4105	0.6410	0.3381	0.3283	0.4105	0.6410	0.3381	0.3283
2017-01	0.6553	0.5158	0.7126	0.3734	0.6044	0.3042	0.2949	0.3734	0.6044	0.3042	0.2949
2017-02	0.6805	0.5329	0.6647	0.3920	0.6230	0.3211	0.3115	0.3920	0.6230	0.3211	0.3115
2017-03	0.6929	0.5414	0.6346	0.4328	0.6617	0.3588	0.3487	0.4328	0.6617	0.3588	0.3487
2017-04	0.6815	0.5336	0.6775	0.4484	0.6757	0.3736	0.3632	0.4484	0.6757	0.3736	0.3632
2017-05	0.6494	0.5117	0.7217	0.4137	0.6439	0.3410	0.3311	0.4137	0.6439	0.3410	0.3311
2017-06	0.6757	0.5296	0.7208	0.3095	0.5346	0.2474	0.2393	0.3095	0.5346	0.2474	0.2393
2017-07	0.6705	0.5261	0.6033	0.1691	0.3429	0.1299	0.1250	0.1691	0.3429	0.1299	0.1250
2017-08	0.7507	0.5815	0.6351	0.1987	0.3779	0.1563	0.1510	0.0685	0.1586	0.0512	0.0491

续表

时间	FI^{hp}	FI^{ehp}	FI^{hcr}	FI^{d1}	FI^{d2}	FI^{mc}	FI^{mf}	FI^{d1o}	FI^{d2o}	FI^{mco}	FI^{mfo}
2017-09	0.8655	0.6674	0.7609	0.2335	0.4165	0.1882	0.1823	-0.4990	-5.8161	-0.3231	-0.3048
2017-10	0.9085	0.7051	0.7796	0.2744	0.4590	0.2265	0.2202	-8.2222	1.7779	-1.8901	-1.6712
2017-11	0.9756	0.7879	0.9521	0.3225	0.5059	0.2726	0.2660	4.4875	1.4351	-16.8138	-9.3035
2017-12	0.9960	0.8466	0.9999	0.3789	0.5576	0.3281	0.3212	1.4689	1.1422	1.7704	1.8345
2018-01	1.0000	0.9224	1.0000	0.4453	0.6145	0.3948	0.3880	1.1392	1.0501	1.1999	1.2108
2018-02	1.0000	0.9445	1.0000	0.5233	0.6772	0.4752	0.4686	1.0810	1.0301	1.1137	1.1195
2018-03	1.0000	0.9553	1.0000	0.6149	0.7464	0.5720	0.5659	1.0514	1.0195	1.0715	1.0749
2018-04	1.0000	0.9650	1.0000	0.7226	0.8226	0.6884	0.6835	1.0300	1.0115	1.0413	1.0433
2018-05	1.0000	0.9729	1.0000	0.8492	0.9066	0.8285	0.8255	1.0174	1.0067	1.0238	1.0249
2018-06	1.0000	0.9794	1.0000	0.9979	0.9992	0.9972	0.9970	0.9979	0.9992	0.9972	0.9970
2018-07	1.0000	0.9823	1.0000	0.9257	0.9696	0.9014	0.8974	0.9257	0.9696	0.9014	0.8974
2018-08	1.0000	0.9828	1.0000	0.9276	0.9704	0.9038	0.8999	1.0208	1.0080	1.0286	1.0300
2018-09	1.0000	0.9585	1.0000	0.9295	0.9713	0.9063	0.9024	0.9295	0.9713	0.9063	0.9024
2018-10	1.0000	0.9439	1.0000	0.9091	0.9625	0.8801	0.8753	0.9091	0.9625	0.8801	0.8753
2018-11	1.0000	0.9280	1.0000	0.8541	0.9375	0.8111	0.8043	0.8541	0.9375	0.8111	0.8043
2018-12	1.0000	0.9356	1.0000	0.8616	0.9410	0.8203	0.8137	0.8616	0.9410	0.8203	0.8137

注：1. FI^{hp}、FI^{ehp}和FI^{hcr}分别指利用HP法、拓展的HP法和HCR法等三类直接测度法测算得到的人民币汇率制度弹性指数。

2. FI^{d1}、FI^{d2}、FI^{mc}和FI^{mf}是利用基于EMP的测度法得到的人民币汇率制度弹性指数。其中，FI^{d1}、FI^{d2}的测算是建立在非模型依赖的EMP测算基础上的。FI^{d1}测算涉及的EMP的各构成部分的权重为1，而FI^{d2}测算涉及的EMP的各构成部分的权重为各构成部分标准差的倒数。FI^{mc}和FI^{mf}的测算是建立在模型依赖的EMP测算基础上的。前者EMP的测算是建立在本书建立的纳入信贷传导渠道的经济结构模型基础上的，而后者EMP的测算则是建立在M-F模型基础上的。

3. FI^{d1o}、FI^{d2o}、FI^{mco}和FI^{mfo}是对应FI^{d1}、FI^{d2}、FI^{mc}和FI^{mf}的未经调整的原始序列。我们对利用这四种基于EMP的测度方法估计得到的2017年8月至2018年5月和2018年8月的汇率制度弹性指数进行了调整：首先将这些月份的数据清除，然后利用EViews 10.0的对数线性插值方法补齐这些缺失值。2017年以后，人民币汇率制度弹性化已经十分显著，但本书因数据异常，测算得到的弹性指数严重不符合现实情况，我们因此做了调整。

附表A-3-2　人民币汇率制度弹性指数分布（原始序列）

取值	计数	百分比	累计数	累计百分比
		FI^{hp}		
[0.0, 0.1)	91	41.94	91	41.94

续表

取值	计数	百分比	累计数	累计百分比
[0.1, 0.2)	21	9.68	112	51.61
[0.2, 0.3)	35	16.13	147	67.74
[0.3, 0.4)	12	5.53	159	73.27
[0.4, 0.5)	5	2.30	164	75.58
[0.5, 0.6)	17	7.83	181	83.41
[0.6, 0.7)	18	8.29	199	91.71
[0.7, 0.8)	2	0.92	201	92.63
[0.8, 0.9)	1	0.46	202	93.09
[0.9, 1.0]	15	7.91	217	100
		FI^{ehp}		
[0.0, 0.1)	92	42.40	92	42.40
[0.1, 0.2)	27	12.44	119	54.84
[0.2, 0.3)	33	15.21	152	70.05
[0.3, 0.4)	11	5.07	163	75.12
[0.4, 0.5)	22	10.14	185	85.25
[0.5, 0.6)	16	7.37	201	92.63
[0.6, 0.7)	1	0.46	202	93.09
[0.7, 0.8)	2	0.92	204	94.01
[0.8, 0.9)	1	0.46	205	94.47
[0.9, 1.0]	12	5.53	217	100.0
		FI^{hcr}		
[0.0, 0.1)	113	52.07	113	52.07
[0.1, 0.2)	49	22.58	162	74.65
[0.2, 0.3)	15	6.91	177	81.57
[0.3, 0.4)	3	1.38	180	82.95
[0.4, 0.5)	1	0.46	181	83.41
[0.5, 0.6)	0	0.00	181	83.41
[0.6, 0.7)	12	5.53	193	88.94
[0.7, 0.8)	6	2.76	199	91.71
[0.8, 0.9)	0	0.00	199	91.71
[0.9, 1.0]	18	8.29	217	100.0

续表

取值	计数	百分比	累计数	累计百分比
		FI^{d1}		
[−8.25, 0)	23	10.60	23	10.60
[0.0, 0.1)	88	40.55	111	51.15
[0.1, 0.2)	34	15.66	145	66.82
[0.2, 0.3)	24	11.06	169	77.88
[0.3, 0.4)	23	10.60	192	88.48
[0.4, 0.5)	9	4.15	201	92.63
[0.5, 0.6)	1	0.46	202	93.09
[0.6, 0.7)	0	0.00	202	93.09
[0.7, 0.8)	0	0.00	202	93.09
[0.8, 0.9)	2	0.92	204	94.01
[0.9, 1.0]	4	1.84	208	95.85
(1.0, 4.5)	9	4.14	217	100.0
		FI^{d2}		
[−5.85, 0)	19	8.76	19	8.76
[0.0, 0.1)	61	28.11	80	36.87
[0.1, 0.2)	19	8.76	99	45.62
[0.2, 0.3)	25	11.52	124	57.14
[0.3, 0.4)	19	8.76	143	65.90
[0.4, 0.5)	18	8.30	161	74.19
[0.5, 0.6)	15	6.92	176	81.11
[0.6, 0.7)	21	9.67	197	90.78
[0.7, 0.8)	1	0.46	198	91.24
[0.8, 0.9)	0	0.00	198	91.24
[0.9, 1.0]	6	2.76	204	94.01
(1.0, 23.6)	13	5.98	217	100.0
		FI^{mc}		
[−16.9, 0)	23	10.60	23	10.60
[0.0, 0.1)	102	47.00	125	57.60
[0.1, 0.2)	39	17.97	164	75.58
[0.2, 0.3)	17	7.83	181	83.41
[0.3, 0.4)	21	9.68	202	93.09

续表

取值	计数	百分比	累计数	累计百分比
[0.4, 0.5)	1	0.46	203	93.55
[0.5, 0.6)	0	0	203	93.55
[0.6, 0.7)	0	0	203	93.55
[0.7, 0.8)	0	0	203	93.55
[0.8, 0.9)	3	1.38	206	94.93
[0.9, 1.0]	3	1.38	209	96.31
(1.0, 1.8)	8	3.68	217	100.00
FI^{mf}				
[-9.4, 0)	23	10.60	23	10.60
[0.0, 0.1)	104	47.93	127	58.53
[0.1, 0.2)	37	17.05	164	75.58
[0.2, 0.3)	20	9.22	184	84.79
[0.3, 0.4)	18	8.29	202	93.09
[0.4, 0.5)	1	0.46	203	93.55
[0.5, 0.6)	0	0.00	203	93.55
[0.6, 0.7)	0	0.00	203	93.55
[0.7, 0.8)	0	0.00	203	93.55
[0.8, 0.9)	4	1.84	207	95.39
[0.9, 1.0]	2	0.92	209	96.31
(1.0, 1.8)	8	3.68	217	100.0

第四章　人民币汇率制度弹性的影响因素

以上一章估计的人民币汇率制度弹性指数为研究对象，本章在第二章第二节文献回顾基础上，考察影响人民币汇率制度弹性的主要经济和政治因素。第二章第二节结论部分指出：一是目前已有的研究还没有注意到来自美国的要求人民币升值或更加弹性化的外部政治压力对人民币汇率制度弹性的影响；二是这些研究也没有注意到中国国内的利益群体可能存在的对人民币汇率制度弹性的影响。考虑到这些不足，本章第一节利用 VAR 模型考察主要经济因素和要求人民币升值的政治压力因素对人民币汇率制度弹性的影响，第二节则利用面板数据计量经济方法进一步考察国内利益群体对人民币汇率制度弹性的影响。

第一节　外部政治压力与人民币汇率制度弹性

本节的目的是在既有文献基础上考察近年来来自外部的要求人民币升值的政治压力和主要经济因素对人民币汇率制度弹性的影响。第二章第二节的文献回顾表明，包括 OCA 因素、宏观经济结构因素和政治因素都会影响汇率制度弹性，这为本节遴选影响人民币汇率制度弹性的主要经济因素提供了理论和文献基础。对于政治因素，既有文献侧重考察一国国内的政治制度、政治稳定性和利益群体等因素对汇率制度弹性的影响，但忽略了中国近年来面临的来自外部的政治压力的影响。

经济学家很早就注意到政治压力对汇率水平的影响，但这些早期的研究主要关注的是一国国内不同的利益群体对货币汇率所施加的影响（Frieden，1991、1994；Faia 等，2008），并没有注意到来自一国外部的政治压力对汇率政策所可能产生的影响。伴随着对人民币升值问题的争论，越来越多的学者开始注意到这一问题的重要性，并开始探讨外部的政治压力对人民币汇率的影响（何兴强，2006；曾雄军，2013）。这些研究按结论可分为三类：一类研究认为，短期内，外部的政治压力显著影响了人民币汇率，是推动人民币升值的重要因素（李子联，2011；肖文和潘家栋，2013；Liu 和 Pauwels，2014）；另一类研究则认为，外部的政治压力并不能显著影响人民币汇率（刘涛和周继忠，2011）；最后一类研究则认为，来自美国的外部政治压力不仅没有加快人民币升值的步伐，反而降低了人民币升值的速度（Ramirez，2013）。

然而上述研究并没有注意到来自外部的政治压力对人民币汇率政策，尤其是人民币汇率制度弹性的影响。本节以第三章测算的人民币汇率制度弹性指数为基础，在第二章第二节对汇率制度弹性决定因素的文献总结基础上，利用 VAR 模型考察来自美国的要求人民币升值的政治压力和主要的经济因素对人民币汇率制度弹性的影响。

一、经济、政治变量的选择

（一）变量选择与数据①

我们根据第二章第二节对汇率制度弹性决定因素的文献回顾，并结合中国的经济现实，选择通货膨胀率、中美利差和来自美国的外部政治压力等三个变量展开计量经济研究，构建了一个包括人民币汇率制度弹性指数在内的四变量 VAR（4）模型，借此考察中美利差和通货膨胀率及政治压力对人民币汇率制度弹性的影响。各变量的测算方法说明如下。

1. 经济因素。

（1）通货膨胀率（*inf*）。通货膨胀率越高，一国越可能利用固定汇率的名义锚效应抑制通货膨胀，从而实行固定汇率制度的可能性越高。但是，OCA 理论认为，本国通货膨胀率越高，意味着国内外通货膨胀差异越大，该国实行固定汇率制度的可能性越低（Fleming，1971）。因此，通货膨胀率对汇率制度弹性的影响方向是不确定的。我们使用 CPI 指数计算月度通货膨胀率。

（2）中美利差（*ird*）。考虑到样本期内中国汇率形成机制很大程度上受到美国货币政策的影响，我们因此在计量模型中引入中美利差作为控制变量。利差的扩大很大程度上意味着中国货币政策独立性的提高，在“三元悖论”理论框架下，我们认为这同时也意味着人民币汇率制度弹性的提高，因此，我们预期中美利率变化与人民币汇率制度弹性是正相关的。我们使用 1 个月期中国银行间同业拆借利率与 1 个月期美联储联邦基金利率之差作为该变量的代理指标。

2. 外部政治压力。为了考察外部政治压力对人民币汇率制度弹性的影响，

---

① 如无特殊说明，本节所使用的数据均来自香港环亚经济数据有限公司（CEIC）数据库、Wind 数据库、中国人民银行网站和中国国家统计局。

我们首先需要测算这种政治压力。目前文献中主要有两种测算政治压力的方法。第一种方法是 Harrilesky（1995）最早提出的。为了考察政治因素对美联储货币政策的影响，Harrilesky（1995）统计了政客在报纸上所发表的对货币政策态度和偏好的报道，在此基础上构建了政客对中央银行所施加的政治压力大小。如果报道要求中央银行实施更宽松的货币政策，那么赋值为 1；反之，如果要求实施更紧缩的政策，则赋值为 -1。然后加总每个月中的所有报道，即可得到月度的政治压力指数。Maier 等（2002）拓展了这个方法。在 Harrilesky（1995）研究基础上，他们对利益群体做了更细致的划分，针对每一个利益群体的货币政策偏好都构建了相应的政治压力指数。

这种政治压力指数的构建方法有几个缺点：一是这种方法可能低估了利益群体对货币政策所施加的影响，因为该方法只考虑了新闻报道所反映的利益群体的信号发送，但是，在互联网和自媒体时代，利益群体还可能通过报纸之外的其他渠道表达其政策诉求；二是该方法隐含地假设任何两篇报道对政策制定所施加的影响相同；三是如果一些人故意挑起关于货币政策的讨论，那么这就可能高估报纸中涉及货币政策报道的数量。

刘晓辉（2014）借鉴 Harrilesky（1995）和 Maier 等（2002）的方法，构建了来自外部的要求人民币升值的政治压力指数（political pressure index，PPI）。但将该方法得到的政治压力指数用于本节的研究时存在两个问题：一是由于 2012 年 10 月以后，中美关于人民币汇率的争论更多地通过贸易摩擦表现出来，外部要求人民币升值或实行更有弹性的汇率制度的报道日益减少，因此，该指数在 2012 年 10 月之后大多为零，无法开展计量研究；二是本书测算的人民币汇率制度弹性指数主要是基于人民币对美元的双边汇率设定的，因此，在本书的研究中，我们难以剔除除了美国之外的其他国家的影响。

第二种测算来自美国要求人民币升值或更有弹性化的政治压力的方法是以中美贸易逆差规模占中美贸易总额的比重作为贸易摩擦和政治压力的代理变量。这种做法的理由是，随着中美贸易逆差的扩大，出于各种政治和经济目的，美国要求人民币升值或者实行更有弹性的汇率制度的可能性更高。这种方法的优点在于，我们能够得到比较长的时间序列数据，更好地满足了本书研究的需要。

图 4 -1 描绘了要求人民币更有弹性化的政治压力变化。由图 4 -1 可见，中美贸易逆差所代表的政治压力在 2006 年前持续上升，随着 2005 年 7 月人民币汇率制度改革的推出，这种压力持续下降，但 2013 年底到 2014 年初这种压力又出现了持续的上升态势。

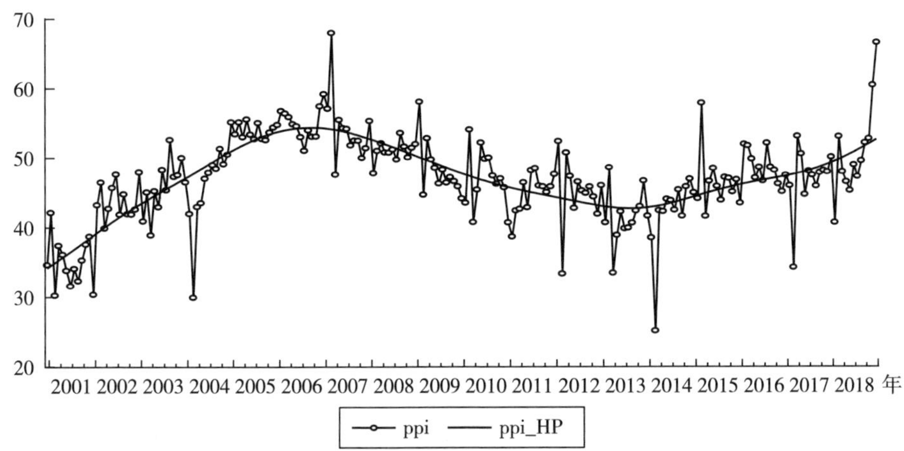

注：ppi 和 ppi _ HP 分别表示来自美国的要求人民币升值或更加弹性化的政治压力指数及该指数的 HP 滤波值。

图 4－1　政治压力指数（2000. 12—2018. 12）

（资料来源：作者计算）

（二）单位根检验

为了防止谬误回归，与之前的单位根检验方法相同，我们继续使用 ADF、PP 和 DF－GLS 等三种方法对本节使用的各个变量进行单位根检验。这些变量包括被解释变量（第三章第二节估计得到的 7 个人民币汇率制度弹性指数）和前面分析的 3 个经济和政治变量。第三章第二节已经对 7 个人民币汇率制度弹性指数序列做了平稳性检验，因此我们此处仅检验其余 3 个变量。检验结果（见表 4－1）表明，在 10% 的显著性水平上，VAR（4）模型中的所有变量都是一阶单整的。

表 4－1　单位根检验

检验方法	变量	*inf*	*ird*	*ppi*
	水平值			
ADF 检验	检验类型（C，T，L）	（C，0，11）	（C，0，1）	（C，T，2）
	统计量	－2. 6305	－2. 4249	－2. 7477
	1% 临界值	－3. 4623	－3. 4607	－3. 4609
PP 检验	检验类型（C，T，B）	（C，0，11）	（C，0，5）	（C，0，9）
	统计量	－11. 084	－2. 4435	－7. 7607
	1% 临界值	－3. 4606	－3. 4606	－3. 4606

续表

检验方法	变量	*inf*	*ird*	*ppi*
	水平值			
DF－GLS 检验	检验类型（C，T，L）	（C，T，11）	（C，T，1）	（C，T，2）
	统计量	－2.4263	－1.4440	－2.0321
	1%临界值	－3.4605	－3.4615	－3.4614
	一阶差分			
ADF 检验	检验类型（C，T，L）	（0，0，4）	（0，0，0）	（0，0，1）
	统计量	－10.625	－17.442	－17.220
	10%临界值	－2.5758	－2.5758	－2.5758
PP 检验	检验类型（C，T，B）	（0，0，51）	（0，0，6）	（0，0，6）
	统计量	－67.009	－17.580	－33.383
	10%临界值	－2.5758	－2.5758	－2.5758
DF－GLS 检验	检验类型（C，T，L）	（C，T，4）	（C，0，0）	（C，0，2）
	统计量	－4.3469	－17.465	－2.7095
	10%临界值	－3.4610	－2.5758	－2.5758
结论		I（1）	I（1）	I（1）

注：DF－GLS 检验的检验类型（C，T，L）指第一阶段回归时用 GLS 估计原序列时是否包括常数项和时间趋势项。

二、实证结果分析

（一）VAR（4）滞后期选择与协整检验

我们首先说明 VAR（4）系统最优滞后期的选择。我们先根据 LR、AIC、FPE、SC 和 HQ 等信息准则确定一个最优滞后期，然后以该最优滞后期为基础，建立 VAR（4）模型，并检验模型的稳定性和残差是否存在序列相关。如果该滞后期通过了稳定性检验和序列相关性检验，那么我们就将该滞后期作为 VAR（4）系统的最优滞后期；如果该最优滞后期不能通过稳定性和序列相关性检验，我们则在此滞后期基础上再增加 1 期滞后，继续进行 VAR（4）系统的稳定性检验和残差序列相关性检验，直至在某一滞后期上，VAR（4）系统同时通过这两个检验，那么我们即将该滞后期作为最优滞后期。按此步骤，我们最终为 7 个人民币汇率制度弹性指数构成的 VAR（4）模型选择的最优滞后期都是 3。

其次，根据选择的最优滞后期，我们检验协整关系的存在性并检验协整关系数量。表4－2报告了协整关系及数量检验结果。由表4－2可见，不论迹统计量还是最大特征值统计量的检验都表明，通货膨胀率、利差、人民币汇率制度弹性指数和政治压力等4个变量之间都存在至少1个协整关系。

表4－2　　协整关系及数量检验

数据是否含有趋势项	无	无	线性	线性	二次型
检验类型	无截距项	截距项	截距项	截距项	截距项
	无趋势	无趋势	无趋势	趋势	趋势
FI^{hp}（最优滞后期：2）					
迹统计量检验	1	1	2	2	2
最大特征根检验	1	2	2	2	2
FI^{ehp}（最优滞后期：2）					
迹统计量检验	1	1	2	2	2
最大特征根检验	1	2	2	2	2
FI^{hcr}（最优滞后期：2）					
迹统计量检验	1	1	2	2	2
最大特征根检验	1	2	2	2	2
FI^{d1}（最优滞后期：2）					
迹统计量检验	1	1	2	2	2
最大特征根检验	1	2	2	2	2
FI^{d2}（最优滞后期：2）					
迹统计量检验	1	1	2	2	2
最大特征根检验	1	2	2	2	2
FI^{mc}（最优滞后期：2）					
迹统计量检验	1	1	2	2	2
最大特征根检验	1	2	2	2	2
FI^{mf}（最优滞后期：2）					
迹统计量检验	1	2	2	2	2
最大特征根检验	1	2	2	2	2

注：表中数据选择的临界值置信水平为5%。

（二）协整分析

在上述协整检验和确定的最优滞后期基础上，表4－3给出了样本中人民币汇率制度弹性指数与各经济和政治变量的协整方程。我们结合表4－3，讨论本书关注的3个经济变量和政治压力因素对人民币汇率制度弹性的影响。

表 4-3　协整方程

变量	constant	*inf*	*ird*	*ppi*
FI^{hp}	-6.5735	-6.9177	0.1978	0.1677
		(0.7445)	(0.1408)	(0.0616)
		[-9.2919]	[1.4045]	[2.7208]
FI^{ehp}	-5.5710	-5.9883	0.15980	0.1430
		(0.64445)	(0.1222)	(0.0534)
		[-9.2921]	[1.3077]	[2.6807]
FI^{hcr}	-12.253	-13.498	0.2996	0.3113
		(1.4635)	(0.2741)	(0.1205)
		[-9.2233]	[1.0929]	[2.5844]
FI^{d1}	-8.9761	-9.5999	0.2217	0.2272
		(1.0404)	(0.1948)	(0.0858)
		[-9.2274]	[1.1383]	[2.6492]
FI^{d2}	-10.193	-10.850	0.2628	0.2591
		(1.1796)	(0.2206)	(0.0972)
		[-9.1977]	[1.1912]	[2.6651]
FI^{mc}	-9.8610	-10.746	0.2366	0.2498
		(1.1636)	(0.2178)	(0.0959)
		[-9.2348]	[1.0861]	[2.6056]
FI^{mf}	10.049	-10.985	0.2401	0.2546
		(1.1894)	(0.2226)	(0.0980)
		[-9.2358]	[1.0784]	[2.5985]

注：( ) 中为标准误，[ ] 中为 t 值。

1. 通货膨胀率、中美利差与人民币汇率制度弹性。通货膨胀率（*inf*）和利差（*ird*）2 个指标与 7 个人民币汇率制度弹性指数都存在长期的协整关系。其中，通货膨胀率与 7 个人民币汇率制度弹性指数存在负向的协整关系，这种关系不仅统计上显著，而且经济上也很显著。这意味着长期中，通货膨胀率的上升将抑制人民币汇率制度弹性的提升。这说明，在中国面临不断上升的通货膨胀时，政策当局很可能借助稳定的汇率名义锚效应来抑制通货膨胀，从而导致二者之间长期存在负向的协整或均衡关系。此外，通货膨胀率对人民币汇率制度弹性的这种负向影响在经济上也比较大：以 FI^{hp} 指数的协整回归为例，通货膨胀率提高 1% 将导致长期的汇率制度弹性下降约 7%。

在所有回归中，利差（*ird*）与人民币汇率制度弹性指数的协整系数都为正，这符合我们之前的理论推测。但是，这些协整系数在统计上都不显著异于零。

2. 政治压力导致了人民币汇率制度弹性更加弹性化吗？来自美国的要求人民币更加弹性化的政治压力指数与人民币汇率制度弹性之间存在长期稳定的协整关系：所有的协整回归系数均为正，且统计上显著。这说明随着中美贸易逆差的扩大，要求人民币汇率弹性化的政治压力增加，这在长期将导致人民币汇率形成机制更加弹性化。从影响的数量效应来看，仍以 FI^{hp} 指数的协整回归为例，政治压力指数上升1%将导致人民币汇率制度弹性指数上升0.17%，可见这种影响并不大。这说明人民币汇率制度改革虽然在一定程度上考虑到了来自外部的政治压力，但这种影响不应被过分夸大。

（三）脉冲响应分析

我们进一步根据脉冲响应图考察通货膨胀率、国内外利差和政治压力对人民币汇率制度弹性的影响。首先，对7个VAR（4）模型系统的稳定性检验表明，这些模型都是稳定的。其次，考虑到如果运用Cholesky分解，那么脉冲响应结果可能受到变量次序的影响，我们因此运用EViews 10.0软件对3个经济和政治变量分别施加一个标准差的广义脉冲，从而得到相应的脉冲响应结果（见图4-2）。

由图4-2可见，首先，除了 FI^{d2} 指数对应的脉冲响应结果之外，总体来说，在受到通货膨胀的一个正向冲击后，人民币汇率制度弹性会出现下降，即便在10期之后，这种负向影响也没有削弱或消失。

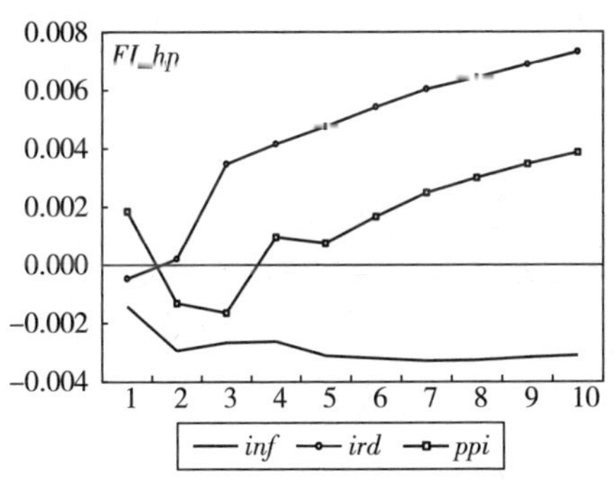

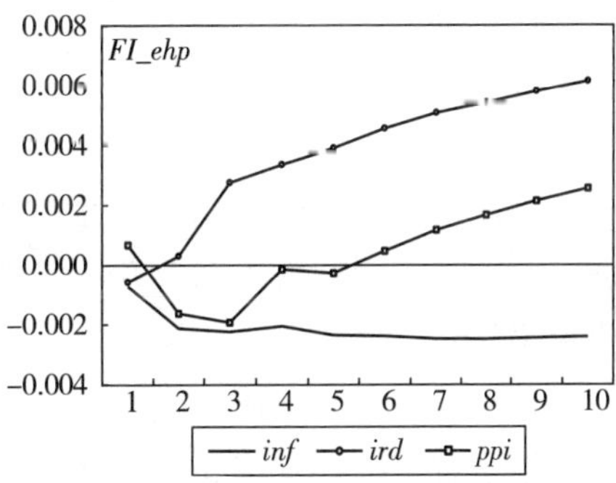

注：*FI_hp*、*FI_ehp*、*FI_hcr*、*FI_d1*、*FI_d2*、*FI_mc* 和 *FI_mf* 分别对应表3-5中的 FI^{hp}、FI^{ehp}、FI^{hcr}、FI^{d1}、FI^{d2}、FI^{mc} 和 FI^{mf}。具体说明见表3-5注。

图4-2 人民币汇率制度弹性脉冲响应

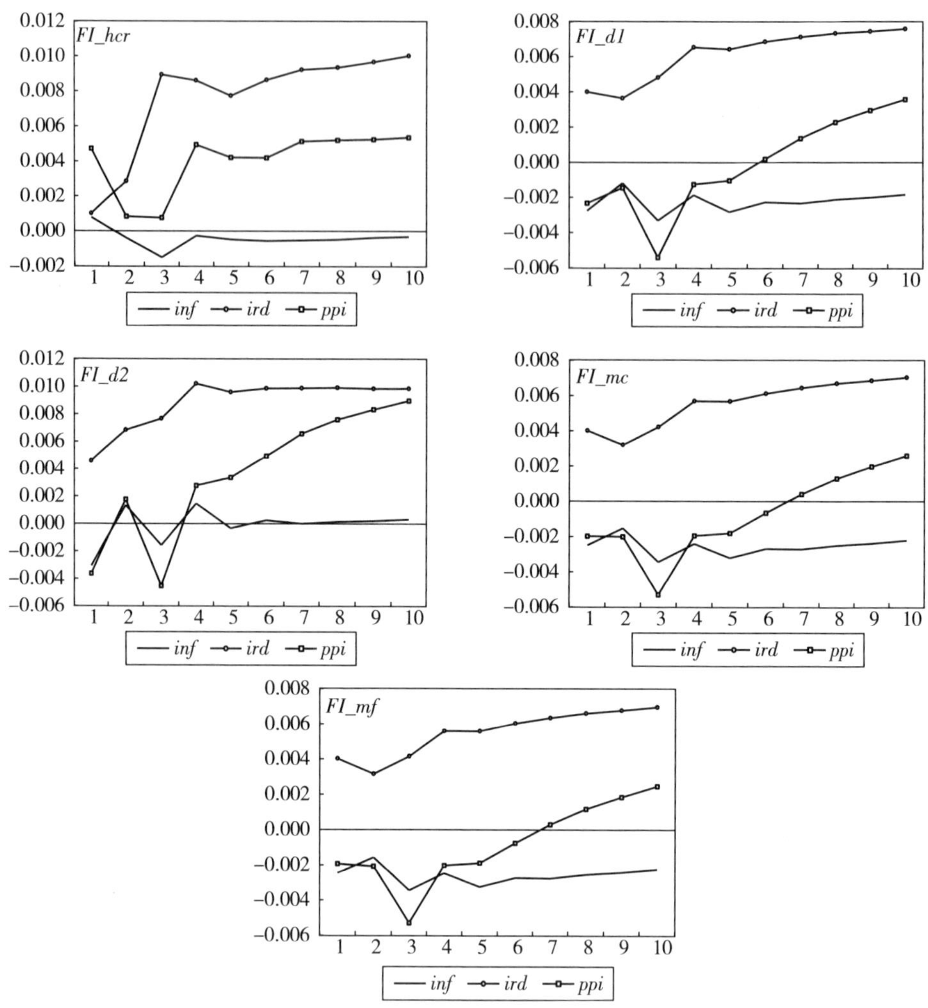

图 4－2 人民币汇率制度弹性脉冲响应（续）

其次，人民币汇率制度弹性在受到国内外利差的正向冲击后，在 3～4 期之前，这种正向冲击迅速上升，但第 4 期之后人民币汇率制度弹性的变化变得更为平缓。总体来说，短期内，正向的利差冲击提高了人民币汇率制度弹性。

最后，在对政治压力施加一个单位的正向冲击后，人民币汇率制度弹性在第 2 期出现下降，到第 3 期这种负向影响达到谷底。从第 4 期开始，政治压力冲击对汇率制度弹性的负向影响逐渐削弱，到 4～6 期之后，负向冲击的影响完全消失，人民币汇率制度弹性开始上升。

三、结论

本节通过构建一个包括人民币汇率制度弹性、通货膨胀、国内外利差和政治压力在内的四变量 VAR 模型，考察了通货膨胀率、国内外利差和来自美国的要求人民币更加弹性化的政治压力对人民币汇率制度弹性的影响。我们的研究发现：第一，长期中，人民币汇率制度弹性和政治压力存在稳定的协整关系，短期来看，正向的政治压力冲击首先会导致人民币汇率制度弹性的下降，在经过约半年后，这种负向影响消失，正向的外部政治压力会导致人民币汇率制度弹性的提升；第二，人民币汇率制度弹性与通货膨胀率和国内外利差也存在长期稳定的协整关系，短期内通货膨胀率的正向冲击会导致汇率制度弹性的下降，而正向的利差冲击则会导致人民币汇率制度弹性的提升。

应该指出的是，我们使用的是月度数据，并且建立的是 VAR 模型，这导致我们在建模过程中只考虑了很少的影响汇率制度弹性的因素，其他因素，如贸易开放度、资本账户开放度等都可能影响人民币汇率制度弹性，一旦引入这些因素，VAR 模型系统待估计参数就会急剧增加，从而导致估计误差增大，降低了预测精度。此外，由于本节注重考察政治压力对人民币汇率制度弹性的影响，因此，目前建立的四变量 VAR 模型已经足以说明问题了，引入其他重要变量，可留待第二节研究。

第二节 利益群体与人民币汇率制度弹性

随着近年来人民币汇率制度弹性的不断提升，中国国内不同利益群体也受到了不同程度的影响，这反过来对人民币汇率政策的制定也可能产生重要影响，国内利益群体对人民币汇率政策的影响也因此逐渐引起了学界的重视。一些研究考察了国内出口利益群体影响人民币汇率的渠道和手段，从理论上分析了出口利益群体影响人民币汇率政策制定的手段和渠道以及出口利益群体的游说和媒体干预等策略（栗志刚，2007）；还有一些研究则考察了国内出口利益群体对人民币汇率水平的影响（如 Kaplan，2006；Steinberg 和 Shih，2012）。

然而，这些研究还存在一定的不足。首先，既有研究忽视了利益群体对人民币汇率制度弹性的影响。作为一国汇率政策的重要构成部分，汇率制度弹性反映了一国汇率形成机制的市场化程度，也是制约汇率水平变化的重要因素。仅有的研究主要考察了利益群体对人民币汇率水平的影响，但却没有注意到利益群体对人民币汇率制度弹性的影响。其次，已有研究将所有出口部门视为一个利益群体，可能高估了出口利益群体的影响。最后，已有研究主要通过理论推理和案例分析考察国内利益群体对人民币汇率政策的影响，因此缺乏经验证据的支撑。

本节在 Frieden（1991，1994）的理论框架下，利用我国第一产业和第二产业 33 个细分行业的面板数据（2000—2016 年），考察了国内利益群体对人民币汇率制度弹性的影响。我们发现，我国出口利益群体的发展确实会显著提高人民币汇率制度弹性，在考虑了不同的参数估计方法和模型设定情形下，我们的结论都是成立的。

一、研究设计

（一）利益群体的汇率政策偏好

我们首先在 Frieden（1991，1994）的框架下，扼要讨论利益群体对汇率政策的偏好（见表 4 –4）。

表 4 –4　　利益群体对汇率政策的偏好

对汇率制度弹性的偏好	对汇率水平的偏好	
	低	高
低	出口竞争性贸易品生产者	国际交易者和投资者
高	进口竞争性贸易品生产者	不可贸易品生产者

注：汇率水平的“高”“低”指的分别是本币升值和贬值，汇率制度弹性“高”“低”分别指向浮动和固定汇率制度。

资料来源：Frieden（1991，1994）。

在不同类型利益群体对汇率水平的偏好方面，Frieden（1991，1994）认为，首先，不论是生产出口竞争性还是进口竞争性贸易品的厂商，它们都偏好本币贬值。一方面，本币贬值可以使本国出口商品在国际市场上更具竞争力，从而刺激出口；另一方面，本币贬值将导致进口竞争性产品价格上升，抑制进口的同时，也有利于生产竞争性产品的本国厂商。其次，国内生产不可贸易品的企业则更偏好本币升值，因为这会提高国内市场上它们产品相对于可贸易品的价格。最后，国际投资者也常常偏好本币升值（强势本币），因为本币升值使得他们可以较便宜的价格购买国外资产。

在汇率制度弹性的偏好方面，Frieden（1991，1994）认为，首先，业务主要在国内的厂商，其业务交易不涉及国际贸易和支付，因此，汇率对它们而言相对不重要，它们因此对旨在稳定价格的独立的货币政策更加偏好。但在资本自由流动的背景下，货币政策的独立性受制于汇率制度弹性：汇率制度弹性越高，货币政策独立性越强，反之则反是。因此，对于业务面向国内市场的生产者来说（表4－4中的进口竞争性贸易品生产者和不可贸易品生产者），它们是偏好高汇率制度弹性的。其次，与业务面向国内市场的生产者不同，业务范围主要涉及国际贸易和投资的生产者更加关注汇率的可预测性和稳定性，因为汇率的波动是影响这些厂商利润的关键因素，因此，这些厂商更加偏好低汇率制度弹性的制度，如固定汇率制度，这降低了它们从事国际经济业务的风险。

（二）模型设定

为了考察出口利益群体对人民币汇率制度弹性的影响，我们估计如下模型：

$$erfi_{it} = \alpha_0 + \alpha_1 ig_{it} + \alpha_3 V_{it} + \phi_i + \varepsilon_{it} \qquad (4-1)$$

其中，$erfi_{it}$表示行业 i 在 t 年所面临的人民币汇率制度弹性；ig_{it}表示行业 i 在 t 年的利益群体指数；V_{it}表示模型中的控制变量；ϕ_i表示个体固定效应；ε_{it}表示模型的扰动项。

（三）数据

本书采用我国2000—2016年第一产业和第二产业共33个细分行业的样本数据来检验我们前面的理论假说①，我们根据《国民经济行业分类》标准2017年版（GB/T 4754—2017）和国家统计局的《国民经济行业分类》（GB/T 4754—2011）来划分30个细分行业，包括农业、林业、畜牧业、渔业，电气机械和器材制造业，计算机、通信和其他电子设备制造业，纺织业，纺织服装和服饰业，皮革、毛皮、羽毛及其制品和制鞋业，黑色金属冶炼和压延加工业，化学原料和化学制品制造业，石油加工、炼焦和核燃料加工业，橡胶和塑料制品业，医药制造业，专用设备制造业，通用设备制造业，铁路、船舶、航空航天和其他运输设备制造业，仪器仪表制造业，家具制造业，木材加工和木、竹、藤、棕、草制品业，煤炭开采和洗选业，石油和天然气开采业，有色金属矿采选业，汽车制造业，酒、饮料和精制茶制造业，食品制造业，农副食品加工业，烟草制品业，文教、工美、体育和娱乐用品制造业，医药制造业，有色金属冶炼和压延加工业，印刷和记录媒介复制业，造纸和纸制品业。

1. 被解释变量。本书采用第三章第一节给出的HP法、拓展的HP法和

① 由于第三产业各行业无出口数据，故本书只选取了第一、第二产业出口数据。

HCR 法来测算人民币汇率制度弹性。具体测算方法见第三章第一节和第二节。应说明的是，在利用这些时间序列指数考察利益群体对人民币汇率制度弹性的影响时，我们没有将指数序列的取值转换为［0，1］，即包括拓展的 HP 法在内，HP 法和 HCR 法的指数取值仍为［0，+∞）。

2. 解释变量。既有研究关于如何构建利益群体施加的政治压力指数并没有一致做法，主要的方法包括使用议案数或立法数、行业增加额占 GDP 的比重、行业就业占总就业的比重、贸易集中度和出口额占 GDP 的比重等（Frieden，1991；Shambaugh[a]，2004；Faia 等，2008；Frieden 等，2010；Ramirez，2013）。根据数据的可得性，本书采用出口额除以 GDP 的值作为国内不同利益群体的代理变量。其公式为

$$ig_{it} = ex_{it}/GDP_{it}$$

其中，ex_{it}表示行业 i 的出口额，GDP_{it}则表示行业 i 所在第一产业或第二产业的产业增加值。

本书预期利益群体对人民币汇率制度弹性的影响方向为正，即国内利益群体影响力的提高会促进人民币汇率制度弹性的提升。

3. 控制变量。我们在第二章第一节文献回顾的基础上，结合数据可得性，选择如下变量作为控制变量。

（1）国外净资产总额（*fa*）。一国所拥有的国外净资产规模越大越能应对各种汇率冲击，该国因此越可能采取更有弹性的汇率制度，因此我们预期国外净资产与人民币汇率制度弹性是正相关的。本书采用国外净资产与国内生产总值的比值来构建该指标。

（2）金融发展程度（*dc*）。通常来说，金融发展程度越高的国家越可能采取浮动汇率制度，而金融发展程度较低的国家为了维持本国汇率的稳定更倾向于实行固定汇率制度（张璟和刘晓辉，2015、2018；Frieden 等，2010）。遵循 Frieden 等（2010）、Lin 和 Ye（2011）、Berdiev 等（2012）以及张璟和刘晓辉（2015，2018）的做法，我们使用存款货币银行和其他金融机构的私人信贷额除以 GDP 的值作为金融发展程度的代理指标。

（3）国际储备（*reserve*）。从理论上来说，如果一国储备规模越高，那么一国越能抵御投机攻击，从而越可能实行固定汇率制度；反之则反是。因此，国际储备与实行固定汇率制度的可能性是正相关的。我们用 M_2 除以国际储备的值作为国际储备的代理变量。

（4）外债（*exdebt*）。一般来说，外债越高，一国越可能采取赤字财政政策以偿还外债。但是，第一代货币危机理论表明，财政赤字是不利于维持和捍

卫固定汇率制度的（Krugman，1979），因此，外债越高越可能导致一国实行浮动汇率制度。但是，也有理论认为，如果一国存在大量以外币计值的外债，那么一国反而越可能保持汇率稳定以避免外债规模的扩张。因此，外债规模与汇率制度选择的关系并不明确。我们用外债除以 GDP 的值表示一国的外债规模。

（5）货币冲击（*monshk*）。M－F 模型表明，一国受到的货币冲击越严重，该国越倾向于实行固定汇率制度以稳定产出。因此，货币冲击与汇率制度弹性是负相关的。为了控制货币冲击对汇率制度弹性的影响，我们使用过去 5 年中广义货币供给增长率的标准差作为货币冲击的代理指标（Levy－Yeyati 等，2010）。

表 4－5 给出了各变量的具体说明。

表 4－5　　变量说明

变量	数据来源	文献来源
人民币汇率制度弹性（*erfi*）	中国人民银行	刘晓辉和张璟（2016）；Holden 等（1979）；Hausmann 等（2001）；Combes 等（2012）
利益群体指数（*ig*）	Wind	Frieden（1991，1994）；Faia 等（2008）；Frieden 等（2010）
国外净资产总额（*fa*）	中国人民银行	Min（2002）；Peltonen 和 Sager（2009）
金融发展程度（*dc*）	中国人民银行	张璟和刘晓辉（2015，2018）；Frieden 等（2010）
国际储备（*reserve*）	世界发展指标（WDI）	张璟和刘晓辉（2015，2018）
外债（*exdebt*）	世界发展指标（WDI）	Krugman（1979）；Hausmann 等（2001）
货币冲击（*monshk*）	世界发展指标（WDI）	Levy－Yeyati 等（2010）

二、实证分析

（一）基准回归

表 4－6 和表 4－7 分别报告了各变量的描述统计和相关系数矩阵。由表 4－6和表 4－7 可见，利益群体指数与人民币汇率制度弹性中的 FI^{hp} 和 FI^{ehp} 是显著正相关的，与 FI^{hcr} 的相关系数不显著但依然为正。我们接下来利用固定效应组内估计量对模型（4－1）进行回归。采用组内估计量有两个原因：一是从数据的统计特征来看，利益群体指数的组内标准差大于组间标准差；二是表 4－8最后两行的 Hausman 检验和 LR 检验结果也表明，我们更应采用固定效应模型。

表 4－6 描述统计

变量	均值	标准差	p5	p25	p50	p75	p95	min	max
FI^{hp}	0.28	0.33	0.00	0.02	0.15	0.34	1.01	0.00	1.01
FI^{ehp}	0.17	0.17	0.00	0.02	0.13	0.25	0.50	0.00	0.50
FI^{hcr}	0.19	0.33	0.00	0.00	0.05	0.16	1.33	0.00	1.33
ig	0.15	0.97	0.00	0.00	0.01	0.03	0.18	0.00	9.34
fa	4.65	1.33	2.25	3.39	5.06	5.76	6.43	2.25	6.43
dc	2.78	0.16	2.57	2.69	2.76	2.81	3.18	2.57	3.18
reserve	5.35	1.85	3.43	4.01	4.60	6.57	9.56	3.43	9.56
exdebt	0.01	0.02	−0.04	0.01	0.01	0.03	0.05	−0.04	0.05
monshk	3.48	1.40	1.21	2.67	3.11	4.87	5.94	1.21	5.94

注：表中三个 *erfi* 指数（FI^{hp}、FI^{ehp} 和 FI^{hcr}）与 *ig* 指标的最小值中均出现了 0 值，是因为这 4 个指标的最小值都很小，数值保留两位小数后就出现了表中的情况，并不是数据本身是 0 值。

表 4－7 相关系数矩阵

变量	FI^{hp}	FI^{ehp}	FI^{hcr}	*ig*	*fa*	*dc*	*reserve*	*exdebt*	*monshk*
FI^{hp}	1.000								
FI^{ehp}	0.983***	1.000							
FI^{hcr}	0.658***	0.633***	1.000						
ig	0.086**	0.091**	0.057	1.000					
fa	0.024	0.024	0.016	−0.093**	1.000				
dc	0.015	0.017	0.015	0.049	0.160***	1.000			
reserve	0.068	−0.035	0.127***	−0.025	0.010	−0.020	1.000		
exdebt	−0.323***	−0.251***	−0.603***	0.003	−0.004	−0.002	−0.352***	1.000	
monshk	−0.065	0.007	−0.306***	0.037	0.005	−0.006	−0.211***	0.415***	1.000

注：**、***分别表示在 5% 和 1% 的显著性水平上的临界值。

表 4－8 报告了基准模型的回归结果。其中，模型（1）、模型（3）、模型（5）报告了 3 个汇率制度弹性指数（FI^{hp}、FI^{ehp} 和 FI^{hcr}）对利益群体指数（ig_{it}）的回归结果。模型（2）、模型（4）、模型（6）报告了在模型（1）、模型（3）、模型（5）的基础上，引入了控制变量的回归结果。

表 4-8　　面板固定效应回归结果

变量	FI^{hp}		FI^{ehp}		FI^{hcr}	
	模型（1）	模型（2）	模型（3）	模型（4）	模型（5）	模型（6）
ig	0.062*** (2.928)	0.063*** (3.098)	0.034*** (3.114)	0.033*** (3.090)	0.042* (1.937)	0.045*** (2.636)
fa		0.005 (0.446)		0.003 (0.476)		0.005 (0.545)
dc		0.016 (0.181)		0.007 (0.148)		0.023 (0.295)
reserve		0.006 (0.734)		-0.005 (-1.079)		-0.010 (-1.372)
exdebt		-6.185*** (-7.540)		-2.971*** (-6.905)		-10.522*** (-15.122)
monshk		0.020* (1.818)		0.015*** (2.621)		-0.017* (-1.787)
常数项	0.278*** (18.624)	0.200 (0.782)	0.175*** (22.808)	0.160 (1.194)	0.194*** (12.689)	0.375* (1.727)
N	533	533	533	533	533	533
调整 R^2	-0.048	0.074	-0.046	0.039	-0.058	0.357
F	8.576	13.408	9.698	9.931	3.753	55.603
Hausman 检验	4.990**	13.040**	5.670***	12.820**	2.220	9.560
LR 检验	10.880	13.380	12.910	13.160	4.620	9.770

注：1. 括号内为 t 值。

2. *、**、***分别表示在 10%、5%、1% 的显著性水平上的临界值。

（二）稳健性检验

稳健性检验包括两个部分：第一个部分考虑了内生性问题，第二个部分则考虑了变量之间长期中存在的均衡关系。

1. 内生性：2SLS 与 IV-GMM。利益群体与人民币汇率制度弹性存在互为因果的可能，即人民币汇率制度弹性的提高可能导致利益群体影响的增加，从而导致基准回归存在内生性，并进一步导致参数估计的不一致性。为了缓解这种影响，我们首先利用 Hausman 检验对基准回归进行了内生性检验。检验结果表明，在 1% 的显著性水平上我们均可拒绝原假设，从而意味着我们的基准回归模型存在内生性问题。

其次，为了缓解内生性问题带来的影响，我们利用两阶段最小二乘法（下文简称2SLS）和工具变量广义矩估计（下文简称IV－GMM）方法来检验我们的实证结果。在假设模型中内生性主要是由因果关系颠倒所导致的情况下，我们使用滞后1期和2期的解释变量值作为解释变量的工具变量。采用1期和2期滞后值意味着我们的结果受因果关系颠倒影响的可能性比较小。表4－9和表4－10分别报告了两种方法估计得到的回归结果。

表4－9　　　　2SLS回归

变量	FI^{hp}		FI^{ehp}		FI^{hcr}	
	模型（1）	模型（2）	模型（3）	模型（4）	模型（5）	模型（6）
ig	0.027**	0.022**	0.014**	0.013***	0.018*	0.012
	(2.161)	(2.133)	(2.408)	(2.843)	(1.863)	(1.354)
fa	0.004	0.005	0.002	0.003	0.003	0.003
	(0.434)	(0.497)	(0.471)	(0.575)	(0.362)	(0.292)
dc	0.026	0.035	0.012	0.016	0.036	0.047
	(0.313)	(0.446)	(0.273)	(0.384)	(0.505)	(0.641)
reserve	0.070***	0.153***	0.025***	0.067***	0.040***	0.078***
	(6.143)	(11.367)	(4.331)	(9.698)	(5.423)	(8.117)
exdebt	－8.354***	－5.870***	－3.991***	－2.725***	－12.168***	－11.093***
	(－13.947)	(－10.209)	(－12.053)	(－8.397)	(－13.063)	(－11.961)
monshk	0.093***	0.112***	0.049***	0.059***	0.038***	0.047***
	(7.606)	(10.246)	(7.963)	(10.778)	(3.960)	(5.027)
常数项	－0.329	－0.829***	－0.087	－0.339***	－0.043	－0.286
	(－1.395)	(－3.722)	(－0.694)	(－2.827)	(－0.210)	(－1.372)
N	500	467	500	467	500	467
调整 R^2	0.259	0.384	0.193	0.294	0.476	0.500
Wald chi2	554.580	705.290	308.730	447.690	209.590	220.010
Root MSE	0.286	0.262	0.153	0.142	0.246	0.245

注：1. 模型（1）、模型（3）和模型（5）表示利用滞后1期的解释变量作为工具变量的回归结果，模型（2）、模型（4）和模型（6）表示利用滞后2期的解释变量作为工具变量的回归结果。

2. 括号内为 t 值。

表 4-10　　IV-GMM 回归

变量	FI^{hp}		FI^{ehp}		FI^{hcr}	
	模型（1）	模型（2）	模型（3）	模型（4）	模型（5）	模型（6）
ig	0.062*** (2.872)	0.059** (2.358)	0.033*** (2.856)	0.035** (2.533)	0.041** (2.207)	0.034 (1.447)
fa	0.005 (0.507)	0.007 (0.667)	0.003 (0.543)	0.004 (0.768)	0.003 (0.376)	0.004 (0.384)
dc	0.023 (0.263)	0.027 (0.321)	0.011 (0.230)	0.011 (0.249)	0.035 (0.468)	0.044 (0.551)
reserve	0.071*** (6.972)	0.151*** (12.371)	0.026*** (4.655)	0.066*** (9.910)	0.041*** (4.591)	0.077*** (6.720)
exdebt	-8.187*** (-10.347)	-5.736*** (-7.510)	-3.902*** (-9.208)	-2.650*** (-6.400)	-12.058*** (-17.641)	-11.005*** (-15.327)
monshk	0.088*** (6.947)	0.107*** (8.947)	0.047*** (6.862)	0.056*** (8.593)	0.035*** (3.215)	0.044*** (3.890)
常数项	-0.322 (-1.280)	-0.798*** (-3.249)	-0.084 (-0.626)	-0.321** (-2.408)	-0.039 (-0.181)	-0.271 (-1.173)
N	500	467	500	467	500	467
组内 R^2	0.279	0.399	0.211	0.308	0.490	0.513
Wald chi2	713.570	959.520	850.510	1086.040	792.460	822.550

注：1. 模型（1）、模型（3）和模型（5）表示利用滞后 1 期的解释变量作为工具变量的回归结果，模型（2）、模型（4）和模型（6）表示利用滞后 2 期的解释变量作为工具变量的回归结果。

2. 括号内为 *t* 值。

2. 面板协整与动态最小二乘法估计。面板协整以及动态最小二乘法（下文简称 DOLS）是近年来在面板数据研究方面广泛重视和普遍应用的计量经济分析方法，为研究动态面板的长期稳定关系提供了可靠的方法论支持。一方面为了避免面板数据结构中时间序列数据的非平稳性所导致的谬误回归，另一方面为了考察利益群体对人民币汇率制度弹性的长期影响，我们在本部分采用面板单位根、面板协整和 DOLS 进行稳健性检验。

我们采用第二代面板单位根和面板协整方法考察利益群体对人民币汇率制度弹性的长期影响（Pesaran，2007；Westerlund，2007）。与第一代面板单位根和面板协整不同的是①：一是第二代面板单位根检验采取了 CADF 检验方法

① 第一代面板单位根检验以 Im 等（2003）提出的 IPS 检验为代表。

(Cross - Section Augmented Dickey - Fuller)，允许存在截面依赖性；二是第二代面板协整方法在第一代面板协整方法的基础上放松了关于异构性规范的假定，并且还可以通过自助法（bootstrap）进一步考虑截面依赖性。表 4 - 11、表 4 - 12、表 4 - 13 和表 4 - 14 分别报告了面板单位根检验、面板协整、面板误差修正模型和 DOLS 的回归结果。

表 4 - 11　　面板单位根结果

变量	水平值		一阶差分	
	统计量	p 值	统计量	p 值
FI^{hp}	4.3309	1.0000	450.5517	0.0000
FI^{ehp}	4.8324	1.0000	445.6429	0.0000
FI^{hcr}	8.1533	1.0000	356.1183	0.0000
fa	0.9429	1.0000	224.9955	0.0000
dc	0.8319	1.0000	100.9028	0.0037
reserve	0.4700	1.0000	410.7193	0.0000
exdebt	53.0609	0.8750	86.0883	0.0491
monshk	65.4754	0.4951	331.2361	0.0000

注：该单位根检验方法的原假设为存在一个单位根。

表 4 - 12　　面板协整结果

统计量	常数项和趋势项			常数项		
	FI^{hp}					
	Value	Z - value	P - value	Value	Z - value	P - value
G_τ	-4.829	-17.686	0.0000	-2.412	-3.999	0.0000
G_α	-26.412	-12.534	0.0000	-5.846	1.436	0.9250
P_τ	-22.985	-12.635	0.0000	-10.041	-1.549	0.0610
P_α	-27.602	-17.934	0.0000	-5.479	-1.405	0.0800
FI^{ehp}						
G_τ	-4.781	-17.344	0.0000	-6.631	-31.262	0.0000
G_α	-28.038	-13.939	0.0000	0.737	8.415	1.0000
P_τ	-23.787	-13.569	0.0000	-15.335	-6.776	0.0000
P_α	-29.355	-19.62	0.0000	-6.384	-2.539	0.0060
FI^{hcr}						
G_τ	-5.296	-21.027	0.0000	-4.753	-19.128	0.0000

续表

统计量	常数项和趋势项			常数项		
	FI^{hcr}					
	Value	Z - value	P - value	Value	Z - value	P - value
G_α	-18.181	-5.426	0.0000	-15.771	-9.084	0.0000
P_τ	-23.303	-13.006	0.0000	-19.113	-10.505	0.0000
P_α	-18.403	-9.088	0.0000	-16.227	-14.862	0.0000

注：该面板协整检验方法的原假设为不存在协整关系。

表 4-13　　误差修正模型回归结果

变量	FI^{hp}	FI^{ehp}	FI^{hcr}
	模型（1）	模型（2）	模型（3）
ig	0.011 ***	0.012 ***	0.008 ***
	(8.524)	(8.135)	(2.595)
fa	0.000	-0.001	-0.003
	(-0.165)	(-0.312)	(-0.382)
dc	-0.002	0.007	0.105
	(-0.013)	(0.046)	(0.410)
reserve	0.067 ***	0.034 ***	-0.049 ***
	(34.315)	(16.015)	(-17.439)
exdebt	6.770 ***	17.301 ***	-40.417 ***
	(24.926)	(32.482)	(-76.479)
monshk	-0.105 ***	-0.209 ***	0.428 ***
	(-33.931)	(-37.723)	(54.574)

注：1. *** 表示在1%显著性水平上的临界值。

2. 括号内为 *t* 值。

表 4-14　　DOLS 回归结果

变量	FI^{hp}	FI^{ehp}	FI^{hcr}
	模型（1）	模型（2）	模型（3）
ig	0.631 ***	0.328 ***	1.103 ***
	(7.002)	(6.688)	(17.353)
控制变量	未控制	未控制	未控制
N	200	200	200
调整 R^2	0.006	0.008	0.018
Wald chi2	49.030	44.730	301.110

注：1. *** 表示在1%显著性水平上的临界值。

2. 括号内为 *t* 值。

（三）实证结果分析

1. 基准模型结果分析。表 4 - 8 的模型（1）、模型（3）和模型（5）表明，利益群体与人民币汇率制度弹性存在统计上显著的正相关关系。在引入控制变量后，模型（2）、模型（4）和模型（6）的结果表明，作为解释变量，利益群体指标的回归系数不仅数值没有显著改变，并且其统计显著性也没有发生显著变化。这说明国内利益群体影响力的上升确实促进了人民币汇率制度弹性的提高。利益群体指数每提高 10%，将导致人民币汇率制度弹性上升 0.3% ~0.6%。

2. 稳健性结果分析。

（1）工具变量回归结果。我们首先讨论表 4 - 9 的回归结果。在回归方程中，有效的工具变量应满足如下两个条件：第一，工具变量与解释变量的当期值相关；第二，工具变量与扰动项不相关。对于第一个条件，我们可以比较容易地作出判断。在表 4 - 9 的所有第一阶段回归结果中，我们使用的工具变量（滞后 1 期和 2 期的解释变量）与解释变量具有很强的统计相关性。并且，在所有 2SLS 的第一阶段回归结果中，各工具变量的 F 统计量都大于 10（未报告），在 1% 的显著性水平上是统计上显著的。这表明，本书使用的工具变量满足有效工具变量的第一个条件。

对于第二个条件，我们进行定性的分析和讨论。我们将滞后 1 期或 2 期的解释变量作为工具变量，这意味着由于滞后变量已经发生了，从当期的角度看，其取值已经固定，因此它与当期的扰动项不相关。换句话说，在我们的研究设定下，当期的人民币汇率制度弹性不会影响 1 年前或 2 年前的利益群体的影响力。

在表 4 - 9 的回归中，模型（1）—（6）中解释变量的回归系数显著低于表 4 - 8 中模型（2）、模型（4）和模型（6）的回归系数，这一方面说明基准模型回归可能存在内生性问题，另一方面也说明表 4 - 8 中的基准模型（2）、模型（4）和模型（6）的回归结果可能由于内生性而高估了利益群体的影响。2SLS 的结果表明（见表 4 - 9），利益群体指数每提高 10%，仅导致人民币汇率制度弹性上升 0.1% ~0.3%。

表 4 - 10 报告了 IV - GMM 的估计结果。表 4 - 10 再次表明，即使考虑了内生性的影响，利益群体对人民币汇率制度弹性仍然存在统计上显著为正的影响。

（2）面板协整和 DOLS 结果分析。表 4 - 11 报告了面板单位根的检验结果。由表 4 - 11 可见，原始数据都含有单位根，但一阶差分后的数据都在 5%

的显著性水平上拒绝原假设，即一阶差分后的数据都是 I（0）过程。因此，我们认为，样本数据是一阶单整的，即都是 I（1）过程。

表 4 - 12 报告了面板协整的检验结果。由表 4 - 12 可见：一是无论是只加常数项还是同时引入常数项和趋势项，在 3 个人民币汇率制度弹性指数的协整检验中，参数 P_τ 和 P_α（这两个参数的作用是检验面板数据整体是否存在协整关系）都在 1% 或者 10% 的显著性水平上拒绝不存在协整关系的原假设；二是参数 G_τ 和 G_α（这两个参数的作用是检验面板数据是否存在至少一个面板个体存在协整关系）的检验结果表明，多数结果在 1% 的显著性水平上拒绝没有一个面板个体存在协整关系的原假设，也就是说，至少存在一个面板个体存在协整关系。

表 4 - 13 是面板误差修正模型的回归结果。由表 4 - 13 可知，3 个人民币汇率制度弹性指数的回归中，利益群体指数对人民币汇率制度弹性的长期影响系数在 1% 的显著性水平上显著为正，表明利益群体影响力的上升会提高人民币汇率制度弹性。这进一步验证了基准模型回归的结论。

最后，我们讨论利用 DOLS 方法估计的面板协整结果。理论上，关于面板协整的回归可以采用 OLS 和完全调整最小二乘法（fulled modified ordinary least squares，FMOLS）等方法。DOLS 方法是在 OLS 和 FMOLS 方法的基础上进一步改进而来的，通过将解释变量的滞后值引入模型，DOLS 方法能较好地克服内生性问题和序列相关问题。并且，DOLS 在估计面板协整方程时的效果要优于 OLS 和 FMOLS。考虑到 DOLS 的优点，我们因此采用 DOLS 方法进行面板协整的估计。由表 4 - 14 可见，利益群体指数的估计系数均在 1% 的显著性水平上显著为正，这表明利益群体影响力的上升会使人民币汇率制度更具弹性。

三、结论与不足

本节在 Frieden（1991，1994）理论研究的基础上考察了我国利益群体对人民币汇率制度弹性的影响。利用我国第一产业和第二产业 33 个细分行业的面板数据（2000—2016 年），实证检验了利益群体对人民币汇率制度弹性的影响。研究发现，利益群体影响力的上升会促进人民币汇率制度弹性的增加，这意味着国内利益群体影响力的提升有利于促进我国人民币汇率形成机制的市场化程度。

本节的研究还存在一些不足：一是在解决利益群体与人民币汇率制度弹性之间的反向因果关系所导致的内生性问题中，工具变量的选取有待商榷；二是由于数据可得性问题，本节没有考虑其他利益群体指数的测算方法，也未对其进行稳健性检验；三是本节没有考察利益群体对人民币汇率制度弹性影响的行业差异性和不同行业利益群体对人民币汇率制度弹性的偏好差异性。这些都留待后续研究。

第五章 人民币汇率制度弹性与宏观经济绩效

在测算了人民币汇率制度弹性并考察了其影响因素后，本章要考察的问题则是人民币汇率制度弹性是否影响了宏观经济。特别地，本章拟回答如下三个问题：一是随着人民币汇率制度弹性的提高，中国是否获得了更大的货币政策独立性？二是人民币汇率制度弹性的提高，是否影响了中国的通货膨胀表现？三是人民币汇率制度更加弹性化，是否也显著影响了中国的经济增长？本章分三节一一回答上述问题：第一节利用测算的 7 个人民币汇率制度弹性指数，建立包括货币政策独立性、通货膨胀率、经济增长速度和资本流动程度等在内的 5 变量 VAR 模型，在回答第一个问题的同时，兼及后面两个问题；第二节和第三节利用基于 EMP 的汇率制度弹性测算方法，考察了 1953—2018 年人民币汇率制度弹性对中国通货膨胀和产出增长的影响，并在此基础上进一步考察了政策当局在汇率制度安排上的“言行一致性”对二者的影响。

第一节 人民币汇率制度弹性与货币政策独立性

开放经济宏观经济学的一个经典性结论是，在资本自由流动的背景下，一国在货币政策独立性和汇率稳定两个目标之间存在非此即彼的权衡。如果要享有货币政策的独立性，那么一国就必须放弃汇率稳定目标，实行浮动汇率制度；如果一国要享有汇率稳定，那么就必须放弃独立的货币政策，实行固定汇率制度。过去数十年来关于这个开放经济政策困境的经典论述的研究十分丰富（见第二章第二节），近年来又引起了大量的争论，成为 2008 年国际金融危机之后开放经济宏观经济学研究的重要问题和热点问题①。

正如第二章第二节文献回顾部分所指出的，既有研究不仅大多拘泥于传统

---

① 关于这方面的最新研究进展及综述，参见 Klein 和 Shambaugh（2015）、Rey（2015）以及 Ligonniere（2018）等。

的固定和浮动两分法展开汇率制度弹性对货币政策效果影响的讨论，而且也缺乏以中国为案例的经验研究。重要原因之一在于，我们目前还没有详细的测算人民币汇率制度弹性的研究工作，从而制约了这个方面研究的开展。本书已经测算了7个人民币汇率制度弹性指数，因此可以尝试这个方面的研究工作了。这构成了本节的主要内容。

一、数据与方法

我们已经知道，2000年12月以来，人民币汇率形成机制正日益变得更加弹性化，那么，在中国资本账户管制逐渐放开的现实背景下，中国的货币政策独立性是否也因为汇率弹性的提升而有所增强呢？更进一步，以中国为案例，人民币汇率制度弹性对货币政策独立性的影响如何呢？为了回答这个问题，我们建立了包括人民币汇率制度弹性指数、通货膨胀率、经济增长速度、货币政策独立性指标和资本流动程度指标在内的5变量VAR模型，利用宏观经济目标指数检验法展开经验研究（见第二章第二节）。

（一）变量选择

我们首先说明引入经济增长速度指标的理由。从中国货币政策目标的历史实践来看，我国的货币政策目标定位为“稳定币值，并以此促进经济增长”。这个目标和教科书的理论并不完全一致。教科书理论认为，从长期来看，货币政策最终目标是保持物价稳定。然而，中国当前及未来一段时间所处的历史时期及其特点决定了中国人民银行还需兼顾经济增长的目标。因此，在实际的货币政策操作实践中，价格稳定和经济增长都是中国人民银行的最终目标。这也就意味着我们在建立VAR模型时不应仅仅考虑通货膨胀率指标，还应引入经济增长速度指标。

其次，我们的目标在于考察人民币汇率制度弹性对货币政策独立性的影响，因此，根据开放经济“三元悖论”及新近的“二元悖论”假说等理论原理（Mundell，1963、1964；Rey，2015），我们还应该在VAR模型中引入资本流动性指标。

（二）变量测算

1. 货币政策独立性。借鉴已有研究方法（见第二章第二节），我们从两个维度测算中国的货币政策独立性：一是利率政策独立性；二是货币数量政策独立性。两个指标具体测算方法说明如下。

（1）利率政策独立性（mi_chi）。我们采用Aizenman等（2010b）的方

法，构造利率政策独立性指数，计算公式如下：

$$mi\_chi = 1 - [corr(i_i, i_j) - (-1)]/2$$

其中，$corr(i_i, i_j)$ 表示本国利率（i_j）与美国联邦基金利率（i_i）的相关性。mi_chi代表我国利率政策的独立性，指标取值为［0，1］，数值越大，表示我国货币政策独立性越高。当本国利率与美国联邦基金利率完全负相关时，该指标取值为1，本国货币政策具有完全独立性；当我国利率与美国联邦基金利率完全正相关时，货币政策完全没有独立性，指标取值为0。

在具体计算该指标时，我们首先选取美国联邦基金隔夜拆借利率代表美国货币政策的政策利率，选择 Chibor 隔夜拆借加权平均利率作为中国货币政策的政策利率指标，然后根据二者的日度数据计算得到月度的货币政策独立性指标。

应该指出的是，样本期内，中国人民银行的政策利率其实是基准的存贷款利率。然而，中国货币政策的基准利率并没有完全市场化，因此，如果利用政策利率计算中国货币政策的独立性，那么估计得到的相关系数极小，从而导致中国货币政策独立性指数基本保持在0.5左右，缺乏变动性，进而导致我们难以开展实证研究。这是我们在研究中应当注意的一点。

（2）货币数量政策独立性（mi_mb）。基本的经济学理论告诉我们，如果基础货币中外汇储备占比越高，那么，该国可能越难以控制基础货币，从而导致该国货币政策的独立性越弱。考虑到2000—2018年的中国现实，我们在胡再勇（2010）、谢平和张晓朴（2002）研究的基础上，用外汇储备占基础货币的比例来衡量中国货币政策数量型工具的独立性，并对比例数据做了标准化处理，最终得到货币数量政策独立性指数。该指标数值越大，表明本国货币数量政策的独立性越高，指标数值为1时，货币政策是完全独立的。

图5－1描绘了两种方法测算的中国货币政策的独立性。由图5－1可见，货币数量政策独立性指标（MB）表现出了显著的趋势性变化：2005年7月“汇改”之前，独立性持续下降；“汇改”之后，独立性持续攀升。但利率政策独立性指标（SHI）并没有体现显著的趋势性变动。

2. 人民币汇率制度弹性。我们使用第三章第二节测算的7个人民币汇率制度弹性指数序列进行实证研究。关于这些指数的具体信息，见第三章第二节。

3. 资本流动程度。目前，主要有三类方法测算资本账户自由化程度或资本流动程度（Quinn 等，2011）：一是名义测算法（de jure indicators）；二是事实测算法（de facto indicators）；三是混合测算法（hybrid indicators）。名义测算

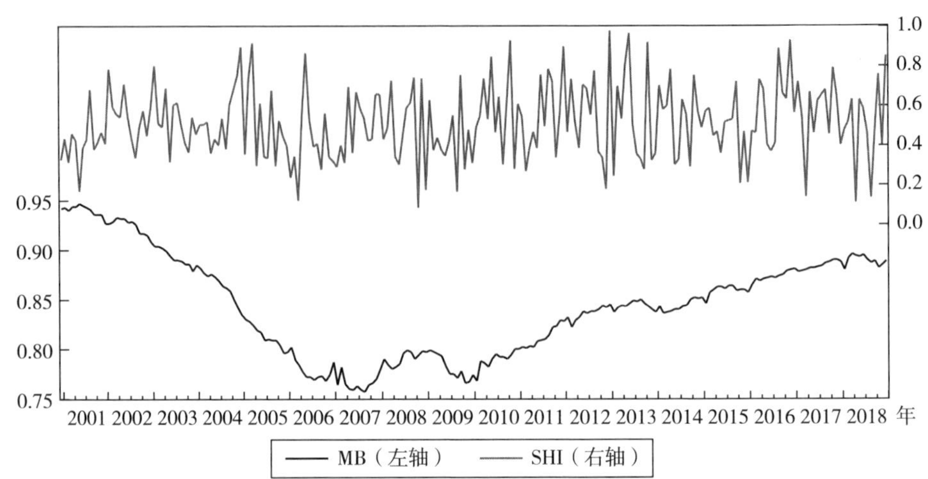

图 5－1 中国货币政策独立性指数（2000. 12—2018. 12）

方法主要利用国际货币基金组织（IMF）《汇率安排和汇兑限制年报》（AREAER）中披露的关于资本账户和经常账户交易法规与规则方面的信息测算资本账户的开放程度，事实测算方法主要利用数量、价格或其他手段测算资本账户自由化程度或资本流动程度。混合测算方法则是名义和事实测算方法的综合。

目前，公开可得且样本覆盖范围广、样本期较长的资本账户自由化指数有5种：Chinn 和 Ito（2006，2008）提出的 KAOPEN 指数、Karcher 和 Steinberg（2013）在 Chinn 和 Ito（2006，2008）基础上建立的 CKAOPEN 指数、Ilzetzki 等（2017，2019）编制的资本管制指数，以及 Lane 和 Milesi－Ferretti（2006）的 TOTAL 指数、Dreher（2006）编制的 eGlobe 指数。前 3 个指数属于名义测算法，第 4 个指数属于事实测算法，第 5 个指数则属于混合测算法。

然而，这些指数都是年度数据，难以运用到本节的研究中。在事实测算方法下，一些研究利用抛补利率平价来测算中国的资本管制程度，将资本管制程度或资本流动程度定义为国内外利差与本币远期贬值率之差。然而，一方面，国内外利差与本币远期贬值率之差可能不仅反映了资本管制的程度，也可能反映了交易成本和市场预期等信息，因此可能是噪声比较大的代理指标；另一方面，利用该方法测算资本流动程度需要一国存在远期外汇市场。但本书研究的样本期内，有一段时间中国并没有远期外汇交易①，这限制了该方法的使用。

① 我国在 2005 年 8 月 15 日才引入外汇远期交易（见表 1－2）。

出于上述原因，本书采用事实测算方法估计资本流动程度。遵循刘晓辉（2008），我们首先测算中国短期资本流动的月度数据，然后利用短期资本流动规模除以 GDP 作为中国资本流动程度的代理指标。该指标数值越大，表明资本流动水平越高。其计算公式如下：

$$copen = 短期资本流动规模/GDP$$

其中，短期资本流动规模 = 储备变动额 - 经常项目差额 - 直接投资差额。我们最后对测算出的资本流动指数做了季节调整。

4. 通货膨胀率和经济增长速度。我们使用 CPI 指数计算月度通货膨胀率，使用实际工业增加值的增速作为经济增长速度的代理指标。我们对二者都做了季节调整以剔除季节性因素的影响。

（三）单位根检验

与本书前面章节采用的方法一致，我们采用 ADF、PP 和 DF - GLS 等三种单位根检验方法检验各时间序列的平稳性。第三章第二节已经利用这些方法检验了 7 个人民币汇率制度弹性指数的平稳性，第四章第一节也利用同样方法检验了通货膨胀率的平稳性，因此，本节只检验货币政策独立性、资本流动程度和经济增长速度等指标的平稳性，检验结果见表 5 - 1。

表 5 - 1　　　　单位根检验

变量		*mi_chi*	*mi_mb*	*copen*	*gro*
水平值					
ADF 检验	检验类型（C，T，L）	（C，T，4）	（C，T，1）	（C，T，1）	（C，T，0）
	统计量	-15.727	-1.6048	-5.5624	-4.1114
	1% 临界值	-4.0011	-4.0013	-4.0013	-4.0011
PP 检验	检验类型（C，T，B）	（C，T，0）	（C，T，4）	（C，T，7）	（C，T，4）
	统计量	-15.717	-1.4866	-9.2386	-3.6691
	1% 临界值	-4.0011	-4.0011	-4.0011	-4.0011
DF - GLS 检验	检验类型（C，T，L）	（C，T，1）	（C，T，0）	（C，T，1）	（C，T，11）
	统计量	-8.2045	-0.1034	-5.2037	-3.2747
	1% 临界值	-3.4612	-3.4616	-3.4615	-3.4616
一阶差分					
ADF 检验	检验类型（C，T，L）		（0，0，0）		（0，0，0）
	统计量		-16.452		-21.061
	1% 临界值		-2.5758		-2.5758

续表

变量		*mi _ chi*	*mi _ mb*	*copen*	*gro*
一阶差分					
PP 检验	检验类型（C，T，B）		（C，T，5）		（0，0，2）
	统计量		-17.207		-21.082
	1%临界值		-4.0013		-2.5758
DF-GLS 检验	检验类型（C，T，L）		（C，T，2）		（C，T，0）
	统计量		-6.4427		-5.3798
	1%临界值		-3.4613		-3.4615
结论		I（0）	I（1）	I（0）	I（1）

注：DF-GLS 检验的检验类型（C，T，L）指第一阶段回归时用 GLS 估计原序列时是否包括常数项和时间趋势项。

表 3-6、表 4-1 和表 5-1 的单位根检验结果表明，本节构建的VAR（5）模型中，人民币汇率制度弹性指数、货币数量政策独立性指数（*mi _ mb*）、通货膨胀率（*inf*）和经济增长速度（*gro*）都是一阶单整序列，而利率政策独立性指数（*mi _ chi*）和资本流动程度指数（*copen*）则都是平稳序列。

二、实证结果及分析

（一）滞后期选择

我们从两个维度测算了货币政策独立性，因此本节的样本和拟构建的 VAR 模型有两个：第一个样本由包括利率政策独立性（*mi _ chi*）、人民币汇率制度弹性指数、通货膨胀率（*inf*）、经济增长速度（*gro*）和资本流动程度（*copen*）等在内的 VAR（5）模型构成；第二个样本则由包括货币数量政策独立性（*mi _ mb*）、人民币汇率制度弹性指数、通货膨胀率（*inf*）、经济增长速度（*gro*）和资本流动程度（*copen*）等在内的 VAR（5）模型构成。我们估计了 7 个人民币汇率制度弹性指数，因此，本节实际上需要估计 14 个 VAR（5）模型，每个样本都包括了 7 个模型。我们下面说明每个模型的最优滞后期选择问题。

与第四章第一节的最优滞后期选择方法一致，我们首先根据 LR、AIC、FPE、SC 和 HQ 等信息准则选择一个备选的最优滞后期，然后以该备选最优滞后期为基础，建立 VAR（5）模型，并检验模型的稳定性和残差是否存在序列相关。如果该备选的最优滞后期通过了稳定性检验和序列相关性检验，那么我们就将该滞后期设定为 VAR（5）的最优滞后期；如果备选的最优滞后期不能通过 VAR 稳定性和残差序列相关性检验，我们则在此备选最优滞后期基础上再增加 1 期滞后，进行 VAR（5）模型稳定性检验和残差序列相关性检验，直至在某一滞后期上，VAR（5）模型同时通过这两个检验，那么我们即将该滞后期设定为最优滞后期。表 5 -2 报告了我们最终为 14 个 VAR（5）模型所选择的最优滞后期（注意：VAR 模型的最优滞后期等于表 5 -2 报告的滞后期加上 1）。

表 5 -2　　　　协整关系及数量检验

VAR（5）模型 1：*mi _ chi*					
数据是否含有趋势项	无	无	线性	线性	二次型
检验类型	无截距项	截距项	截距项	截距项	截距项
	无趋势	无趋势	无趋势	趋势	趋势
FI^{hp}（最优滞后期：2）					
迹统计量检验	3	3	3	3	3
最大特征根检验	3	3	3	3	3
FI^{ehp}（最优滞后期：7）					
迹统计量检验	1	2	2	1	2
最大特征根检验	2	2	2	1	2
FI^{hcr}（最优滞后期：2）					
迹统计量检验	2	3	3	3	3
最大特征根检验	3	3	3	3	3
FI^{d1}（最优滞后期：2）					
迹统计量检验	3	3	3	3	3
最大特征根检验	3	3	3	3	3
FI^{d2}（最优滞后期：2）					
迹统计量检验	3	3	3	3	5
最大特征根检验	3	3	3	3	3
FI^{mc}（最优滞后期：2）					
迹统计量检验	3	3	3	3	3
最大特征根检验	3	3	3	3	3
FI^{mf}（最优滞后期：2）					
迹统计量检验	3	3	3	3	3
最大特征根检验	3	3	3	3	3

续表

VAR（5）模型 2：*mi* _ *mb*					
数据是否含有趋势项	无	无	线性	线性	二次型
检验类型	无截距项	截距项	截距项	截距项	截距项
	无趋势	无趋势	无趋势	趋势	趋势
FI^{hp}（最优滞后期：2）					
迹统计量检验	2	2	2	2	2
最大特征根检验	2	2	2	2	2
FI^{ehp}（最优滞后期：3）					
迹统计量检验	2	1	2	2	1
最大特征根检验	2	2	2	1	1
FI^{hcr}（最优滞后期：1）					
迹统计量检验	2	2	2	3	2
最大特征根检验	2	2	2	2	2
FI^{d1}（最优滞后期：1）					
迹统计量检验	2	2	2	2	2
最大特征根检验	2	2	2	2	2
FI^{d2}（最优滞后期：1）					
迹统计量检验	2	2	2	3	2
最大特征根检验	2	2	2	2	2
FI^{mc}（最优滞后期：2）					
迹统计量检验	2	2	2	2	2
最大特征根检验	2	2	2	2	2
FI^{mf}（最优滞后期：2）					
迹统计量检验	2	2	2	2	2
最大特征根检验	2	2	2	2	2

注：1. 表中数据选择的临界值置信水平为5%。

2. 表中最优滞后期是协整检验的最优滞后期，等于 VAR 模型的最优滞后期减去 1。

其次，根据选择的最优滞后期，我们检验协整关系的存在性并检验协整数量。表 5－2 报告了协整关系检验结果。由表 5－2 可见，不论是迹统计量还是最大特征根统计量的检验都表明，14 个 VAR（5）模型中的 5 个变量之间都存在至少 1 个协整关系，可以进行后续的协整分析和 VAR 建模。

（二）协整检验与分析

在上述检验和确定的最优滞后期基础上，表 5－3 和表 5－4 给出了样本中货币政策独立性与人民币汇率制度弹性指数及各经济变量的协整方程。

表 5－3　　协整方程（利率政策独立性）

变量	常数项	*inf*	*gro*	*copen*	*fi*
		－1.1622	0.0516	0.2511	0.6341
FI^{hp}	－0.1889	(0.1233)	(0.0189)	(0.5043)	(0.2446)
		[－9.4259]	[2.7289]	[0.4980]	[2.5922]
		－1.9208	0.1235	－0.8095	1.3673
FI^{ehp}	－0.4283	(0.2751)	(0.0298)	(0.7466)	(0.4180)
		[－6.9824]	[4.1439]	[－1.0843]	[3.2714]
		－6.7485	0.2094	2.2715	2.5224
FI^{hcr}	－2.4502	(0.7119)	(0.0991)	(2.9086)	(1.2279)
		[－9.4799]	[2.1119]	[0.7810]	[2.0543]
		－2.2390	0.0832	－0.1653	1.1903
FI^{d1}	－0.1458	(0.2409)	(0.0330)	(0.9788)	(0.5682)
		[－9.2948]	[2.5215]	[－0.1689]	[2.0949]
		－2.7474	0.1002	0.0521	1.2460
FI^{d2}	－0.5119	(0.2922)	(0.0398)	(1.1873)	(0.5172)
		[－9.4011]	[2.5197]	[0.0439]	[2.4091]
		－2.2213	0.0800	－0.1971	1.2002
FI^{mc}	－0.0615	(0.2396)	(0.0328)	(0.9731)	(0.6119)
		[－9.2728]	[2.4428]	[－0.2026]	[1.9615]
		－2.2268	0.0797	－0.1994	1.2035
FI^{mf}	－0.0517	(0.2402)	(0.0328)	(0.9758)	(0.6201)
		[－9.2705]	[2.4281]	[0.2043]	[1.9408]

注：1.（）中为标准误，［ ］中为 *t* 值。

2. 表中每一行的协整回归方程的左边都是用同业拆借利率衡量的货币政策独立性指数 *mi_chi*。

3. 系数除以（）中的标准误与［ ］中的 *t* 值可能有细微差异，系四舍五入所致。

4. *fi* 指本书所测算的 7 个人民币汇率制度弹性指数。

表 5－4　　协整方程（货币数量政策独立性）

变量	常数项	*inf*	*gro*	*copen*	*fi*
		－0.6197	0.0206	0.0240	0.2336
FI^{hp}	0.6419	(0.0626)	(0.0096)	(0.2622)	(0.1238)
		[－9.8956]	[2.1471]	[0.0916]	[1.8872]

续表

变量	常数项	*inf*	*gro*	*copen*	*fi*
FI^{ehp}	0.6928	-0.7922 (0.0918) [-8.6325]	0.0329 (0.0124) [2.6500]	-0.2728 (0.3449) [-0.7910]	0.2816 (0.1799) [1.5653]
FI^{hcr}	0.7927	-0.5559 (0.0533) [-10.424]	0.0207 (0.0083) [2.4888]	-0.20496 (0.2452) [-0.8355]	0.1550 (0.1069) [1.4505]
FI^{d1}	0.7741	-0.5940 (0.0608) [-9.7650]	0.0155 (0.0083) [1.8770]	-0.0594 (0.2540) [-0.2339]	0.2068 (0.1414) [1.4619]
FI^{d2}	0.8481	-0.6033 (0.0583) [-10.349]	0.0202 (0.0088) [2.2914]	-0.2783 (0.2658) [-1.0470]	0.1184 (0.1203) [0.9846]
FI^{mc}	0.7853	-0.5808 (0.0594) [-9.7800]	0.0148 (0.0080) [1.8407]	-0.0603 (0.2480) [-0.2433]	0.2138 (0.1492) [1.4331]
FI^{mf}	0.7868	-0.5792 (0.0592) [-9.7818]	0.0147 (0.0080) [1.8334]	-0.0601 (0.2472) [-0.2431]	0.2145 (0.1503) [1.4277]

注：同表5-3。

首先，各个协整方程都表明，长期当中，货币政策独立性与人民币汇率制度弹性指数是存在协整关系的，且二者的协整关系均为正。但在货币数量政策独立性的7个协整方程中，协整系数的统计显著性较低。总体来说，正向的协整关系说明，在给定资本流动性前提下，随着人民币汇率制度弹性指数的提升，货币政策独立性也在增强。从协整回归系数来看，长期中，人民币汇率制度弹性每上升1%，将导致利率政策独立性上升0.634%~2.52%，导致货币数量政策独立性提高0.118%~0.28%。因此，我们认为，人民币汇率形成机制弹性化、市场化程度的不断提高，长期中是有助于提升中国货币政策独立性的。

本书的这个发现与部分跨国研究的结论是一致的，如 Shambaugh[b]（2004）、Obstfeld 等（2005）、Aizenman 等（2010b）以及 Klein 和 Shambaugh（2015）都发现，在资本自由流动时，汇率制度越稳定，货币政策的独立性越低。本书的结论与关于中国货币政策独立性的研究结论也比较接近。关于中国货币政策独立性的研究发现，2005 年 7 月的汇率形成机制改革以来，随着人民币汇率制度弹性的增强，中国利率政策的独立性提高，但货币数量政策的独立性却在下降（胡再勇，2010；孙华好和马跃，2015）。这些研究因此认为人民币汇率制度弹性的增强并不能提升我国货币政策的独立性。本书虽然发现人民币汇率制度弹性与中国货币数量政策的独立性存在正向的长期均衡关系，但协整回归的系数很多在统计上并不显著，这说明二者之间的协整关系统计上并不稳健。

（三）脉冲响应分析

在确定 VAR（5）模型的最优滞后期时，我们已经设定其中的一个标准是 VAR 模型是稳定的，因此，我们可以借助脉冲响应分析进一步考察短期中人民币汇率制度弹性对中国货币政策独立性的影响。

1. 利率政策独立性。图 5－2 报告了利率政策独立性在面临一个正向的人民币汇率制度弹性冲击时的反应。由于使用 FI^{ehp} 指数进行 VAR 建模时滞后了 8 期，则每个方程中共有 41 个待估计系数（含截距项），整个 VAR（5）系统共有 205 个待估计系数。这可能增大了 VAR（5）模型的估计误差，降低了其预测精度。另外，对该 VAR（5）进行残差序列相关检验时，我们发现，滞后 4 期时，残差存在显著的序列相关性，这可能导致 OLS 参数估计的不一致性。考虑到上述因素，我们下面仅以其余 6 个 VAR（5）模型为基础展开分析。

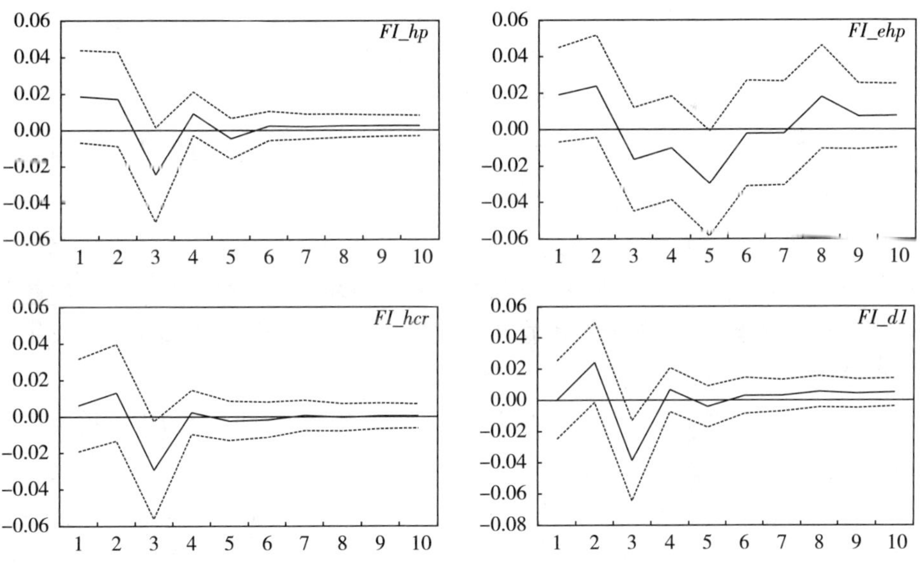

图 5－2　人民币汇率制度弹性脉冲响应（VAR（5）模型 1：*mi _ chi*）

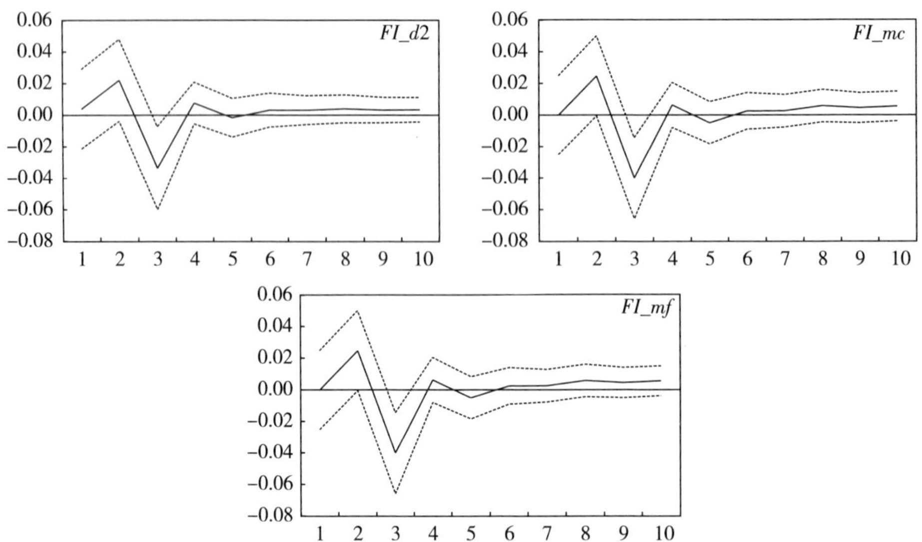

图5-2 人民币汇率制度弹性脉冲响应（VAR（5）模型1：*mi _ chi*）（续）

由图5-2可见，在受到来自人民币汇率制度弹性的一个正向冲击后，货币政策独立性增强，在第2期达到最高值。随后，货币政策独立性急剧下跌，在3个月后达到最低值后，于第4个月开始反弹，随后，汇率制度弹性冲击对货币政策独立性指数的影响逐渐稳定。但所有冲击响应在统计上并不显著异于0。因此，人民币汇率制度弹性的提高并不能提高利率政策的独立性。可能的原因在于中国的利率市场化并没有实现，并且中国人民银行也不是以银行间同业拆借利率为政策操作目标的。

2. 货币数量政策独立性。图5-3报告了货币数量政策独立性在面临一个正向的人民币汇率制度弹性冲击时的反应。除了 FI^{hcr} 指数序列的冲击响应略有差异外，其余6个结果都表明，正向的人民币汇率制度弹性冲击会提高货币数量政策的独立性，且这种影响在随后几个月中持续上升。但这些影响在统计上也都不显著异于0。可能的原因在于，尽管中国自1996年以来以货币量作为货币政策的中介目标，但从事后来看，实际的政策操作是紧盯住美元的，货币量目标在实际操作中并不能发挥作用。这也是近年来中国人民银行不再公布货币量目标的重要原因。

综上所述，我们认为，尽管人民币汇率制度弹性与货币政策独立性存在长期的正向协整关系，但这种关系并不稳健。短期中，虽然正向的人民币汇率制度弹性冲击都提高了中国货币政策的独立性，尤其是对货币数量政策的正向影

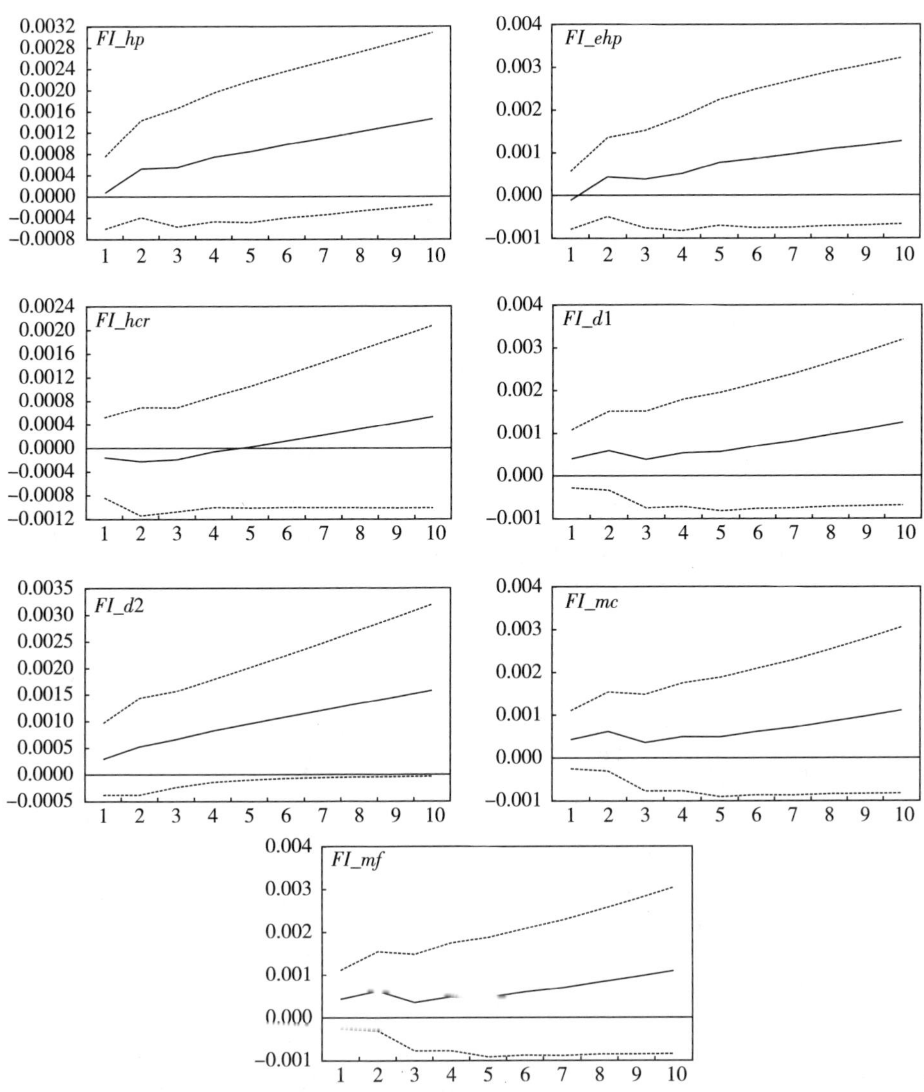

图5－3　人民币汇率制度弹性脉冲响应（VAR（5）模型1：*mi _ mb*）

响更加显著，但这些冲击在统计上并不显著。因此，总体而言，我们的证据表明，“三元悖论”在样本期中是不成立的。

三、拓展讨论：人民币汇率制度弹性与宏观经济绩效

现在拓展我们的讨论，考察两个VAR（5）模型系统中人民币汇率制度弹性对中国通货膨胀和经济增长的影响。

（一）长期中的协整关系

从表 5-3 的协整结果可知①，人民币汇率制度弹性与通货膨胀率存在正向的协整关系，与经济增长速度则存在负向的协整关系，且在所有协整方程中，这些回归系数都是统计上显著异于 0 的。这说明长期中人民币汇率制度弹性的上升将导致中国通货膨胀率的上升和经济增长速度的下跌。我们以 FI^{hp} 指数与通货膨胀率和经济增长速度的协整结果为例，说明长期中人民币汇率制度弹性对二者的影响。

利用 mi_chi 指数得到的协整方程如下：

$$inf = constant + 0.0444gro + 0.2161copen - 0.8605mi\_chi + 0.5456FI^{hp} \quad (5-1)$$

$$\begin{matrix} (0.0160) & (0.4321) & (0.4008) & (0.2076) \\ [2.7718] & [0.5000] & [2.1469] & [2.6276] \end{matrix}$$

$$gro = constant + 22.511inf - 4.8636copen + 19.370mi\_chi - 12.282FI^{hp} \quad (5-2)$$

$$\begin{matrix} (2.3462) & (8.3651) & (9.0026) & (3.8773) \\ [9.5948] & [0.5814] & [2.1516] & [3.1676] \end{matrix}$$

利用 mi_mb 指数得到的协整方程如下：

$$inf = constant + 0.0333gro + 0.0387copen - 1.6138mi\_mb + 0.3770FI^{hp} \quad (5-3)$$

$$\begin{matrix} (0.0157) & (0.4346) & (0.8798) & (0.1993) \\ [2.1177] & [0.0892] & [1.8343] & [1.8916] \end{matrix}$$

$$gro = constant + 30.069inf - 1.1648copen + 48.524mi\_mb - 11.335FI^{hp} \quad (5-4)$$

$$\begin{matrix} (3.0481) & (11.679) & (26.166) & (4.869) \\ [9.8648] & [0.0997] & [1.8545] & [2.3280] \end{matrix}$$

协整方程（5-1）和方程（5-3）表明，人民币汇率制度弹性指数上升 1% 将分别导致两个方程中通货膨胀率上升 0.55% 和 0.38%。这种显著的正向协整关系可能是由于随着人民币汇率制度弹性的增加，中国在此过程中缺乏有效的货币政策名义锚以约束中国人民银行扩张性的货币政策，从而提高了中国的价格水平。

---

① 从表 5-3 和表 5-4 中是可以推导出人民币汇率制度弹性与通货膨胀率和经济增长速度之间的协整方程的，我们因此没有专门给出这些方程。

协整方程（5－2）和方程（5－4）则表明，两个 VAR（5）模型中，人民币汇率制度弹性提高1%将导致中国经济增速分别下跌12%和11%。这一影响在数量上是非常大的，应引起政策制定者的警惕和重视。

（二）脉冲响应分析

图5－4和图5－5分别报告了一个正向的人民币汇率制度弹性冲击对中国通货膨胀率和经济增长速度的影响。由图5－4和图5－5可知：首先，就人民币汇率制度弹性对通货膨胀率的影响来看，不论是包括利率政策独立性的VAR（5）还是包括货币数量政策独立性的VAR（5）模型中，脉冲响应结果都表明，正向的人民币汇率制度弹性冲击对通货膨胀率的正向影响在第2期达到了最大（但包括 FI^{mc} 和 FI^{mf} 的 VAR 模型中，这种正向影响在6个月后才达到了最高值），随后，这种影响逐渐削弱甚至消失。因此，总体上来说，在受到一个正向的人民币汇率制度弹性冲击后，通货膨胀率起初是上升的，随后将逐渐消失。

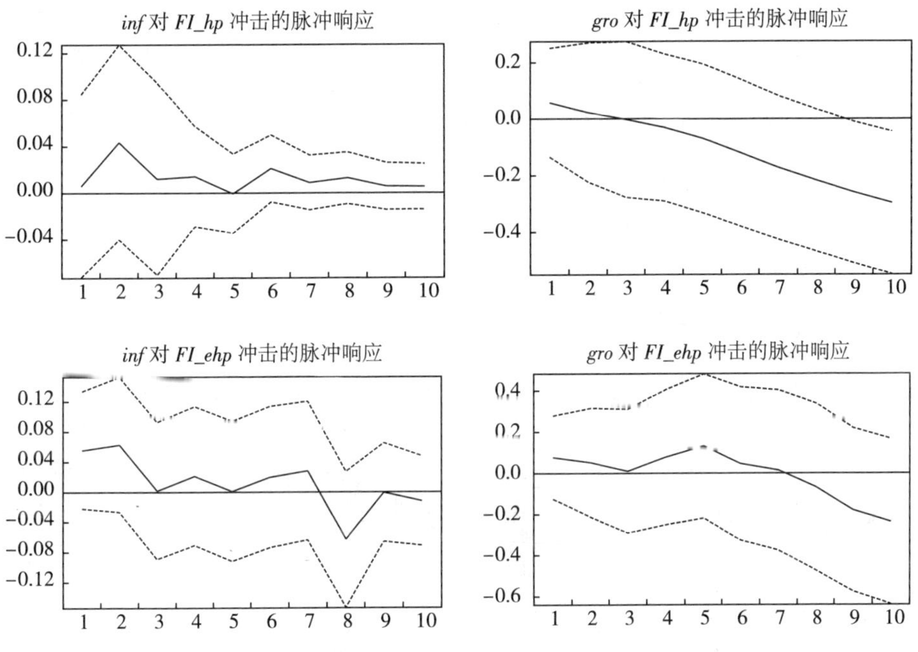

图5－4 通货膨胀与产出增长的脉冲响应（*mi _ chi*）

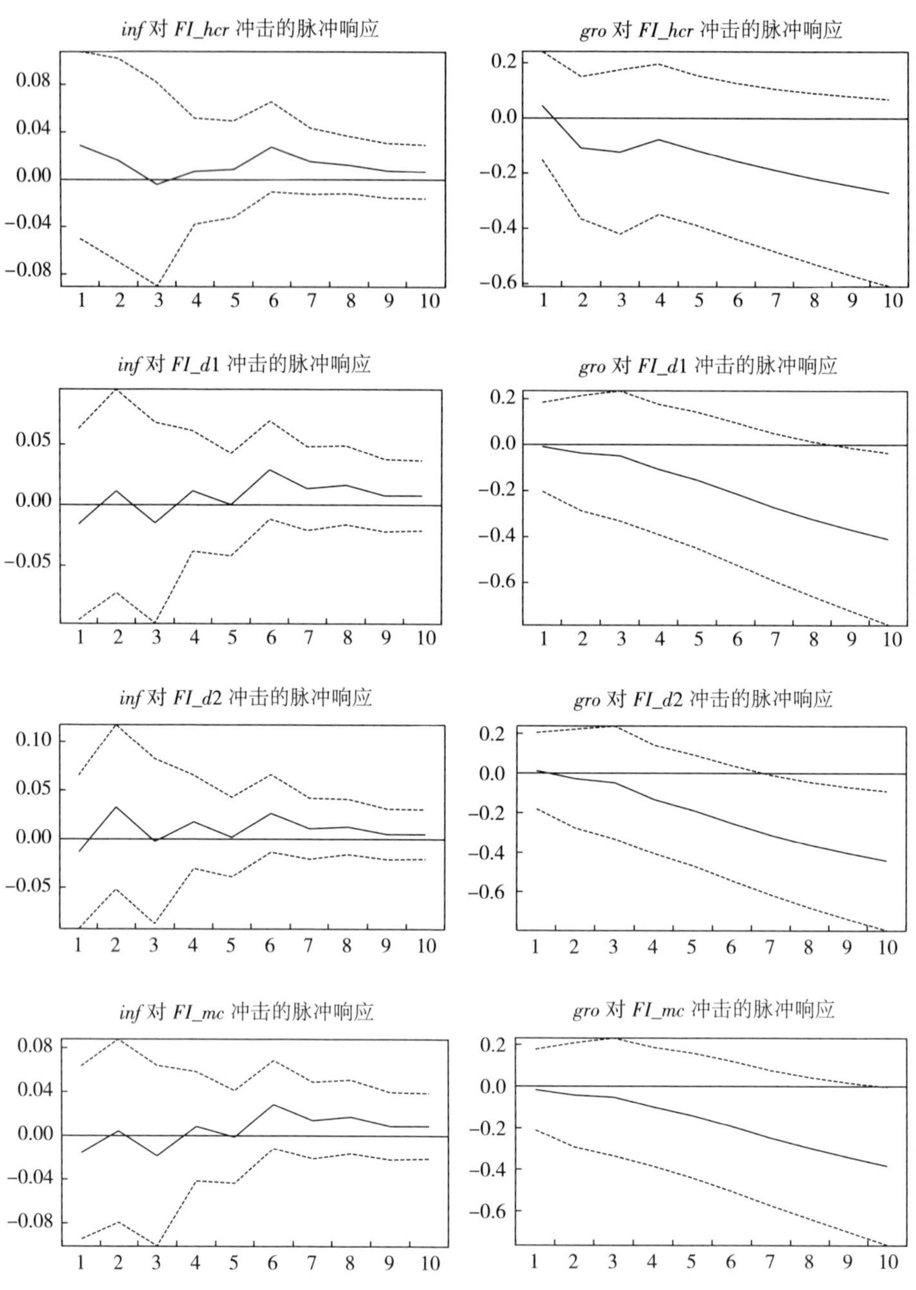

图 5-4 通货膨胀与产出增长的脉冲响应（*mi_chi*）（续）

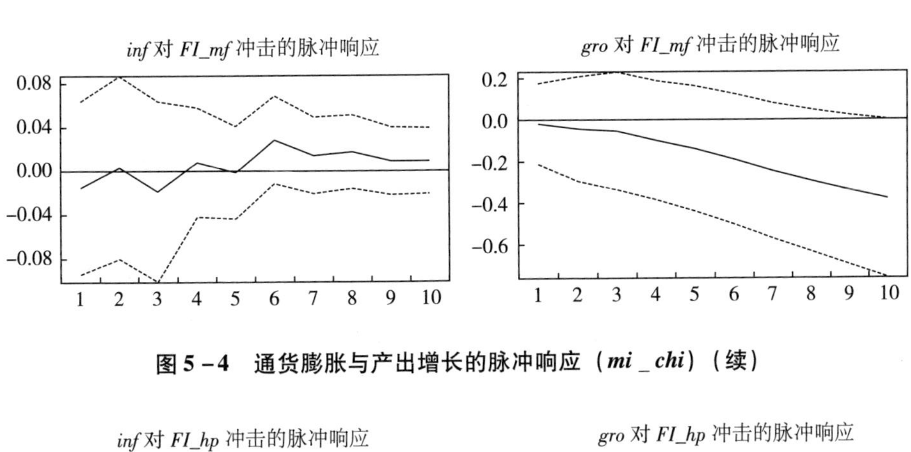

图 5-4 通货膨胀与产出增长的脉冲响应（*mi _ chi*）（续）

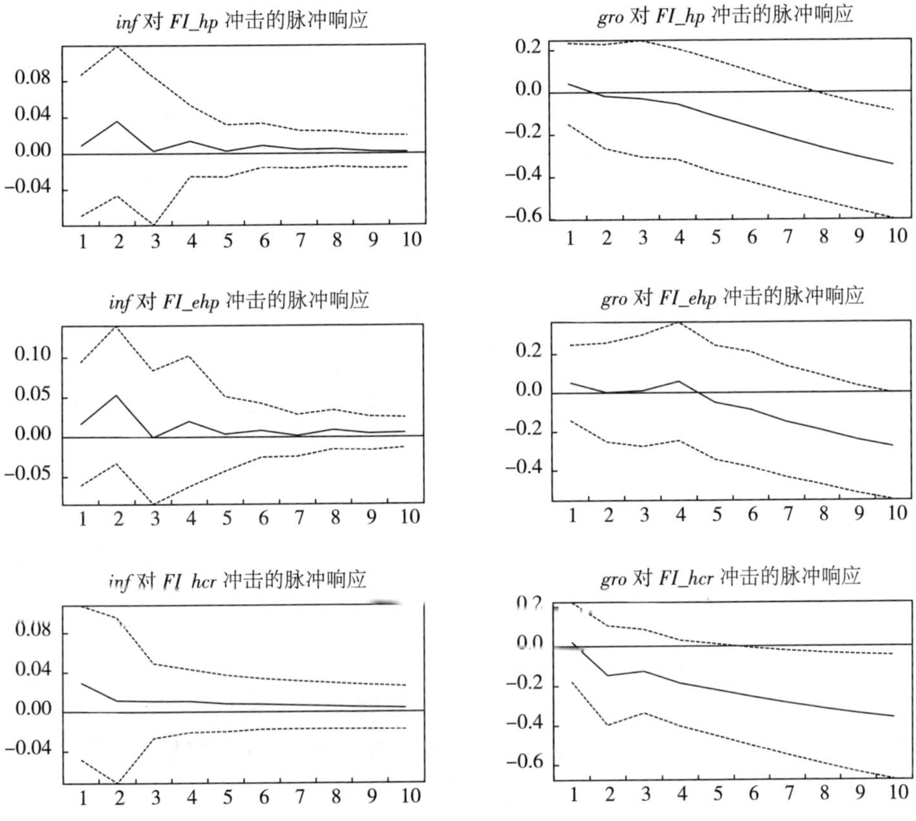

inf 对 *FI_hp* 冲击的脉冲响应

gro 对 *FI_hp* 冲击的脉冲响应

inf 对 *FI_ehp* 冲击的脉冲响应

gro 对 *FI_ehp* 冲击的脉冲响应

inf 对 *FI_hcr* 冲击的脉冲响应

gro 对 *FI_hcr* 冲击的脉冲响应

图 5-5 通货膨胀与产出增长的脉冲响应（*mi _ mb*）

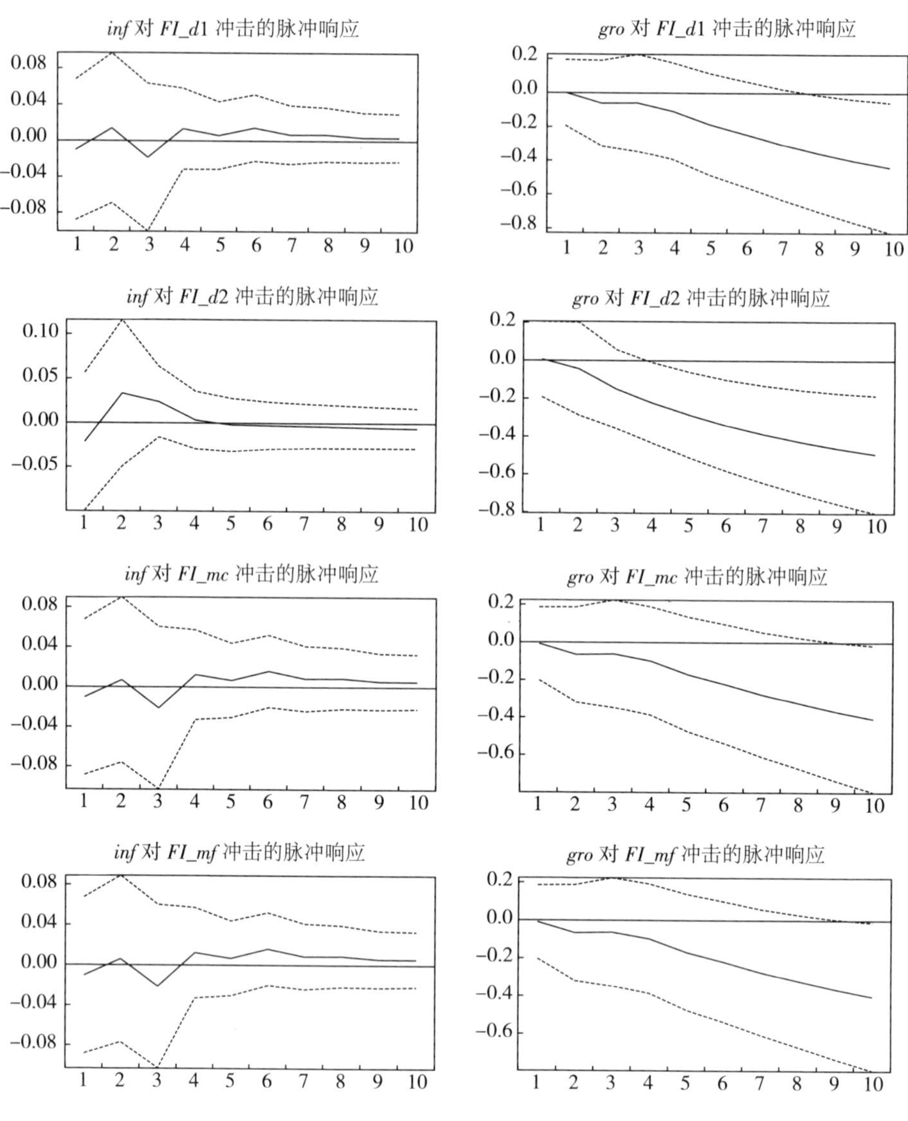

图 5-5 通货膨胀与产出增长的脉冲响应（*mi_mb*）（续）

其次，就人民币汇率制度弹性对经济增长速度的影响来看，第 1 期时经济增长速度几乎不受影响，但随后经济增长速度下跌，且随着时间的推移，这种下跌加速（利用 FI^{ehp} 指数得到的脉冲响应结果略有差异）。但是，不论是通货膨胀还是经济增长的脉冲响应冲击统计上都不显著异于 0，这说明短期中人民币汇率制度弹性的提高并不能促进产出的增长，也不能推高通货膨胀。

四、结论

本节利用第三章第二节估计的人民币汇率制度弹性指数，构建了包括货币政策独立性、通货膨胀率、经济增速和资本自由流动程度在内的5变量VAR模型，考察了人民币汇率制度弹性对货币政策独立性的影响，并兼而讨论了人民币汇率制度弹性对中国通货膨胀和经济增长的影响。

我们的研究发现：一是随着人民币汇率制度弹性的提高，中国货币政策独立性并未提高，这一结论与经典的“三元悖论”是不一致的。二是人民币汇率制度弹性与中国的通货膨胀率之间存在正向的协整关系，长期来看，人民币汇率制度弹性的提高会推高中国的通货膨胀。但脉冲响应分析却表明，短期中人民币汇率制度弹性并不影响通货膨胀。三是人民币汇率制度弹性与中国的经济增长存在负向的协整关系，长期来看，人民币汇率制度弹性的提高会抑制经济增长。但脉冲响应分析表明，人民币汇率制度弹性的变化并不显著影响中国的经济增长。

本节的研究一方面否定了“三元悖论”假说，另一方面也为在人民币汇率制度弹性不断提高的背景下制定货币政策提供了经验证据的支持。本节的研究还为我们后续进一步考察人民币汇率制度弹性对通货膨胀和经济增长的影响提供了初步的证据。

第二节 人民币汇率制度弹性与通货膨胀

1994年人民币汇率并轨改革后，中国在人民币汇率制度安排上也出现了“言行不一致”现象。学界将1994年之后实际经济运行中人民币汇率的基本稳定称为Calvo和Reinhart（2002）意义上的“害怕浮动”。但是，一方面，对人民币汇率制度进行实际分类，并以此考察人民币实际的汇率制度安排与宏观经济绩效之间的关系等问题还没有引起学术界的重视；另一方面，近年来对人民币汇率制度选择的研究和争论也大多隐含地假设①，我国在人民币汇率制度选择问题上是“言行一致”的：一旦政府或货币当局选择了某一种汇率制度，那么，实践中人民币汇率制度也会相应地表现为该汇率制度安排。然而，这种“言行一致性”假设并不符合发展中国家和新兴市场国家在汇率制度安排上所普遍表现出来的“言行不一致”现象，这说明对人民币汇率制度选择

① 关于人民币汇率制度选择方面研究更详细的综述，请参见刘晓辉（2008）第二章。

的研究是存在一定缺陷的，由此还可能导致政策当局开出错误的政策处方。

本节利用拓展的 HP 法测算了 1951—2018 年的人民币汇率制度弹性，经验地考察了人民币汇率制度弹性对通货膨胀的影响。本节结构安排如下：首先，利用拓展的 HP 法测算了人民币汇率制度弹性；其次，在货币供求框架下讨论了人民币汇率制度弹性对通货膨胀的影响；再次，在上述研究基础上，考察了政策当局在人民币汇率制度安排上的“言行一致性”对通货膨胀的影响；最后是结论。

一、人民币汇率制度弹性测算与事实

（一）人民币汇率制度弹性测算（1951—2018 年）

我们采用拓展的 HP 法来测算年度的人民币汇率制度弹性。我们先将第三章中拓展的 HP 法测算公式（3－3）复制于下[①]：

$$ERFI_t = \frac{|\Delta S/S|}{|\Delta S/S| + |\Delta R/H|}$$

在利用式（3－3）测算人民币汇率制度弹性时，我们直接计算分母中储备的变化，而不是采用经基础货币调整后的储备变化，基本原因在于我们无法获得部分样本期的基础货币数据（1950—1990 年）。对该指数的经济学含义和解读见第三章第一节，此处不再赘述。

我们扼要说明采用拓展的 HP 法测算年度人民币汇率制度弹性的原因。首先，我们难以获得 1950—1979 年月度的人民币对美元汇率数据，也难以获得 1950—1991 年的外汇储备月度数据，这意味着采用式（3－1）的 HP 法测算 1950—1991 年的人民币汇率制度弹性是不可行的，因为我们缺乏月度数据无法进行求和运算。同理，我们也难以运用式（3－5）的 HCR 法来测算 1950—1991 年的人民币汇率制度弹性，因为我们缺乏月度数据无法进行标准差的运算。其次，数据的缺失也意味着我们难以运用基于 EMP 方法的汇率制度弹性测算方法测算人民币汇率制度弹性，因为我们也缺乏月度数据无法进行标准差的运算。

本节利用 1950—2018 年外汇储备与人民币对美元双边名义汇率来估计人民币汇率制度弹性指数（ERFI）。其中，外汇储备数据来自国家外汇管理局网

① 与第三章测算月度的人民币汇率制度弹性做法一致，本章我们仍然没有考虑中国人民银行通过利率调整这个间接渠道来干预人民币汇率的情形，基本原因在于中国的利率市场化改革还没有基本完成，利率对人民币汇率的传导途径可能并不顺畅，甚至并不存在。

站，1950—1977 年的人民币对美元双边名义汇率来自《汇价手册》（国家外汇管理局，1986），1978—2017 年人民币对美元双边汇率数据来自国家统计局网站，2018 年人民币对美元双边汇率为该年人民币对美元双边名义汇率的月平均价。

（二）人民币汇率制度弹性的演变

图 5－6 报告了 1951—2018 年的人民币汇率制度弹性。由图 5－6 可见，1951—2018 年人民币汇率制度弹性经历了五个阶段。

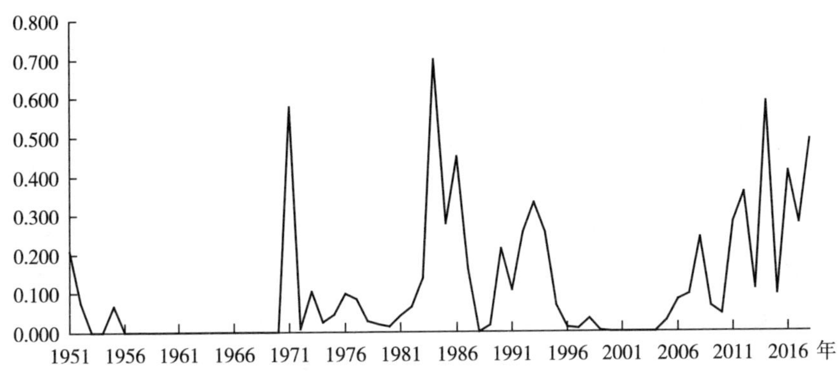

图 5－6　人民币汇率制度弹性（1951—2018 年）

第一个阶段是 1951—1970 年。这个阶段人民币汇率制度弹性基本为 0，意味着人民币实行的是事实上的固定汇率制度。

第二个阶段是 1972—1984 年。这个阶段人民币汇率制度弹性出现了 U 形走势：从 1971 年的 0.578 迅速下降至 1972 年的 0.007 后，1973—1979 年持续在 0～0.1 波动，1980 年后，汇率制度弹性值持续上升，至 1984 年达到历史峰值 0.699。

第三个阶段是 1985—1993 年。这个时期人民币汇率制度弹性大体呈现 V 字形变化：弹性值从 1984 年历史峰值持续下降至 1988 年的 0，最后迅速反弹，上升至 1993 年的 0.332。

第四个阶段是 1994—2004 年。这期间人民币汇率制度弹性呈 L 形变化：汇率制度弹性值从 1993 年的 0.332 下跌至 1994 年的 0.257 后，继续下跌至 1995 年的 0.068，然后进一步下跌至 1996—1997 年的 0.01 附近，在随后 6 年中（1998—2004 年）持续稳定在 0 附近。这和目前学术界的基本看法是一致的：在亚洲金融危机之后，人民币已经蜕变为事实上的钉住美元的固定汇率制度。

第五个阶段是 2005—2018 年。这个时期总体上看，人民币汇率制度弹性在波动中不断提升，汇率制度弹性的均值达到了 0.226，是所有历史时期中最高的。随着中国在 2005 年 7 月 21 日启动人民币汇率制度改革，人民币汇率制度弹性在随后几年中持续上升，但 2007—2008 年的国际金融危机打断了这一进程，人民币汇率制度弹性值从 2008 年的 0.241 下跌至 2009 年的 0.066 后，在 2010 年继续下跌至 0.046。2011—2018 年，人民币汇率制度弹性虽然时升时降，但总体来看呈现显著的上升态势。

二、人民币汇率制度弹性与通货膨胀

（一）模型设定

为了考察人民币汇率制度弹性对中国通货膨胀的影响，我们采用 Ghosh 等（1996，1997）的方法考察中国通货膨胀的影响因素。假定 Cagan 类型的货币需求函数，即

$$M/P = Y^{\alpha}\exp(-\beta i) \quad \alpha, \beta > 0 \tag{5-5}$$

其中，M 是广义货币，P 是价格水平，Y 是实际产出，i 是名义利率。对上式两边取自然对数再取一阶差分可得

$$\pi = \Delta m - \alpha \Delta y + \beta \Delta i \tag{5-6}$$

其中，除通货膨胀率（π）外，所有小写字母都表示相应变量的自然对数。

为了考察人民币汇率制度弹性对通货膨胀的影响，我们遵循 Ghosh 等（1996，1996）和 Romer（1993）的研究，在式（5－6）的基础上，我们将通货膨胀率（π）对人民币汇率制度弹性指数（*erfi*）、货币供给增长率（Δm）、实际产出增长率（Δy）、一年期存款利率变化（Δi）和贸易开放程度（进出口额/GDP，*open*）进行回归。考虑到 1954—2018 年中国很多年份出现了高通货膨胀现象，为了避免异常值的影响，我们设定虚拟变量（*dum*），其值在通货膨胀高于或等于 10% 的年份取 1，其余年份为 0。我们因此将式（5－6）改写为待估计的计量经济模型：

$$\pi_t = \alpha_0 + \alpha_1 erfi_t + \alpha_2 \Delta m_t + \alpha_3 \Delta y_t + \alpha_4 \Delta i_t + \alpha_5 open_t + u_t \tag{5-7}$$

由对公式（5－7）的设定可知，$\alpha_2 > 0$，$\alpha_3 < 0$，$\alpha_4 > 0$。由第二章第二节的文献回顾可知，理论上倾向于认为，固定汇率制度或者更缺乏弹性的汇率制度具有较强的政策纪律效应和公信力效应，因此固定汇率制度是有助于反通货膨胀的。这意味着理论上来说，$\alpha_1 > 0$。

关于贸易开放度对通货膨胀的影响，Romer（1993）基于 Barro－Gordon 的模型框架认为，开放度抑制了政府制造未预期到的通货膨胀的动机，因此，

在没有作出事先的货币政策承诺情况下，开放度越高，一国的通货膨胀率将越低。然而，近年来的一些研究也表明，随着一国开放度的提高，通货膨胀率也可能上升（如 Cooke，2010）。因此，我们认为 α_5 的符号是不确定的。

（二）描述统计①

表5－5报告了各变量的描述统计和相关系数。由表5－5可见，过去66年中（1953—2018年），中国的年均通胀率为3.37%，年均货币供给增速为16.49%，年均产出增长为8.31%。但整个样本期内，中国的汇率制度都是缺乏弹性的，平均值仅为0.112，中位数为0.032，非常接近固定汇率制度的理论数值0。

表5－5　通货膨胀回归的描述统计

变量	π	*erfi*	Δm	Δy	Δi	*open*
均值	3.3682	0.1118	16.491	8.3076	－0.3759	24.795
中值	2.0000	0.0315	14.852	8.6295	0.0000	23.453
最小值	－5.9000	0.0000	－1.2290	－27.800	－11.915	4.9210
最大值	24.100	0.6990	58.422	23.847	3.4100	64.243
标准差	5.4808	0.1669	10.925	7.6058	1.9278	17.448
相关系数矩阵						
π	1.0000					
erfi	0.142	1.0000				
Δm	0.3874***	0.2238*	1.0000			
Δy	－0.2662**	0.1326	0.3430**	1.0000		
Δi	0.2345*	0.1522	－0.0450	－0.1853	1.0000	
open	0.2183*	0.2028*	0.2836**	0.2810**	0.1290	1.0000

注：*、**和***分别表示10%、5%和1%的显著性水平。

图5－7给出了人民币汇率制度弹性和通货膨胀率及人民币汇率制度弹性与货币供给增速的散点图。左图表明，随着人民币汇率制度弹性的上升，通货膨胀率不断提升。然而，理论上来说，随着汇率制度弹性的提升，货币政策受到的约束越来越小。在固定汇率制度下，固定汇率可以充当货币政策的名义锚，这绑住了中央银行的“双手”，使得中央银行难以实行相机决策的扩张性

① 1952—1989年的货币供给数据来自许少强和朱真丽（2002），其余年份数据来自国家统计局网站；利率数据来自Wind数据库。在计算年度利率水平时，如果遇到年内中央银行调整利率水平的情况，那么按照1年365天进行加权平均。数据来自《新中国55年统计资料汇编》（1949—2004年）。

货币政策，货币供给增速相对更有弹性的汇率制度而言要低得多。随着汇率制度弹性的提高，如果一国没有为货币政策及时地指定一个合适的货币政策名义锚，那么该国中央银行的货币政策受到的约束就越低，从而货币供给增速就可能越高。因此，理论上来说，固定汇率制度下较低的通货膨胀率很可能是来自固定汇率制度所赋予的名义锚的约束。

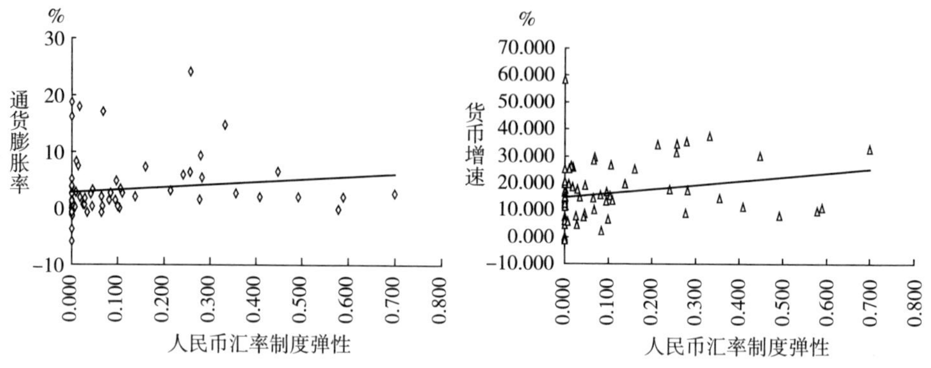

图 5－7　人民币汇率制度弹性、货币增速与通货膨胀率（1953—2018 年）

图 5－7 的右图一定程度上印证了上述理论分析结论。随着中国汇率制度弹性的提升，中国货币供给的增速也在上升，货币政策实施所受到的约束相对变小，从而导致了通货膨胀率的上升。下面，我们利用时间序列计量经济方法对此进行进一步的检验。

（三）实证检验

为避免谬误回归，我们首先对各个变量进行单位根检验，结果如表 5－6 所示。检验结果表明，本小节回归涉及的变量中，通货膨胀率（π）、人民币汇率制度弹性（*erfi*）、货币供给增速（Δm）和贸易开放度（*open*）都是单位根过程，而产出增长（Δy）和利率变化（Δi）两个指标则都是平稳的。

1. 基准回归。根据单位根检验结果①，我们估计了通货膨胀率的回归方程（见表 5－7）。结果表明，人民币汇率制度弹性对通货膨胀率的影响符合理论的预测：随着汇率制度弹性的上升，通货膨胀率也随之上升，并且这种影响在 10% 的显著性水平上是统计上显著异于 0 的。就影响的数量大小来看，根据本节对汇率制度弹性的定义，人民币汇率制度弹性每提高 0.01 个单位，通货膨胀

① 我们对回归中的解释变量、被解释变量和控制变量进行了协整检验，结果表明，这些变量之间存在长期协整关系。协整检验的结果表明，在 5% 的显著性水平上，这些变量之间存在至少 3 个协整关系（参见附表 A－5－1）。

表 5－6　　单位根检验

变量		π	*erfi*	Δm	Δy	Δi	*open*	*gov*	*inv*	*trade*	*pop*
水平序列平稳性检验											
ADF 检验	检验类型（C，T，L）	（C，0，4）	（C，0，1）	（C，T，0）	（C，T，1）	（C，0，0）	（C，T，1）	（C，0，9）	（C，T，1）	（C，0，0）	（C，T，10）
	统计量	－2.1898	－2.7015	－4.0365	－6.5366	－11.048	－1.6929	－1.9783	－5.9665	－5.2639	－5.4092
	1% 临界值	－3.5421	－3.5366	－4.1055	－4.1079	－3.5349	－4.1079	－3.5527	－4.1079	－3.5349	－4.1338
PP 检验	检验类型（C，T，B）	（C，0，5）	（C，0，3）	（C，T，0）	（C，0，39）	（0，0，1）	（C，T，4）	（C，0，33）	（C，T，15）	（C，0，2）	（C，T，8）
	统计量	－3.6153	－5.3867	－4.0365	－4.7490	－10.707	－1.7005	－5.7576	－2.8698	－5.2385	－2.9326
	1% 临界值	－3.5349	－3.5349	－4.1055	－3.5349	－2.6010	－4.1055	－3.5349	－4.1055	－3.5349	－4.1055
DF－GLS 检验	检验类型（C，T，L）	（C，0，4）	（C，0，1）	（C，T，0）	（C，T，1）	（C，T，0）	（C，T，4）	（C，0，9）	（C，T，1）	（C，0，0）	（C，T，1）
	统计量	－2.1679	－2.5002	－4.1017	－5.8697	－2.8792[a]	－1.6988	－1.3282	－6.0434	－5.0474	－3.9467
	1% 临界值	－2.6034	－2.6016	－3.7130	－3.7168	－2.8450	－3.7168	－2.6069	－3.7168	－2.6010	－3.7434
一阶差分序列平稳性检验											
ADF 检验	检验类型（C，T，L）	（0，0，3）	（0，0，0）	（0，0，4）			（0，0，0）	（0，0，9）	（0，0，3）		（0，0，4）
	统计量	－6.2474	－15.025	－6.9536			－6.2556	－3.6565	－5.9076		－4.0828
	5% 临界值	－2.6034	－2.6016	－2.6041			－2.6016	－2.6077	－2.6034		－2.6041
PP 检验	检验类型（C，T，B）	（0，0，63）	（0，0，7）	（0，0，18）			（0，0，3）	（0，0，17）	（0，0，38）		（0，0，63）
	统计量	－18.034	－20.675	－14.892			－6.2855	－16.611	－7.1340		－6.2014
	5% 临界值	－2.6016	－2.6016	－2.6016			－2.6016	－2.6016	－2.6016		－2.6016
DF－GLS 检验	检验类型（C，T，L）	（C，T，3）	（C，0，0）	（C，0，0）			（C，0，0）	（C，0，10）	（C，0，0）		（C，0，4）
	统计量	－5.1202	－14.992	－9.7157			－6.2813	－0.2255	－5.8014		－3.4640
	5% 临界值	－3.7282	－2.6016	－2.6016			－2.6016	－2.6085	－2.6016		－2.6041
结论		I（1）	I（1）	I（1）	I（0）	I（0）[a]	I（1）	I（1）	I（0）	I（0）	I（0）

注：DF－GLS 检验的检验类型（C，T，L）指第一阶段回归时用 GLS 估计原序列时是否包括常数项和时间趋势项；[a]表示 10% 显著性水平上的临界值。

率将提高 3%。这意味着，如果中国从完全固定汇率制度转变到完全浮动汇率制度，那么通货膨胀率将上升 2 倍。

货币供给增速（Δm）和产出增长（Δy）的回归系数都与理论预期的符号一致，并且分别在 10% 和 5% 的显著性水平上是显著异于 0 的。就其影响的数量效应来看，货币供给增速每提高 1 个百分点，将导致通货膨胀率上升 0.1 个百分点，而产出上升 1 个百分点则将导致通货膨胀率下降 0.1 个百分点。利率变化（Δi）对通货膨胀率的影响不仅统计上并不显著，而且符号也与理论预期的方向相反。贸易开放度（*open*）对通货膨胀率的影响不仅统计上显著，而且经济上也很显著：贸易开放度每提高 1 个百分点，将导致我国通货膨胀率上升约 0.045 个百分点。

表 5－7　　通货膨胀回归结果

解释变量：人民币汇率制度弹性的当期值							
变量	常数项	*erfi*	Δm	Δy	Δi	*open*	*dum*
系数	－0.124	2.992	0.098	－0.109	－0.051	0.045	14.39
标准误	0.561	1.743	0.054	0.051	0.293	0.019	1.291
p 值	0.829	0.091	0.073	0.037	0864	0.021	0.000
$R^2=0.809$；Adj. $R^2=0.789$；F＝41.56（$p=0.000$）；D－W＝1.961；J－B＝1.836（$p=0.399$）；Q（28）＝28.80（$p=0.423$）							
解释变量：人民币汇率制度弹性的滞后 1 期值							
系数	－0.216	4.427	0.121	－0.128	0.618	0.043	12.76
标准误	0.499	1.808	0.045	0.050	0.295	0.016	1.124
p 值	0.667	0.076	0.009	0.012	0.041	0.011	0.000
$R^2=0.849$；Adj. $R^2=0.833$；F＝54.28（$p=0.000$）；D－W＝2.221；J－B＝0.455（$p=0.796$）；Q（28）＝19.72（$p=0.874$）							

注：1. 所有估计的标准误为 Newey－West HAC standard errors & covariance（lag truncation＝0，基于 AIC 信息准则自动选择最优滞后期）。

2. 一般建议 HAC 截断参数取值为样本量的 1/4 次方，或者为 0.75 乘以样本量的 1/3 次方（陈强，2010），我们根据这个原则选择了最大截断参数值为 3（$=0.75\times 66^{1/3}$），然后基于 AIC 信息准则自动选择最优参数值。另外，HAC 标准误取决于截断参数的大小，我们因此还尝试了 1—2 期滞后，结果表明，结论不受影响。

3. 我们利用 Ramsey RESET 检验对模型设定进行检验，结果显示，当拟合数量从 1 依次选择到 3 时，检验结果都表明模型没有设定偏误。

2. 稳健性检验。

（1）内生性。基准回归中，我们将通货膨胀率对人民币汇率制度弹性的当期值进行回归，这可能导致模型存在反向因果关系的困扰：通货膨胀率的提高可能会导致我国采取更加有弹性的汇率制度。考虑到这种可能存在的内生性影响，我们将人民币汇率制度弹性滞后 1 期进行回归以缓解内生性的影响，结果报告在表 5 – 7 的下半部分。

当将解释变量滞后 1 期进入回归模型后，我们发现模型的拟合能力提高了，调整 R^2 由 0. 789 上升到了 0. 833，并且各个回归系数的统计显著性也提高了。此外，之前回归中利率指标回归系数的符号也出现了逆转且符合理论预期的结果：利率的回归系数由 –0. 109 变为 0. 618，意味着利率提高 1%，将导致通货膨胀率上升 0. 062%。这个影响不仅统计上显著，而且经济上也非常显著。因此引入解释变量的滞后期显著提高了模型的解释能力和性质。在引入滞后 1 期的回归结果中，人民币汇率制度弹性对通货膨胀率的影响更大了：人民币汇率制度弹性每上升 0. 01 个单位，将导致通货膨胀率上升 4. 427%。因此，假设中国从完全固定汇率制度转变到完全浮动汇率制度，那么通货膨胀率将上升 3. 4 倍。

（2）通货膨胀惯性。然而，表 5 – 7 的回归忽略了通货膨胀可能存在的惯性影响，考虑到通货膨胀惯性和价格黏性的影响，我们首先选择最大滞后期 6 期，然后基于 AIC 信息准则选择最优滞后期 4 期，将通货膨胀的滞后 1—4 期引入模型的解释变量中（见表 5 – 8）。

表 5 – 8　　通货膨胀回归结果（引入滞后 1—4 期的通货膨胀）

变量	常数项	*erfi*	Δm	Δy	Δi	*open*	*dum*
系数	–0. 207	2. 452	0. 111	–0. 106	0. 460	0. 035	12. 12
标准误	0. 314	1. 298	0. 038	0. 030	0. 198	0. 010	0. 727
p 值	0. 513	0. 065	0. 049	0. 001	0. 024	0. 001	0. 000
R^2 = 0. 875；Adj. R^2 = 0. 850；F = 35. 62（p = 0. 000）；D – W = 2. 364；J – B = 1. 376（p = 0. 503）							

注：1. 所有估计的标准误为 Newey – West HAC standard errors & covariance（lag truncation = 3，基于 AIC 信息准则自动选择最优滞后期）。

2. 我们利用 Ramsey RESET 检验对模型设定进行检验，结果显示，当拟合数量从 1 依次选择到 3 时，检验结果都表明模型没有设定偏误。

3. 滞后 1—4 期的通货膨胀回归系数分别为 0. 237、–0. 207、0. 270 和 –0. 166，相应的 p 值分别为 0. 002、0. 001、0. 000 和 0. 018。

4. 对残差检验表明，残差序列不存在序列相关（滞后至 28 期）且平稳。

将滞后1—4期的通货膨胀作为控制变量引入模型之后，解释变量（*erfi*）、货币供给增速（Δm）、产出增长（Δy）和贸易开放度（*open*）的回归系数并没有显著变化，但统计显著性都有所提高。此外，原本统计上不显著且回归系数方向与理论预期相反的利率变量（Δi），不仅回归系数由负转正，而且在5%的显著性水平上是统计上显著异于0的。利率变化提高1个百分点，将导致通货膨胀率上升0.46个百分点。

表5-8的结果再次表明，人民币汇率制度弹性对通货膨胀的影响不仅是统计上显著的，而且其经济显著性也很大：人民币汇率制度弹性每提高0.01个单位，将导致通货膨胀率上升2.45%。

三、“言行一致性”与通货膨胀

前面的分析表明，在中国，固定汇率制度也是与较低的通货膨胀率联系在一起的，人民币汇率制度弹性的提高会推高通货膨胀率。本书前面章节的分析还提到，一些经验证据表明，在汇率制度安排上的“言行不一致”，不仅难以获得反通货膨胀的好处，而且还可能会推高通货膨胀（Guisinger和Singer，2010；Ghosh等，2011）。而中国在汇率制度安排上则又常常出现“言行不一致”的现象，因此，我们不禁要问，中国政策当局在汇率制度安排上“违背承诺”或表现出“害怕浮动”的现象是否也会导致通货膨胀的上升呢？

为了考察这个问题，本小节首先扼要讨论并考察中国政策当局在人民币汇率制度安排上的“言行一致性”，并对其作出初步的判断，然后在前面计量分析的基础上，进一步考察“言行一致性”对中国通货膨胀的影响。

（一）人民币汇率制度安排的“言行一致性”

1. 汇率制度分类与“言行一致性”。理论上来说，汇率制度分类有理论分类与实践分类（theoretical and practical classifications）两种。前者指落在完全固定和完全浮动汇率制度之间的各种理论上的汇率制度安排①，后者又细分为名义分类法和事实分类法。名义分类法又称官方分类法（official classification），是以一国政府公开宣称的汇率制度为依据而进行的一种汇率制度划分方法。20世纪90年代以前，各国汇率制度的统计和分类工作一直是由国际货币基金组织（IMF）负责的。IMF根据成员国宣布的汇率制度进行记

① 之所以称之为理论分类，原因在于：一是这种分类法下的任何一种汇率制度在实践中并没有被真正采用过；二是这种分类法中的基本概念是非常抽象的、一般性的（Moosa，2005：90）。

录，定期编制并汇总成员国所宣称的汇率制度。这一分类方法一直为各成员国所沿用，成为20世纪90年代前大部分汇率制度方面的经验研究所采用的数据集（Bubula 和 Ötker – Robe，2002；Levy – Yeyati 和 Sturzenegger，2003、2005、2016；Rogoff 等，2003）。

但是，IMF 的名义分类法存在很大的缺陷[①]：一方面，它没有区分主要的汇率制度安排之间的差异，而这对学术研究来说十分重要（Poirson，2001）；另一方面，这种分类方法无法真正反映一国实际的汇率行为，因为一国政府有可能出现"言行不一致"的现象（Poirson，2001；Bubula 和 Ötker – Robe，2002；Levy – Yeyati 和 Sturzenegger，2003、2005、2016；Rogoff 等，2003；Dubas 等，2010；Bleaney 和 Tian，2014、2017；Ilzetzki 等，2017、2019）。针对这种缺陷，有两种处理方法：一是1999年 IMF 抛弃了固定与浮动"两分法"，对汇率制度安排做了更为详细的分类；二是由经济学家开发的基于实际的汇率行为和/或官方干预的事实分类方法。

由于"言行不一致"，一国公开宣称的汇率制度和实际上所表现出来的汇率制度也就产生了不一致，由此可能导致以下两种基本情况[②]。一是一国名义上宣称实行固定汇率制度，但实际的汇率制度安排却表现为浮动汇率制度，即表5 –9中的情形 B［Bastourre 和 Carrera（2004）与 Carrera 和 Vuletin（2003）称之为"难以钉住"（Inability of pegging）］；二是一国名义上宣称实行浮动汇率制度，但在实践中却频繁干预外汇市场，从而使汇率制度实际上呈现为固定汇率制度，即情形 C［Calvo 和 Reinhart（2002）称之为"害怕浮动"］[③]。

---

① 名义分类法的优点在于：它比较全面，覆盖的国家或经济体范围广，经常更新（每季度更新一次），并且数据的历史时期长（Rogoff 等，2003；Schuler，2005）。

② 如果把汇率制度划分为更多的类型，出现不一致的情形也就更多，但文献对这些情形关注不多。Bastourre 和 Carrera（2004）、Carrera 和 Vuletin（2003）以及 Alesina 和 Wagner（2006）例外。详见附表 A –5 –2 和附表 A –5 –3。

③ 实际上，情形 C 还说明，一国实际的汇率制度表现为事实上的钉住汇率制度（de facto pegging），但是该国名义上并未作出任何的公开承诺，因此汇率制度在名义上来说不是钉住制度（not de jure pegging）。从这个角度出发，Genberg 和 Swoboda（2005）与 Levy – Yeyati 和 Sturzenegger（2005）将这种现象称为"害怕钉住"（fear of pegging）。这实际上是指这些国家害怕名义上宣称实行钉住汇率制度，因此，更准确地说，应该称之为"害怕（宣称）钉住"（Alesina 和 Wagner，2006）。Levy – Yeyati 和 Sturzenegger（2005）发现，这种现象在20世纪90年代后显著地增加了，但亚洲金融危机后，这种现象又大幅度减少了。对"害怕浮动"和"害怕（宣称）钉住"之间的细微差异，Alesina 和 Wagner（2006）做了剖析。

表5－9　难以钉住（违背承诺）与害怕浮动（或害怕钉住）

名义分类法	实际分类法	
	固定汇率制度	浮动汇率制度
固定汇率制度	A	B
浮动汇率制度	C	D

资料来源：Genberg和Swoboda（2005）。

表面上看，情形B和情形C都是“言行不一致”的结果。但情形B表明，一国实际上违反了承诺（Genberg 和 Swoboda，2005）。在名义上宣称实行固定汇率制度时，一国有义务保持本币汇率平价的基本稳定。但是，由于该国没有实践其诺言，造成固定汇率制度被打破，政府因此违背了其承诺，而情形C则并不一定存在违背承诺的问题。这是由于政府宣布实行浮动汇率制度，允许汇率自由浮动，但允许汇率自由浮动并不意味着政府要作出承诺以保持汇率不停地波动（Dubas等，2010；Genberg 和 Swoboda，2005）。况且，浮动汇率制度下，汇率是由市场力量决定的。因此，如果要保持汇率不停地变化，那么除了外汇市场干预之外，别无他法。但是这种干预显然和浮动汇率制度的基本内涵相矛盾。因此，区分这两种情形的关键在于是否违背承诺。

2. 人民币汇率制度安排的“言行一致性”。在前面关于人民币汇率制度弹性测算的基础上，本部分根据我国政府名义上宣称的人民币汇率制度安排（见表5－10）和估计的人民币汇率制度弹性，考察我国在人民币汇率制度安排上的“言行一致性”问题。

表5－10　人民币名义汇率制度和政策目标沿革

时期	汇率政策目标	名义汇率制度
1949—1952年	奖励出口、兼顾进口，照顾侨汇	单一浮动汇率制度
1953—1972年	人民币汇率长期稳定	单一固定汇率制度
1973—1980年	维持人民币币值坚挺；人民币汇率有利于促进对外贸易的发展	单一浮动汇率制度
1981—1984年	扶持和鼓励出口，增加外汇储备	官方汇率与贸易外汇内部结算价并存的双重汇率制度
1985—1993年	平衡国际收支	官方汇率与外汇调剂价格并存的双重汇率制度
1994—2005年	维持汇率稳定	以市场供求为基础的、单一的、有管理的浮动汇率制度

续表

时期	汇率政策目标	名义汇率制度
2005 年至今	保持人民币汇率在合理、均衡水平上的基本稳定，促进国际收支基本平衡，维护宏观经济和金融市场的稳定	以市场供求为基础、参考一篮子货币进行调节、有管理的浮动汇率制度

注：1. 1949—1952 年期间名义汇率制度类型和汇率政策目标来自吴念鲁和陈全庚（2002），其余时期的数据均来自中国人民银行办公厅（2005）。

2. 尽管 2005 年 7 月 21 日的汇率形成机制改革以来，我国陆续出台了诸多措施进一步完善人民币汇率制度（见表 1 - 1 和表 1 - 2），但是，自 2005 年以来，关于我国汇率制度的官方表述并没有改变。

（1）人民币汇率制度“言行一致性”现象的初步描述。根据表 5 - 10 和图 5 - 6 可知：第一，1951—1952 年，我国名义上实行的是单一浮动汇率制度，但是，测算的人民币汇率制度弹性分别为 0.207 和 0.075，远远低于浮动汇率制度的数值 1。这说明 1951—1952 年，我国在汇率制度安排上其实是“言行不一致”的。

第二，1953—1972 年我国名义上宣称实行钉住英镑的汇率制度①，测算得到的人民币汇率制度弹性也基本为 0，因此，在这个时期，我国在人民币汇率制度安排上是完全“言行一致”的②。

第三，1973—1980 年，我国名义上实行的是单一浮动汇率制度，但测算的人民币汇率制度弹性基本接近于 0（弹性最高的年份是 1973 年，为 0.104），因此，该时期人民币汇率制度表现出了“言行不一致”现象。

第四，1981—1993 年，我国名义上实行的都是双重汇率制度，我们难以将双重汇率制度归入固定汇率制度，也不能将之视为浮动汇率制度或是中间汇率制度，因此，我们难以判断这个时期人民币汇率制度安排的“言行一致性”情况。

第五，1994—2005 年，我国名义上宣称实行有管理的浮动汇率制度，但是，除了 1994 年因人民币汇率并轨改革导致该年汇率制度弹性相对较高之外（该年弹性值为 0.257），其余年份人民币汇率制度弹性基本上接近于 0（最高值没有超过 0.07）。尤其是 1997—1998 年亚洲金融危机之后，人民币汇率制

① 这期间国际上恰好是黄金美元本位时期，因此，人民币钉住英镑和钉住美元并没有本质的区别（许少强和朱真丽，2002）。

② 但应注意的是，1971 年人民币汇率制度弹性达到了 0.578，已经远远高于固定汇率制度的理论值 0，因此，该年人民币汇率制度其实是表现出“言行不一致性”的。

度弹性基本接近于0，这导致我国名义上宣称的有管理的浮动汇率制度逐渐蜕变为事实上的单一的钉住美元的固定汇率制度。因此，这个时期我国在人民币汇率制度安排上是“言行不一致”的，表现出了“害怕浮动”的特征。

第六，2005—2018年，我国名义上宣称的是实行“以市场供求为基础、参考一篮子货币进行调节、有管理的浮动汇率制度”，但是该时期人民币汇率制度弹性的平均值仅为0.226，距离有管理的浮动汇率制度仍然存在很大的差距，因此，总体而言，该时期中国仍然表现出一定的“害怕浮动”的特征。

（2）人民币汇率制度“言行一致性”现象的进一步讨论。根据估计的人民币汇率制度弹性指数和我国宣称的汇率制度类型，我们对1951—2018年中国在人民币汇率政策安排上的“言行一致性”问题进行更细致的考察，具体方法如下。

首先，根据1999年IMF新的汇率制度分类方法①，将第1—2类，即无独立法偿货币的制度安排和货币局制度归入固定汇率制度，并将此类制度安排赋值为0；第3—6类归入中间汇率制度，赋值为（0，1）；第7—8类管理浮动和独立浮动汇率制度归入浮动汇率制度，赋值为1。

其次，将表5-10所列示的历年人民币名义上的汇率制度安排（主要包括单一固定汇率制度、单一浮动汇率制度、双重汇率制度和有管理的浮动汇率制度）分别归入IMF（1999）新分类法下的三类汇率制度，即将单一固定汇率制度归入固定汇率制度，将有管理的浮动汇率制度和单一浮动汇率制度归入浮动汇率制度，而对于人民币双重汇率制度，我们难以确定其性质，因此归入“难以判断”（inconclusive）一类。

最后，根据估计的人民币汇率制度弹性指数数值和上面的划分标准来判断中国在人民币汇率制度安排上的“言行一致性”。具体划分和判断过程中有两点值得指出：一是1971年名义上的汇率制度为单一固定汇率制度，但测算的汇率制度弹性为0.578，我们认为，这个数值已经远离固定汇率制度弹性的理论值0了，因此将之归入情形B，即“难以钉住”；二是1981—1993年实行的是双重汇率制度，因此，不论该时期中每一年具体的汇率制度弹性数值大小，我们均将之视为“难以判断”；三是整个样本期内，如果我国名义上实行的是管理浮动汇率制度或单一浮动汇率制度，那么，只要测算的汇率制度弹性指数低于1，我们就将之归入“害怕浮动”情形，即C。具体划分结果如附表A-5-4所示。

① 关于该分类方法及每一种汇率制度内涵，请参见刘晓辉（2008）第二章。

表5－11报告了不同情形下通货膨胀和货币供给增速的均值及标准差。表5－11中的“言行一致”情形对应于表5－9中的情形A，对应中国1953—1970年和1972年，而违背承诺的情形B仅有1年，即1971年。1981—1993年这13年双重汇率制度时期被归入难以判断的情形，剩余年份都表现出了“害怕浮动”的现象。表5－11还表明，过去66年中（1953—2018年），中国在人民币汇率制度安排上保持“言行一致”的年份为19年（情形A），占28.8%，表现“害怕浮动”的年份为33年，占50%，这是中国过去66年中在汇率制度安排上所表现出来的一种主要现象。

表5－11　“言行一致性”与通货膨胀：描述统计

言行一致性	观测值	通货膨胀均值	通胀标准差	M_2 增速均值	M_2 增速标准差
言行一致	19	1.032	4.401	11.298	13.699
言行不一致					
违背承诺	1	－0.100		9.799	
害怕浮动	33	3.215	5.099	16.06	7.375
难以判断	13	7.438	6.055	25.69	9.021

资料来源：作者估算。

（二）经验事实

中国在人民币汇率制度安排上表现出来的“言行一致性”和“害怕浮动”时期中的通货膨胀表现如何呢？表5－11的统计描述表明：

首先，“违背承诺”的1个历史时期（1971年），中国的通货膨胀是最低的。但考虑到当时中国的计划经济和价格控制现实，这种现象并不令人费解。

其次，“难以判断”时期的通货膨胀不仅是最高的，而且波动性也是最高的，仅次于“言行一致”的时期。

再次，相对于“言行一致”和“难以判断”两个时期而言，中国在“害怕浮动”的时期保持了既适度又较为稳定的通货膨胀表现。

最后，表5－11还表明，如果不考虑1971年（“违背承诺”），那么“言行一致”时期不仅通货膨胀是最低的，而且其波动也是最低的。与之紧密联系的是，“言行一致”时期的货币供给增速也是最低的（但波动性却是最高的）。中国“言行一致”时期主要对应的是实行单一固定汇率制度的1953—1970年和1972年，该时期政府实际上也兑现了其承诺，因此这个时期中国货币政策纪律得到了维持，货币供给增长率较低，这带来了该时期较低的通货膨胀表现。这种通货膨胀表现因此可以归因于钉住汇率制度的名义锚作用①。

而“害怕浮动”时期，政府虽然名义上宣称是有管理的浮动汇率制度，但是，人民币事实上的汇率制度仍然缺乏弹性，基本蜕变为事实上的固定汇率制度。这种制度也为中国货币政策提供了隐性的名义锚，从而带来了适度的通货膨胀表现。下面，我们在前面计量模型基础上，进一步检验这些推测。

（三）进一步的经验证据

我们首先将“言行一致”时期作为基准，设置虚拟变量分别表示“违背承诺”情形、“难以判断”情形和“害怕浮动”情形，然后在模型（5－7）中引入这些虚拟变量进行回归，表5－12报告了回归结果。

表5－12　　“言行一致性”与通货膨胀：回归结果

模型	静态模型			动态模型		
变量	*fof*	*bp*	*inc*	*fof*	*bp*	*inc*
系数	0.993	0.110	2.712	0.875	0.160	2.047
标准误	0.868	0.499	1.035	0.531	0.194	0.745
p 值	0.257	0.827	0.011	0.106	0.414	0.008
	R^2 =0.822；Adj. R^2 =0.850； F=32.81（p=0.000）； D－W=2.013；J－B=3.548（p=0.170）			R^2 =0.878；Adj. R^2 =0.848； F=29.47（p=0.000）； D－W=2.313；J－B=2.323（p=0.313）		

注：1. 静态模型和动态模型估计的标准误均为Newey－West HAC standard errors & covariance。对于静态模型，选择最大滞后期3期，然后基于AIC信息准则选择最优滞后期0期（lag truncation＝0）；动态模型首先选择最大滞后期3期，然后基于AIC信息准则选择最优滞后期3期（lag truncation＝3）。

2. 我们利用Ramsey RESET检验对模型设定进行检验，结果显示，当拟合数量从1依次选择到3时，检验结果都表明模型没有设定偏误。

3. 对残差检验表明，残差序列不存在序列相关（滞后至28期），且是平稳过程。

4. 表中静态模型对应表5－7的回归结果，动态模型对应表5－8的回归结果。但在本表的两个回归模型中我们都剔除了汇率制度弹性，因为三个虚拟变量已经包括了人民币汇率制度弹性的信息。

5. 本表只报告了“害怕浮动”（*fof*）、“违背承诺”（*bp*）及“难以判断”（*inc*）的回归结果，其余各个控制变量和常数项回归结果没有列出。各控制变量回归结果（统计显著性及回归系数大小）与表5－7和表5－8相比，没有出现显著变化。

由于静态模型忽略了通货膨胀的惯性特征，因此我们认为动态模型可能更

① 但是，名义上和实际上的钉住汇率制度在为中国带来严格货币政策纪律的同时，也导致中国丧失了运用货币政策促进产出扩张的能力，这是导致“言行一致”时期中国实际产出扩张缓慢的一个重要原因（见本章第三节的分析和讨论）。

贴近现实的通货膨胀形成机制，因此，我们这里的分析仅以动态模型的回归结果为依据。由表5－12可见：首先，与“言行一致”时期相比，“害怕浮动”情形的回归系数在10%的显著性水平上是显著异于0的，相比“言行一致”的固定汇率制度情形，“害怕浮动”时期的通货膨胀率约高出0.88个百分点。其次，“违背承诺”时期约比“言行一致”时期的通货膨胀率高出0.16个百分点，而“难以判断”时期的通货膨胀率则比“言行一致”时期高出约2.05个百分点，然而“违背承诺”情形的回归系数在统计上并不显著异于0。

综合上述分析，我们认为，相比于“言行一致”的固定汇率制度时期，“害怕浮动”时期的通货膨胀率更高，这很可能来自“害怕浮动”时期相对较为宽松的货币政策纪律，或者说“言行一致”之所以能够保持最低的通货膨胀表现，可能的原因即来自固定汇率制度所赋予的货币政策的名义锚效应和公信力效应，因为，在这个时期，中国不仅名义上宣称了固定汇率制度，而且事实上也维持了固定汇率制度的政策承诺。这与Guisinger和Singer（2010）及Ghosh等（2011）的结论是基本吻合的。但应该指出的是，“言行一致”时期中国实行的是计划经济体制，此时期较低的通货膨胀表现还可能源自计划经济体制下的物价管制因素，因此我们的计量回归结果可能高估了固定汇率制度的名义锚效应和公信力效应对中国“言行一致”时期通货膨胀率的积极影响。

四、结论

本节在已有研究基础上，经验地估计了1953—2018年人民币汇率制度弹性指数，在此基础上，本节考察了人民币汇率制度弹性对通货膨胀的影响，并进一步考察了中国在人民币汇率制度安排上的“言行一致性”问题及其对通货膨胀的影响。研究发现，首先，人民币汇率制度弹性的提高推动了中国通货膨胀不断上升；其次，“言行一致”的固定汇率制度时期赋予了中国最低的通货膨胀表现，这表明，“言行一致”的固定汇率制度可能通过货币政策名义锚和公信力效应带来了较低的通货膨胀表现。

值得指出的是，本节的研究没有考虑到制度断点的影响和可能存在的内生性的影响，限于数据，只能留待以后研究了。

第三节　人民币汇率制度弹性与经济增长

本节承袭上一节的研究思路和方法，利用上一节测算的1953—2018年人民币汇率制度弹性，经验地考察了人民币汇率制度弹性对经济增长的影响。本节安排如下：首先，考察人民币汇率制度弹性对经济增长的影响；其次，进一步考察“言行一致性”对产出增长的影响；最后是结论和展望。

一、人民币汇率制度弹性与经济增长

（一）描述统计

为了考察汇率制度弹性对中国产出增长的影响，我们在 Ghosh 等（1996，1997）基础上，估计如下计量模型：

$$\Delta y_t = \beta_0 + \beta_1 erfi_t + \beta_2 \pi_t + \beta_3 gov_t + \beta_4 inv_t + \beta_5 trade_t + \beta_6 pop_t + \varepsilon_t \tag{5-8}$$

其中，产出增速（Δy_t）、人民币汇率制度弹性（$erfi_t$）和通货膨胀率（π_t）的定义及测算同第二节。gov_t表示政府开支的增长速度，用政府财政开支的环比增速表示；inv_t表示投资率，等于固定资产投资/GDP；$trade_t$表示对外贸易增长速度，以进出口总额的增速表示；pop_t表示人口自然增长率①。理论上来说，我们预期除了$\beta_2 < 0$之外，其余变量对产出增长的影响均为正。

表 5－13 报告了各个变量的描述统计和相关系数矩阵②。由表 5－13 可见，过去 66 年中，中国年均实际经济增速为 8.31%，但部分时期产出增长波动比较剧烈，产出增速最低时达到了负增长 27.8%，最高时为 23.85%。

表 5－13　　产出增长回归的描述统计

变量	Δy	$erfi$	π	gov	inv	$trade$	pop
均值	8.3076	0.1118	3.3682	12.360	35.759	15.085	13.559
中值	8.6295	0.0315	2.0000	13.900	36.102	14.016	12.060
最小值	－27.800	0.0000	－5.9000	－44.700	15.324	－29.361	－4.5700
最大值	23.847	0.6990	24.100	47.000	47.819	80.835	33.500
标准差	7.6058	0.1669	5.4808	13.734	7.5793	18.895	8.1499
相关系数矩阵							
Δy	1.0000						
$erfi$	0.1326	1.0000					
π	－0.2662**	0.1422	1.0000				

① 数据来源：国家统计局网站，2018 年财政支出数据来自财政部网站。

② 人口增长速度（pop）与投资率（inv）相关性较高，但这并不影响我们的分析，因为我们关心的是解释变量人民币汇率制度弹性（$erfi$）对产出增长的影响，这二者之间的高相关程度并不影响解释变量参数估计的有效性和一致性（Wooldridge，2009：98）。

续表

变量	Δy	*erfi*	π	*gov*	*inv*	*trade*	*pop*
相关系数矩阵							
gov	0.7804 ***	0.0566	-0.0934	1.0000			
inv	0.2807 **	0.4245 ***	0.2431 **	0.3652 ***	1.0000		
trade	0.4988 ***	0.1686	0.2702 **	0.3266 **	0.2249 *	1.0000	
pop	0.0411	-0.2375 **	-0.2377 **	-0.1272	-0.7931 ***	-0.013	1.0000

注：*、**、***分别表示10%、5%和1%的显著性水平。

图5-8给出了人民币汇率制度弹性与经济增长、通货膨胀率与经济增长的散点图。一方面，随着人民币汇率制度弹性的提高，中国的经济增长速度也在提高。这可能说明，随着汇率制度弹性的提高，货币政策所受到的约束下降，中央银行可以利用相机抉择的货币政策刺激短期的产出增长。另一方面，中国的经济增长和通货膨胀之间存在负相关的关系，满足产出与通货膨胀之间的理论权衡关系。

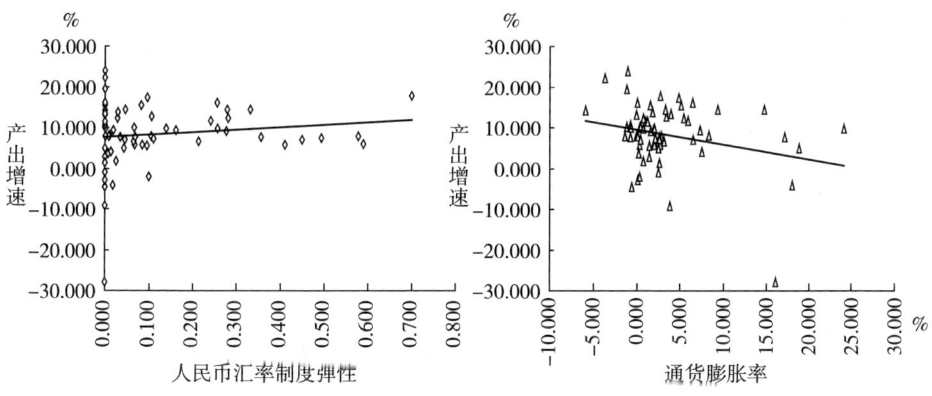

图5-8　人民币汇率制度弹性、通货膨胀率与经济增长（1953—2018年）

（二）回归结果分析

为了进一步理解人民币汇率制度弹性对中国产出增长的影响以及中国产出增长的影响因素，我们估计了模型（5-8）。在回归之前，我们首先对各变量进行了单位根检验（见表5-6）。结果表明，除了通货膨胀率（π）、人民币汇率制度弹性（*erfi*）和政府支出增长（*gov*）含有单位根之外，包括产出增长（Δy）、投资率（*inv*）、贸易增速（*trade*）和人口增长率（*pop*）在内的其余时间序列均为平稳过程。

根据单位根检验结果①，我们估计了实际产出增长的回归模型，回归结果见表 5-14。表 5-14 上半部分的回归结果表明，除了人民币汇率制度弹性的回归系数外，所有控制变量对产出增长的影响在 5% 的显著性水平上都是统计上显著的。具体来说，在其他条件不变的情况下，人民币汇率制度弹性每增加 0.01，将导致中国实际产出增速提高 1.84%，然而，这一影响在统计上并不显著：通货膨胀率与产出增长之间存在短期的权衡关系，通货膨胀率的上升不利于产出增长，通胀率每提高 1 个百分点将导致产出增速下跌 0.423 个百分点；政府开支增长每提高 1 个百分点将导致产出增速提高 0.323 个百分点；投资、贸易开放度和人口增长率每提高 1 个百分点将分别导致产出增长速度提高 0.27 个、0.13 个和 0.25 个百分点。

表 5-14　　产出增长回归结果

变量	常数项	*erfi*	π	*gov*	*inv*	*trade*	*pop*
解释变量：人民币汇率制度弹性当期值							
系数	-9.226	1.839	-0.423	0.323	0.265	0.128	0.248
标准误	1.749	2.210	0.091	0.051	0.102	0.031	0.091
p 值	0.000	0.409	0.000	0.000	0.012	0.000	0.009
$R^2=0.783$；Adj. $R^2=0.761$；F=35.43（$p=0.000$）；D-W=1.609；J-B=0.073（$p=0.964$）；Q（28）=14.06（$p=0.987$）							
解释变量：人民币汇率制度弹性滞后 1 期值							
系数	-11.541	-0.824	-0.429	0.308	0.331	0.130	0.274
标准误	4.517	2.914	0.101	0.051	0.113	0.030	0.089
p 值	0.013	0.778	0.000	0.000	0.005	0.000	0.003
$R^2=0.781$；Adj. $R^2=0.758$；F=34.48（$p=0.000$）；D-W=1.530；J-B=0.208（$p=0.901$）；Q（28）=12.17（$p=0.996$）							

注：1. 所有估计的标准误为 Newey-West HAC standard errors & covariance（lag truncation=0，基于 AIC 信息准则自动选择最优滞后期，最大滞后期为 3，见本章第二节说明）。

2. 我们利用 Ramsey RESET 检验对模型设定进行检验，结果显示，当拟合数量从 1 依次选择到 3 时，检验结果都表明模型没有设定偏误。

为了避免可能存在的反向因果关系所导致的内生性问题，我们将人民币汇

① 我们对回归中的解释变量、被解释变量和控制变量进行了协整检验，结果表明，这些变量之间存在长期协整关系。协整检验的结果表明，在 5% 的显著性水平上，这些变量之间至少存在 1 个协整关系（参见附表 A-5-1）。

率制度弹性滞后 1 期引入回归模型。表 5－14 的下半部分报告了回归结果。我们发现，在考虑了可能存在的内生性问题后，人民币汇率制度弹性的回归系数由正变负，但统计上仍不显著。同时，其他所有变量回归系数不仅符号没有发生变化，而且部分回归系数的统计显著性有了提高：在 1% 的显著性水平上，除了人民币汇率制度弹性的回归系数外，其他所有回归系数都是统计上显著的，且都符合理论预期。

综合上述分析，我们认为，现有经验证据并不支持人民币汇率制度弹性对产出增长有显著影响的结论，长期中，人民币汇率制度也体现出汇率制度中性的特征。我们下面进一步分析政策当局的“言行一致性”对产出增长的影响。

二、“言行一致性”与经济增长

（一）描述统计

我们进一步考察政策当局在汇率制度安排上的“言行一致性”对产出增长的影响。遵循第二节的思路和做法，我们首先考察不同情形下的产出增长情况，然后将“言行一致”时期作为基准，设置虚拟变量分别表示“违背承诺”情形、“难以判断”情形和“害怕浮动”情形，最后在模型（5－8）中引入这些虚拟变量进行回归。

表 5－15 表明，中国产出增长最快的时期仍然是名义上宣称实行固定汇率制度且事实上的汇率制度也表现为固定汇率制度的“言行一致”时期，这与理论预测似乎是相悖的（见第二章第二节的文献回顾）。“难以判断”时期（1981—1993 年）的产出增速仅次于“言行一致”时期，再次之则是“害怕浮动”时期（1994—2018 年），而“违背承诺”时期的产出增速是最低的。我们下面在模型（5－8）中引入代表“言行一致”、“难以判断”、“害怕浮动”和“违背承诺”情形的虚拟变量，利用计量经济方法进一步考察人民币汇率制度的“言行一致性”对中国产出增长的影响①。

表 5－15　“言行一致性”与产出增长：描述统计

言行一致性	观测值	产出增长均值	产出增长标准差
言行一致	19	12.42	6.554

① 与本章第二节的虚拟变量设置方法相同，我们将“言行一致”时期作为基准，设置 3 个取值 0～1 的虚拟变量分别表示“违背承诺”情形（*bp*）、“难以判断”情形（*inc*）和“害怕浮动”情形（*fof*）。

续表

言行一致性		观测值	产出增长均值	产出增长标准差
言行不一致	违背承诺	1	7.881	
	害怕浮动	33	8.944	3.880
难以判断		13	9.289	5.898

资料来源：作者估算。

（二）回归结果分析

表5－16报告了回归结果。实证检验结果与之前的描述统计结论是相悖的：虽然相比“言行一致”的情形来说，“害怕浮动”情形下的产出增长速度要高出0.74个百分点，但这个影响统计上并不显著；而相比“言行一致”的情形来说，“违背承诺”确实会受到惩罚。该情形下的产出增速的回归系数不仅统计上显著为负，而且其数量效应也很大：平均来说，“违背承诺”的情形下产出增速比“言行一致”的情形低2.4个百分点。“难以判断”情形的回归结果表明，相比“言行一致”的情况来说，该情形下的产出增速要高出2.15个百分点，并且在统计上是显著的。可能的原因在于“难以判断”的情形都发生在我国实行双重汇率制度的时期，人为低估的贸易结算汇率可能促进了中国对外贸易的增长，进一步提高了产出增长的速度。

表5－16　“言行一致性”与产出增长：回归结果

变量	π	*gov*	*inv*	*trade*	*pop*	*fof*	*bp*	*inc*
系数	－0.456	0.329	0.262	0.116	0.264	0.742	－2.391	2.146
标准误	0.082	0.029	0.112	0.017	0.125	1.934	0.940	1.314
p值	0.000	0.000	0.023	0.000	0.040	0.703	0.014	0.108
$R^2=0.790$；Adj. $R^2=0.760$；F＝26.79（$p=0.000$）；D－W＝1.626；J－B＝0.039（$p=0.981$）								

注：1. 所有估计的标准误为Newey－West HAC standard errors & covariance（lag truncation＝3，基于AIC信息准则自动选择最优滞后期）。

2. 我们利用Ramsey RESET检验对模型设定进行检验，结果显示，当拟合数量从1依次选择到3时，检验结果都表明模型没有设定偏误。

3. 对残差检验表明，残差序列不存在序列相关（滞后至28期），且平稳。

三、结论和展望

沿袭本章第二节的研究思路和方法，本节考察了人民币汇率制度弹性对中国产出增长的影响，并进一步考察了政策当局在汇率制度安排上的“言行一致性”行为对中国经济增长所带来的影响。研究发现，一方面，人民币汇率制度弹性的提高对中国经济增长并没有产生显著的促进或抑制作用；另一方面，政策当局在人民币汇率制度安排上是否“言行一致”可能会显著影响经济增长。名义上宣称浮动汇率制度但却在事后保持汇率的基本稳定，并不显著影响经济增长，但如果违背了事先的固定汇率制度的承诺，则可能对经济增长带来非常不利的负面影响。因此，本节研究的初步结论是，在汇率制度安排上，政策当局最好不要出尔反尔。

附表 A-5-1　　通货膨胀与产出增长回归的协整检验

通货膨胀回归的协整检验					
数据趋势	无	无	线性	线性	二次
检验类型	无截距、无趋势	含截距、无趋势	含截距、无趋势	含截距和趋势	含截距和趋势
迹统计量	3	3	3	3	4
最大特征根	3	3	3	3	3
产出增长回归的协整检验					
迹统计量	2	1	2	1	2
最大特征根	1	1	1	1	1

注：显著性水平为5%；协整检验的滞后期均为VAR模型的最优滞后期（2）减1。

附表 A-5-2　　汇率制度的"言行一致性"

事实汇率制度	名义汇率制度		
	固定	中间	浮动
固定	A^1	C^1	C
中间	B^1	A	C^2
浮动	B	B^2	A^2

附表 A－5－3　　汇率制度的“言行一致性”（术语表）

汇率制度情形	Alesina 和 Wagner（2006）；Von Hagen 和 Zhou（2006）	Bersch 和 Klüh（2008）	Carmignani 等（2008）	Calvo 和 Reinhart（2000，2002）；Minne（2013）	Méon 和 Minne（2014）
A		言行一致（consistency）	言行一致（kept promise）		透明的固定汇率制度（transparent fixers）
A^1					透明的浮动汇率制度（transparent floaters）
A^2					
B、B^1、B^2	害怕钉住（fear of pegging）；违背承诺（broken promise）	比事先宣称的汇率制度干预更少（Intervene less than announced，ILA）			
B			违背固定承诺（broken fix）	害怕钉住（fear of pegging）	隐藏浮动（dissimulating floaters）
B^1					
B^2			违背承诺（broken promise）	害怕钉住（fear of pegging）	隐藏浮动（dissimulating floaters）
C、C^1、C^2	害怕浮动（fear of floating）	比事先宣称的汇率制度干预更多（Intervene more than announced，IMA）			
C、C^2			违背浮动承诺（broken flex）	害怕浮动（fear of floating）	隐藏固定（dissimulating fixers）
C					
C^1			违背承诺（broken promise）		
C^2					
B、C				害怕宣称（fear of declaring）	

资料来源：Calvo 和 Reinhart（2000，2002）；Alesina 和 Wagner（2006）；Von Hagen 和 Zhou（2006）；Bersch 和 Klüh（2008）；Carmignani 等（2008）；Minne（2013）；Méon 和 Minne（2014）。

注：表中 A、A^1、A^2、B、B^1、B^2、C、C^1 和 C^2 所对应的汇率制度情形见附表 A－5－2。

附表 A－5－4　　人民币汇率制度“言行一致性”划分

年份	erfi	名义汇率制度	言行一致性	年份	erfi	名义汇率制度	言行一致性
1951	0.207	单一浮动汇率制度	C	1985	0.279	双重汇率制度	I
1952	0.075	单一浮动汇率制度	C	1986	0.448	双重汇率制度	I
1953	0.000	单一固定汇率制度	A	1987	0.160	双重汇率制度	I
1954	0.000	单一固定汇率制度	A	1988	0.000	双重汇率制度	I
1955	0.067	单一固定汇率制度	A	1989	0.018	双重汇率制度	I
1956	0.000	单一固定汇率制度	A	1990	0.213	双重汇率制度	I
1957	0.000	单一固定汇率制度	A	1991	0.106	双重汇率制度	I
1958	0.000	单一固定汇率制度	A	1992	0.256	双重汇率制度	I
1959	0.000	单一固定汇率制度	A	1993	0.332	双重汇率制度	I
1960	0.000	单一固定汇率制度	A	1994	0.257	管理浮动汇率制度	C
1961	0.000	单一固定汇率制度	A	1995	0.068	管理浮动汇率制度	C
1962	0.000	单一固定汇率制度	A	1996	0.010	管理浮动汇率制度	C
1963	0.000	单一固定汇率制度	A	1997	0.009	管理浮动汇率制度	C
1964	0.000	单一固定汇率制度	A	1998	0.034	管理浮动汇率制度	C
1965	0.000	单一固定汇率制度	A	1999	0.001	管理浮动汇率制度	C
1966	0.000	单一固定汇率制度	A	2000	0.000	管理浮动汇率制度	C
1967	0.000	单一固定汇率制度	A	2001	0.001	管理浮动汇率制度	C
1968	0.000	单一固定汇率制度	A	2002	0.000	管理浮动汇率制度	C
1969	0.000	单一固定汇率制度	A	2003	0.000	管理浮动汇率制度	C
1970	0.000	单一固定汇率制度	A	2004	0.000	管理浮动汇率制度	C
1971	0.578	单一固定汇率制度	B	2005	0.029	管理浮动汇率制度	C
1972	0.007	单一固定汇率制度	A	2006	0.082	管理浮动汇率制度	C
1973	0.104	单一浮动汇率制度	C	2007	0.096	管理浮动汇率制度	C
1974	0.025	单一浮动汇率制度	C	2008	0.241	管理浮动汇率制度	C
1975	0.046	单一浮动汇率制度	C	2009	0.066	管理浮动汇率制度	C
1976	0.099	单一浮动汇率制度	C	2010	0.046	管理浮动汇率制度	C
1977	0.084	单一浮动汇率制度	C	2011	0.281	管理浮动汇率制度	C
1978	0.028	单一浮动汇率制度	C	2012	0.356	管理浮动汇率制度	C
1979	0.019	单一浮动汇率制度	C	2013	0.109	管理浮动汇率制度	C
1980	0.014	单一浮动汇率制度	C	2014	0.589	管理浮动汇率制度	C
1981	0.043	双重汇率制度	I	2015	0.095	管理浮动汇率制度	C
1982	0.065	双重汇率制度	I	2016	0.409	管理浮动汇率制度	C
1983	0.138	双重汇率制度	I	2017	0.277	管理浮动汇率制度	C
1984	0.699	双重汇率制度	I	2018	0.492	管理浮动汇率制度	C

注：A 表示名义上固定、事实上固定（弹性指数接近 0）；B 表示名义固定、事实非固定（弹性指数远高于 0）；C 表示名义上管理浮动汇率制度或单一浮动汇率制度（弹性指数低于 1）；I 表示双重汇率制度时期（不论弹性数值大小）。

第六章　完善人民币汇率制度的政策建议

本章在总结本书主要内容和研究结论的基础上，对未来的人民币汇率制度改革提出了政策建议。

一、研究结论

本书主要的研究结论如下。

（一）人民币汇率制度弹性不断提高，汇率形成机制更加弹性化

根据对利用直接法和基于 EMP 测度法估计得到的 7 个人民币汇率制度弹性指数序列的分析，我们发现，2000 年 12 月至 2018 年 12 月，人民币汇率制度弹性经历了“三升”、“两降”、“三固定”和一段高位运行的时期。虽然过程充满曲折和反复，但 2005 年 7 月“汇改”以来，尤其是 2015 年“8·11 汇改”以后，人民币汇率制度弹性化趋势逐渐明晰却也是不争的事实（见图 3 -1至图 3 -3）。我们利用拓展的 HP 法对 1951—2018 年人民币汇率制度弹性的估计也表明（见图5 -6），2005 年之后，人民币汇率制度弹性指数总体呈上升趋势，人民币汇率形成机制更加弹性化。我们因此得出第一个重要结论：人民币汇率制度弹性不断提高，汇率形成机制更加弹性化。

（二）人民币汇率制度弹性表现出了高区制依赖性特征

我们利用 Markov 区制转换模型对 7 个人民币汇率制度弹性指数的考察表明，样本期内，人民币汇率制度弹性存在显著的高区制和低区制：处于高区制的概率高于处于低区制的概率，高区制的平均持续期也显著高于低区制的平均持续期。人民币汇率制度弹性还表现出了高度的区制依赖性特征：人民币汇率制度弹性处于同一区制的概率超过了 91%。

（三）政治因素对人民币汇率制度弹性存在显著的推动作用

第四章在引入经济影响因素的基础上，着重考察了来自美国的要求人民币升值或更有弹性化的外部政治压力和国内利益群体因素对人民币汇率制度弹性的影响，研究发现，来自外部的政治压力和国内利益群体都显著提高了人民币汇率制度弹性。这是我们在研究人民币汇率政策制定过程中应该引起重视的因素。

（四）人民币汇率制度弹性的提高并不能提高货币政策的独立性

我们的研究发现（第五章第一节），在给定资本流动的前提下，人民币汇率制度弹性的提高并不能促进中国货币政策独立性的上升。这与开放经济"三元悖论"的经典论述是相悖的。

（五）人民币汇率制度弹性的提高推高了通货膨胀

在人民币汇率制度弹性对通货膨胀的影响方面，不论是利用月度数据的研究（2000.12—2018.12），还是年度数据的研究（1953—2018 年）都表明，长期中人民币汇率制度弹性的提高导致了通货膨胀的上升。进一步的研究还发现，"言行一致"的固定汇率制度时期赋予了中国最低的通货膨胀表现，而不论是"害怕浮动"（汇率制度名义上浮动但事实上缺乏弹性）或是"违背承诺"（名义上固定事实上不固定）等情形都会带来较高的通货膨胀表现。

（六）人民币汇率制度弹性对经济增长的影响尚不明确

来自月度数据（2000.12—2018.12）和用年度数据（1953—2018 年）的经验证据都表明，人民币汇率制度弹性并不显著影响我国的经济增长，人民币汇率制度因此表现出汇率制度中性的特征。但是，应该引起政策制定者重视的一条经验证据是，"违背承诺"的情形下产出增速比"言行一致"的情形低了 2.4 个百分点[①]。结合"违背承诺"对通货膨胀影响的经验证据，我们认为，在汇率制度安排上"出尔反尔"会导致不利的经济影响——通货膨胀的上升和产出的衰退。

二、完善人民币汇率制度的政策建议

根据本书的研究结论，我们认为，在政策层面提出以下建议或许是比较合理的。

（一）推进人民币汇率市场化进程中应重视和妥善应对利益群体的影响

公共政策是利益群体竞争的产物。人民币汇率制度弹性的变化不仅受到国内利益群体压力的影响，而且也受到来自国外利益群体压力的影响。对于国内利益群体压力，我们认为应该进一步考察不同利益群体在人民币汇率政策上的具体诉求，考察人民币汇率变化对这些不同利益群体的影响，从而在汇率政策制定中能够兼顾不同利益群体的利益诉求；对于来自外部的政治压力的影响，

① 我们应注意到，在我们的研究中，"违背承诺"指的是名义上宣称固定汇率制度，但事实上汇率制度并没有固定，"言行一致"的情形指的是名义和事实上的汇率制度都是固定汇率制度的情形。

我们认为应弱化这种影响，妥善处理中美因贸易摩擦引起的对人民币汇率制度弹性的影响，削弱这种压力对人民币汇率制度弹性的影响，以利于政策制定者更好地推进和完善人民币汇率形成机制改革。

（二）尽早为货币政策选择新的名义锚

人民币汇率制度弹性和汇率形成机制市场化程度的增强并没有提高中国货币政策的独立性，这意味着“三元悖论”在中国的情景下是不成立的。可能的重要原因之一是，我国1994年以来货币政策操作中所隐含的货币政策名义锚——汇率锚仍然在发挥作用。因此，在进一步完善人民币汇率制度的过程中，我国应尽早加强对未来货币政策名义锚问题的研究，并围绕新的货币政策名义锚，重新构思和设计我国的货币政策框架。这个方面的工作越早进行，受益越大。

（三）稳步推进人民币汇率形成机制市场化改革

部分的经验证据表明，人民币汇率制度弹性的提高会导致经济增长速度的持续下跌，同时也会促进通货膨胀的上升。而近年来随着供给侧结构性改革的推进，中国经济正从粗放式高增长模式向高质量增长模式转型。在此过程中，如果加快推进人民币汇率形成机制的市场化进程，不仅会导致通货膨胀的迅速上升，也可能在客观上对产出增长带来不利的影响。这是不利于“稳通胀、保增长”目标的实现的，这也因此凸显了稳步推进人民币汇率形成机制市场化改革的必要性和现实意义。

参考文献

［1］白钦先，张志文．人民币汇率变动对 CPI 通胀的传递效应研究［J］．国际金融研究，2011（12）．

［2］卜永祥．中国外汇市场压力和官方干预的测度［J］．金融研究，2009（1）．

［3］曾先锋．估算汇率弹性的模型和对人民币汇率的实证分析［J］．数量经济技术经济研究，2006（2）．

［4］曾雄军．美国利益集团施压人民币升值的路径分析［J］．外交评论：外交学院学报，2013（2）．

［5］陈奉先．中国参照一篮子货币的汇率制度：理论框架与实证考察［J］．财经研究，2015（2）．

［6］邓永亮，李薇．汇率波动、货币政策传导渠道及有效性——兼论“不可能三角”在我国的适用性［J］．财经科学，2010（4）．

［7］范从来，刘晓辉．汇率制度选择：经济学文献贡献了什么？［M］．北京：商务印书馆，2013.

［8］范从来，赵永清．中国货币政策的自主性：1996—2008［J］．金融研究，2009（5）．

［9］范小云，陈雷，祝哲．三元悖论还是二元悖论——基于货币政策独立性的最优汇率制度选择［J］．经济学动态，2015（1）．

［10］范言慧，席丹，赵家悦．金融发展与人民币实际汇率［J］．财经研究，2015（3）．

［11］方显仓，何雯雯．人民币汇率变动的价格传导效应：理论与实证［J］．华东师范大学学报：哲学社会科学版，2010（2）．

［12］龚刚，高坚．固定汇率制度下的独立货币政策——未来中国货币政策管理机制探讨［J］．金融研究，2007（12A）．

［13］何兴强．美国利益集团与人民币升值压力［J］．当代亚太，2006（3）．

［14］胡利琴，彭红枫，李艳丽．中国外汇市场压力与货币政策——基于TVP - VAR 模型的实证研究［J］．国际金融研究，2014（7）．

［15］胡再勇．我国的汇率制度弹性、资本流动性与货币政策自主性研究［J］．数量经济技术经济研究，2010（6）．

［16］黄志刚，陈晓杰．人民币汇率波动弹性空间评估［J］．经济研究，2010（5）．

［17］江群，曾令华．一般均衡框架下货币政策信贷传导渠道研究［J］．经济评论，2008（3）．

［18］蒋瑛琨，刘艳武，赵振全．货币渠道与信贷渠道传导机制有效性的实证分析——兼论货币政策中介目标的选择［J］．金融研究，2005（5）．

［19］金雯雯，郭永济，李伯钧．汇率制度弹性与货币政策独立性——来自 77 个国家和地区的经验证据［J］．财经论丛，2014（9）．

［20］靳玉英，周兵，张志栋．新兴市场国家外汇市场压力吸收方式的比较研究［J］．世界经济，2013（3）．

［21］李子联．政治与汇率：人民币升值的政治经济学分析［J］．世界经济与政治，2011（9）．

［22］栗志刚．人民币汇率制度演变的政治分析［D］．长春：东北师范大学，2007.

［23］刘凤兰，袁申国．中国经济金融加速器效应的 DSGE 模型分析［J］．南方经济，2012（8）．

［24］刘涛，周继忠．外部压力是否推动了人民币升值——基于 2005—2010 年美国施压事件效果的考察［J］．金融研究，2011（11）．

［25］刘晓辉，陈峥嵘，丁波．“言”、“行”、人民币实际汇率制度弹性与宏观经济绩效［J］．金融评论，2009（1）．

［26］刘晓辉，范从来．汇率制度选择及其标准的演变［J］．世界经济，2007（3）．

［27］刘晓辉，范从来．人民币最优汇率制度弹性的理论模型与经验估计［J］．世界经济，2009（2）．

［28］刘晓辉，张璟．汇率制度弹性测度：一个综述［J］．金融评论，2016（5）．

［29］刘晓辉，张璟．汇率制度与货币政策框架：演变、特征与启示［J］．国际金融研究，2018（1）．

［30］刘晓辉，张璟．人民币升值压力与汇率形成机制弹性测算［J］．南

大商学评论，2012（17）.

［31］刘晓辉，张震，亢宇君．人民币汇率制度弹性测算［J］．世界经济与政治论坛，2018（6）.

［32］刘晓辉．汇率制度选择：理论、证据与中国经验［M］．北京：经济科学出版社，2021.

［33］刘晓辉．人民币汇率制度选择与转型：基于社会福利视角的分析［M］．北京：人民出版社，2008.

［34］刘晓辉．政治压力、外汇市场压力与中国货币危机早期预警系统研究［M］．北京：中国金融出版社，2014.

［35］刘晓辉．汇率制度选择的新政治经济学研究综述［J］．世界经济，2013（2）.

［36］潘敏，缪海斌．银行信贷、经济增长与通货膨胀压力［J］．经济评论，2010（2）.

［37］盛朝晖．中国货币政策传导渠道效应分析：1994—2004［J］．金融研究，2006（7）.

［38］盛松成，吴培新．中国货币政策的二元传导机制［J］．经济研究，2008（10）.

［39］宋海林，刘澄．中国货币信贷政策理论与实证［M］．北京：中国金融出版社，2003.

［40］孙华好，马跃．货币政策对外自主性：中国的实践［J］．数量经济技术经济研究，2015（1）.

［41］孙华好．传统钉住汇率制度下中国货币政策自主性和有效性：1998—2005［J］．世界经济，2007（1）.

［42］瓦什．货币理论与政策［M］．北京：中国人民大学出版社，1998.

［43］汪川，黎新，周镇峰．货币政策的信贷渠道：基于“金融加速器模型”的中国经济周期分析［J］．国际金融研究，2011（1）.

［44］王倩．东亚经济体汇率的锚货币及汇率制度弹性检验——基于新外部货币模型的实证分析［J］．国际金融研究，2011（11）.

［45］王晓芳，杨克贲．国际冲击、汇率弹性与中国宏观经济波动［J］．中国地质大学学报：社会科学版，2015（1）.

［46］吴念鲁，陈全庚．人民币汇率研究（修订本）［M］．北京：中国金融出版社，2002.

［47］肖文，潘家栋．人民币升值中外部压力的冲击与效应［J］．经济理

论与经济管理，2013（8）.

［48］谢平，张晓朴. 货币政策与汇率政策的三次冲突——1994—2000 年中国的实证分析［J］. 国际经济评论，2002（3）.

［49］许少强，朱真丽. 1949—2000 年的人民币汇率史［M］. 上海：上海财经大学出版社，2002.

［50］许伟，陈斌开. 银行信贷与中国经济波动：1993—2005［J］. 经济学季刊，2009（3）.

［51］杨雪莱，方洁. 人民币汇率锚、汇率弹性与通货膨胀的关联研究［J］. 中南财经政法大学学报，2012（3）.

［52］张璟，刘晓辉. 出口产品分散化与汇率制度选择［J］. 世界经济，2018（8）.

［53］张璟，刘晓辉. 金融结构与固定汇率制度——来自新兴市场的假说和证据［J］. 世界经济，2015（10）.

［54］张翔，何平，马菁蕴. 人民币汇率弹性和我国货币政策效果［J］. 金融研究，2014（8）.

［55］赵振全，于震，刘淼. 金融加速器效应在中国存在吗？［J］. 经济研究，2007（6）.

［56］中国人民银行办公厅. 人民币汇率政策宣传手册［M］. 北京：中国金融出版社，2005.

［57］周兵，靳玉英，张志栋. 新兴市场国家外汇市场压力影响因素研究［J］. 国际金融研究，2012（5）.

［58］周阳，原雪梅，范跃进. 事实汇率机制名义锚与汇率制度弹性检验：基于人民币汇率数据的国际比较分析［J］. 经济学家，2012（8）.

［59］Aizenman, Joshua, and Mahir Binici, 2015. Exchange market pressure in OECD and emerging economies: Domestic vs. external factors and capital flows in the old and new normal, NBER, Working Paper, No. 21662.

［60］Aizenman, Joshua, and Michael M. Hutchison, 2010. Exchange market pressure and absorption by international reserves: Emerging markets and fear of reserve loss during the 2008 - 09 crisis, NBER, Working Paper, No. 16260.

［61］Aizenman, Joshua, Jaewoo Lee, and Vladyslav Sushko, 2010a. From the great moderation to the global crisis: Exchange market pressure in the 2000s, NBER, Working Paper, No. 16447.

［62］Aizenman, Joshua, Menzie D. Chinn, and Hiro Ito, 2010b. The emerging global financial architecture: Tracing and evaluating new patterns of the trilemma configuration, *Journal of International Money and Finance*, Vol. 29, No. 4, pp. 615 - 641.

[63] Alesina, Alberto, and Alexander Wagner, 2006. Choosing (and reneging on) exchange rate regimes, *Journal of the European Economic Association*, Vol. 4, No. 4, pp. 770 - 799.

[64] Alvarez - Plata, P. , and M. Schrooten, 2004. Misleading indicators? TheArgentinean currency crises, *Journal of Policy Modeling*, Vol. 26, No. 5, pp. 587 - 603.

[65] Bailliu, Jeannine, Robert Lafrance, and Jean - François Perrault, 2003. Does exchange rate policy matter for growth? *International Finance*, Vol. 6, No. 3, pp. 381 - 414.

[66] Bastourre, Diego, and Carrera, Jorge, Could the exchange rate regime reduce macroeconomic volatility? *Econometric Society* 2004 *Latin American Meetings.*

[67] Bearce, David H. , and Hallerberg, Mark, 2011. Democracy and de facto exchange rate regimes, *Economics and Politics*, Vol. 23, No. 2, pp. 172 - 194.

[68] Berdiev, Aziz N. , Yoonbai Kim, and Chun Ping Chang, 2012. The political economy of exchange rate regimes in developed and developing countries, *European Journal of Political Economy*, Vol. 28, No. 1, pp. 38 - 53.

[69] Berg, Andrew, and Catherine Pattillo, 1999. Predicting currency crises: The indicators approach and an alternative, *Journal of International Money and Finance*, Vol. 18, No. 4, pp. 561 - 586.

[70] Bernanke, Ben, and Alan Blinder, 1988. Credit, money, and aggregate demand, *American Economic Review*, Vol. 78, No. 2, pp. 435 - 349.

[71] Bernhard, William, and David Leblang, 1999. Democratic institutions and exchange - rate commitments, *International Organization*, Vol. 53, No. 1, pp. 71 - 97.

[72] Bersch, Julia and Ulrich Klüh, 2008. When countries do not do what they say: Systematic discrepancies between exchange rate regime announcements and de facto policies, University of Munich, *Discussion Papers in Economics*, No. 38.

[73] Bertoli, Simone, Giampiero M. Gallo and Giorgio Ricchiuti, 2010. Exchange market pressure: Some caveats in empirical applications, *Applied*

Economics, Vol. 42, No. 19, pp. 2435 -2448.

[74] Bird, Graham, and Dane Rowlands, 2005. Bi - polar disorder: Exchange rate regimes, economic crises and the IMF, School of Economics, *University of Surrey*, *Discussion Papers*, No. 0705.

[75] Bleaney, Michael, and Manuela Francisco, 2008. Balance sheet effects and the choice of exchange rate regime in developing countries, *Journal of International Trade and Economic Development*, Vol. 17, No. 2, pp. 297 -310.

[76] Bleaney, Michael, and Mo Tian, 2014. Classifying exchange rate regimes by regression methods, *Nottingham University*, *Discussion Papers in Economics*, No. 2.

[77] Bleaney, Michael, and Mo Tian, 2017. Measuring exchange rate flexibility by regression methods, *Oxford Economic Papers*, Vol. 69, No. 1, pp. 301 -319.

[78] Bordo, Michael D. , 2003. Market discipline and financial crises policy: An historical perspective, *NBER*, *Working Paper*, No. 17354.

[79] Bordo, Michael D. , and Marc Flandreau, 2001. Core, periphery, exchange rate regimes and globalization, *CEPR*, *Discussion Paper*, No. 3077.

[80] Boyer, Russell S. 1978. Optimal foreign exchange market intervention. *Journal of Political Economy*, Vol. 86, No.6, pp. 1045 -1055.

[81] Broz, Lawrence J. 2002. Political system transparency and monetary commitment regimes, *International Organization*, Vol. 56, No. 4, pp. 861 -887.

[82] Bubula, Andrea, and Ìncí Ötker - Robe, 2002. The evolution of exchange rate regimes since 1990: Evidence from De Facto policies, IMF, Working Paper, No. 155.

[83] Bussière, Matthieu, and Christian Mulder, 1999. Political instability and economic vulnerability, IMF, Working Paper, No. 46.

[84] Calderón, César, and Klaus Schmidt - Hebbel, 2008. Choosing an exchange rate regime, Central Bank of Chile, Working Paper, No. 494.

[85] Calvo, Guiliermo A. , and Carmen M. Reinhart, 2002. Fear of floating, *Quarterly Journal of Economics*, Vol. CXVII, No. 2, pp. 379 -408.

[86] Calvo, Guillermo A. , and Frederic S. Mishkin, 2003. The mirage of exchange rate regimes for emerging market countries, *Journal of Economic Perspectives*, Vol. 17, No.4, pp. 99 -118.

[87] Carmignani, Fabrizio, Emilio Colombo, and Patrizio Tirelli, 2008. Exploring different views of exchange rate regime choice, *Journal of International Money and Finance*, Vol. 27, No. 7, pp. 1117 - 1197.

[88] Carrera, Jorge and Guillermo Vuletin, 2003. The effects of exchange rate regimes on real exchange rate volatility: a dynamic panel data approach. Paper presented at the 31st Brazilian economics meeting.

[89] Cavoli, Tony, and Ramkishen S. Rajan, 2013. South Asian exchange rates regimes: Fixed, flexible or something in - between? *South Asia Economic Journal*, Vol. 14, No. 1, pp. 1 - 15.

[90] Cavoli, Tony and Ramkishen S. Rajan, 2006. The extent of exchange rate flexibility in India: Basket pegger or closet US solar pegger? Working Paper, No. 424.

[91] Chinn, Menzie D., and Hiro Ito, 2006. What matters for financial development? Capital controls, institutions and interactions, *Journal of Development Economics*, Vol. 81, No. 1, pp. 163 - 192.

[92] Chinn, Menzie D., and Hiro Ito, 2008. A new measure of financial openness, *Journal of Comparative Policy Analysis*, Vol. 10, No. 3, pp. 309 - 322.

[93] Combes, Jean - Louis, Tidiane Kinda, and Patrick Plane, 2012. Capital flows, exchange rate flexibility, and the real exchange rate, *Journal of Macroeconomics*, Vol. 34, No. 4, pp. 1034 - 1043.

[94] Cooke, Dudley, Openness and inflation, *Journal of Money, Credit and Banking*, Vol. 42, No. 2 - 3, pp. 267 - 287.

[95] Cruz Rodríguez A., 2013. Choosing and assessing exchange rate regimes: A survey of the literature, *Revista de Análisis Económico*, Vol. 28, No. 2, pp. 37 - 61.

[96] Cuaresma, Jesús C., and Cezary Wójcik, 2006. Measuring monetary independence: Evidence from a group of new EU member countries, *Journal of Comparative Economics*, Vol. 34, No. 1, pp. 24 - 43.

[97] Das, Sonali, 2019. China's evolving exchange rate regime, IMF, Working Paper, No. 50.

[98] Dreher, Axel, 2006. Does globalization affect growth? Empirical evidence from a new index, *Applied Economics*, Vol. 38, No. 10, pp. 1091 - 1110.

[99] Dubas, Justin M., Byung - Joo Lee, and Nelson C. Mark, 2010. A

multinomial logit approach to exchange rate policy classification with an application to growth, *Journal of International Money and Finance*, Vol. 29, No. 7, pp. 1438 - 1462.

[100] Edison, Hali J., 2003. Do indicators of financial crises work? An evaluation of an early warning system, *International Journal of Finance and Economics*, Vol. 8. No. 1, pp. 11 - 53.

[101] Edison, Hali, and Ronald MacDonald, 2003. Credibility and interest rate discretion in the ERM, *Open Economies Review*, Vol. 14, No. 4, pp. 351 - 368.

[102] Edwards, Sebastian, 2015. Monetary policy independence under flexible exchange rates: An illusion? *World Economy*, Vol. 38, No. 5, pp. 773 - 787.

[103] Eichengreen, Barry, and Rual Razo - Garcia, 2013. How reliable are de facto exchange rate regime classifications? *International Journal of Finance and Economics*, Vol. 18, No. 3, pp. 216 - 239.

[104] Eichengreen, Barry, Andrew K. Rose, and Charles Wyplosz, 1994. Speculative attacks on pegged exchange rates an empirical exploration with special reference to the European monetary system, NBER, Working Paper, No. 4898.

[105] Eichengreen, Barry, Andrew K. Rose, and Charles Wyplosz, 1995. Exchange market mayhem: The antecedents and aftermath of speculative attacks, *Economic Policy*, Vol. 10, No. 21, pp. 249 - 312.

[106] Eichengreen, Barry, Andrew K. Rose, and Charles Wyplosz, 1996. Contagious currency crises, *Scandinavian Journal of Economics*, Vol. 98, No. 4, pp. 463 - 484.

[107] Faia, Ester, Massimo Giuliodori, and Michele Ruta, 2008. Political pressures and exchange rate stability in emerging market economies, *Journal of Applied Economics*, Vol. XI, No. 1, pp. 1 - 32.

[108] Fiess, Norbert, and Shankar, Rashmi, 2009. Determinants of exchange rate regimes switching, *Journal of International Money and Finance*, Vol. 28, No. 1, pp. 68 - 98.

[109] Fleming, Marcus J., 1962. Domestic financial policy under fixed and under floating exchange rates, IMF, Staff Papers, Vol. 9, No. 3, pp. 369 - 380.

[110] Fleming, Marcus J., 1971. On exchange rate unification, *Economic*

Journal, Vol. 81, No, 323, pp. 467 -488.

[111] Forssback, Jens, and Oxelheim Lars, 2006. On the link between exchange - rate regimes, capital controls and monetary policy autonomy in small European countries, 1979 -2000, *World Economy*, Vol. 29, No. 3, pp. 341 -368.

[112] Frankel, Jeffrey A. , 2011. *Choosing an exchange rate regime*, in *The Handbook of Exchange Rates*, edited by Jessica James, Ian W. Marsh and Lucio Sarno, John Wiley.

[113] Frankel, Jeffrey A. , and Danyang Xie, 2010. Estimation of de facto flexibility parameter and basket weights in evolving exchange rate regimes, *American Economic Review*, Vol. 100, No. 2, pp. 568 -572.

[114] Frankel, Jeffrey A. , and Shang -jin Wei, 2008. Estimation of de facto exchange rate regimes: Synthesis of the techniques for inferring flexibility and basket weights, IMF Staff Papers, Vol. 55, No. 3, pp. 384 -416.

[115] Frankel, Jeffrey, A. , 2019. Systematic managed floating, *Open Economy Reviews*, Vol. 30, No. 2, pp. 255 -295.

[116] Frankel, Jeffrey, A. , Sergio L. Schmukler, and Luis Servén, 2004. Transmission of interest rates: Monetary independence and currency regime, *Journal of International Money and Finance*, Vol. 23, No. 5, pp. 701 -733.

[117] Frieden, Jeffry A. , 1991. Invested interests: The politics of national economic policies in a world of global finance, *International Organization*, Vol. 45, No. 4, pp. 425 -451.

[118] Frieden, Jeffry A. , 1994. Exchange rate politics: Contemporary lessons from American history, *Review of International Political Economy*, Vol. 1, No. 1, pp. 81 -103.

[119] Frieden, Jeffry A. , David Leblang, and Neven Valev, 2010. The political economy of exchange rate regimes in transition economies, *Review of International Organization*, Vol. 5, No. 1, pp. 1 -25.

[120] Frieden, Jeffry A. , Piero Ghezzi, and Ernesto Stein, 2001. Politics and exchange rates: A cross -country approach, in *The Currency Game: Exchange Rate Politics in Latin America*, edited by Jeffry A. Frieden and Ernesto Stein, Washington D C. , pp. 21 -63.

[121] Friedman, Milton, 1953. *The case for flexible exchange rates, in Essays in Positive Economics*, edited by Milton Friedman, University of Chicago

Press, 1953.

[122] Genberg, Hans, and Alexander K. Swoboda, 2005. Exchange rate regimes: Does what countries say matter? *IMF*, *Staff Papers*, Vol. 52, No. 1, pp. 129 – 141.

[123] Ghosh, Atish R. , Anne – Marie Gulde, Jonathan D. Ostry and Holger C. Wolf, 1996. Does the Exchange Regime Matter for Inflation and Growth? IMF, *Economic Issue*, No. 2.

[124] Ghosh, Atish R. , Anne – Marie Gulde, Jonathan D. Ostry and Holger C. Wolf, 1997. Does the Nominal Exchange Rate Regime Matter? NBER, Working Papers, No. 5874.

[125] Ghosh, Atish R. , Mahvash S. Qureshi, and Charalambos Tsangarides, 2011. Words vs. deeds: What really matters? IMF, Working Paper, No. 112.

[126] Girtion, Lance, and Don Roper, 1977. A monetary model of exchange market pressure applied to the postwar Canadian experience. *American Economic Review*, Vol. 67, No. 4, pp. 537 – 548.

[127] Glick, Reuven, and Michael M. Hutchison, 2001. Banking and currency crises: How common are twins? *In Financial Crises in Emerging Markets*, edited by Reuven Glick and Michael M. Hutchison, Cambridge University Press, 2001.

[128] Guisinger, Alexandra, and David A. Singer, 2010. Exchange rate proclamations and inflation – fighting credibility, *International Organization*, Vol. 64, No. 2, pp. 313 – 337.

[129] Hall, Michael, 2008. Democracy and floating exchange rates, *International Political Science Review*, Vol. 29, No. 1, pp. 73 – 98.

[130] Harms, Philipp, and Marco Kretschmann, 2009. Words, deeds and outcomes: A survey on the growth effects of exchange rate regimes, *Journal of Economic Surveys*, Vol. 23, No. 1, pp. 139 – 164.

[131] Hausmann, Ricardo, Ugo Panizza, and Ernesto Stein, 2001. Why do countries float the way they float? *Journal of Development Economics*, Vol. 66, No. 2, pp. 387 – 414.

[132] Hegerty, 2009. Capital inflows, exchange market pressure, and credit growth in four transition economies with fixed exchange rates, *Economic Systems*, Vol. 33, No. 2, pp. 155 – 167.

[133] Herwartz, Helmut, and Jan Roestel, 2017. Mundell's trilemma: Policy trade – offs within the middle ground, *Journal of International Money and Finacne*, Vol. 75, No. 1, pp. 1 – 13.

[134] Holden, Paul, Merle Holden, and Esther C. Suss, 1979. The determinants of exchange rate flexibility: An empirical investigation, *Review of Economics and Statistics*, Vol. 61, No. 3, pp. 327 – 333.

[135] Hossain, Monzur, 2009. Institutional development and the choice of exchange rate regime: A cross – country analysis, *Journal of the Japanese and International Economics*, Vol. 23, No. 1, pp. 56 – 70.

[136] Husain, Aasim, Aska Mody, and Kenneth S. Rogoff, 2005. Exchange rate durability and performance in developing versus advanced economies, *Journal of Monetary Economics*, Vol. 52, No. 1, pp. 35 – 64.

[137] Ilzetzki, Ethan, Carmen M. Reinhart, and Kenneth S. Rogoff, 2019. Exchange arrangements entering the 21st century: Which anchor will hold? *Quarterly Journal of Economics*, Vol. 134, No. 2, pp. 599 – 646.

[138] Ilzetzki, Ethan, CarmenM. Reinhart, and Kenneth S. Rogoff, 2017. The country chronologies to exchange rate arrangements into the 21st century: Will the anchor currency hold? NBER, Working Paper, No. 23135.

[139] Im, Kyung So, Hashem Pesaran M., and Yongcheol Shin, 2003, Testing for unit roots in heterogeneous panels, *Journal of Econometrics*, Vol. 115, No. 1, pp. 53 – 74.

[140] Jansen, W. Jos, 2008. Inside the impossible triangle: Monetary policyautonomy in a credible target zone, *Contemporary Economic Policy*, Vol. 26, No. 2, pp. 216 – 228.

[141] Kaminsky, Graciela, 1999. Currency and banking crises: the early warnings of distress, *IMF*, *Working Paper*, No. 178.

[142] Kaminsky, Graciela, and Carmen M. Reinhart, 1999. The twin crises: The causes of banking and balance – of – payments problems, *American Economic Review*, Vol. 89, No. 3, pp. 473 – 500.

[143] Kaminsky, Graciela, Saul Lizondo, and Carmen M. Reinhart, 1998. Leading indicators of currency crises, *IMF*, *Staff Papers*, Vol. 45, No. 1, pp. 1 – 48.

[144] Kaplan, Stephen B., 2006. The political obstacles to greater exchange

rate flexibility in China, *World Development*, Vol. 34, No. 7, pp. 1182 – 1200.

[145] Karcher, Sebastian, and David A. Steinberg, 2013. Assessing the causes of capital account liberalization: How measurement matters, *International Studies Quarterly*, Vol. 57, No. 1, pp. 128 – 137.

[146] Kenen, Peter, 1969. *The Theory of Optimum Currency Areas: An Eclectic View, in Monetary Problems of the International Economy*, edited by Robert A. Mundell and Alexander K. Swoboda eds, University of Chicago Press, 41 – 60.

[147] Klaassen, Franc, and Henk Jager, 2011. Definition – consistent-measurement of exchange market pressure, *Journal of International Money and Finance*, Vol. 30, No. 1, pp. 74 – 95.

[148] Klein, Michael W., and Jay C. Shambaugh, 2015. Rounding the corners of the policy trilemma: Sources of monetary policy autonomy, *American Economic Journal: Macroeconomics*, Vol. 7, No. 4, pp. 33 – 66.

[149] Krugman, Paul R., 1979. A model of balance of payments crises, *Journal of Money, Credit and Banking*, Vol. 11, No. 3, pp. 311 – 325.

[150] Krugman, Paul R., 1999. The eternal triangle: Explaining international financial perplexity, http://web.mit.edu/krugman/www/triangle.html.

[151] Krugman, Paul R., Maurice Obstfeld, and Marc J. Melitz, 2018. *International Economics: Theory and Policy* (11th edition). Pearson Education, Inc.

[152] Lane, Philip R., and Gian Maria Milesi – Ferretti, 2007. The external wealth of nations mark Ⅱ: Revisited and extended estimates of foreign assets and liabilities, *Journal of International Economics*, Vol. 73, No. 2, pp. 223 – 250.

[153] Lee, Hsiu – Yun, Wen – Ya Chang, and Tai – Kuang Ho, 2009. The De facto flexibility/fixity of exchange rates: A simple intervention measure, *Working Paper, National Chung Cheng University.*

[154] Levy – Yeyati, Eduardo, and Federico Sturzenegger, 2005. Classifying Exchange Rate Regimes: Deeds vs. words, *European Economic Review*, Vol. 49, No. 6, pp. 1603 – 1635.

[155] Levy – Yeyati, Eduardo, and Federico Sturzenegger, 2016. Classifying exchange rate regimes: 15 years later, *Harvard Kennedy School (HKS) Faculty Research Working Paper*, No. 28.

[156] Levy – Yeyati, Eduardo, and Federico Sturzenegger, 2003. To float or to fix: Evidence on the impact of exchange rate regimes on growth, *American*

Economics Review, Vol. 93, No. 2, pp. 1173 – 1193.

[157] Levy – Yeyati, Eduardo, Federico Sturzenegger, and Iliana Reggio, 2010. On the endogeneity of exchange rate regimes, *European Economic Review*, Vol. 54, No. 5, pp. 659 – 677.

[158] Ligonniere, Samuel, 2018. Trilemma, dilemma and global players, *Journal of International Money and Finance*, Vol. 85, No. 3, pp. 20 – 39.

[159] Lin, Shu, and Haichun Ye, 2011. The role of financial development in exchange rate regime choices, *Journal of International Money and Finance*, Vol. 30, No. 4, pp. 641 – 659.

[160] Liu, Li – Gang and Laurent Pauwels, 2012. Do external political pressures affect the Renminbi exchange rate? *Journal of International Money and Finance*, Vol. 31, No. 6, pp. 1800 – 1818.

[161] Liu, Xiaohui, and Jing Zhang, 2009. RMB Exchange Market Pressure and Central Bank Exchange Market Intervention. *China & World Economy*, Vol. 17, No. 3, pp. 75 – 92.

[162] Maier, Philipp, Jan – Egbert Sturm, and Jakob de Haan, 2002. Political pressure on the Bundesbank: An empirical investigation using the Havrilesky approach, *Journal of Macroeconomics*, Vol. 24, No. 1, pp. 103 – 123.

[163] Markiewicz, Agniewszka, 2006. Choice of exchange rate regime in transition economies: An empirical analysis, *Journal of Comparative Economics*, Vol. 34, No. 3, pp. 484 – 498.

[164] McKinnon, Ronald I., 1963. Optimum currency areas, *American Economic Review*, Vol. 53, No. 4, pp. 717 – 725.

[165] McKinnon, Ronald I., 1971. Exchange – rate flexibility and monetary policy, *Journal of Money, Credit and Banking*, Vol. 3, No. 2, pp. 339 – 355.

[166] Méon, Pierre – Guillaume, and Geoffrey Minne, 2014. Mark my words: Information and the fear of declaring an exchange rate regime, *Journal of Development Economics*, Vol. 107, No. 2, pp. 244 – 261.

[167] Minne, Geoffrey, 2013. An international watchtower: IMF surveillance and the fear of declaring one's exchange rate regime, Paper presented to the European Public Choice Society Meeting, 2014.

[168] Mody, Ashoka, and Mark P. Taylor, 2007. Regional vulnerability: The case of East Asia, *Journal of International Money and Finance*, Vol. 26, No. 8, pp.

1292 – 1310.

[169] Moosa, Imad A., 2005. *Exchange Rate Regimes: Fixed, Flexible or Something in Between?* Palgrave Macmillan, New York.

[170] Mundell, Robert A., 1961. A theory of optimum currency areas, *American Economic Review*, Vol. 51, No. 4, pp. 657 – 665.

[171] Mundell, Robert A., 1963. Capital mobility and stabilization policy under fixed and flexible exchange rates, *Canadian Journal of Economics and Political Science*, Vol. 29, No. 4, pp. 475 – 485.

[172] Mundell, Robert A., 1964. A reply: capital mobility and size, *Canadian Journal of Economics and Political Science*, Vol. 30, No. 3, pp. 421 – 431.

[173] Obstfeld, Maurice, and Kenneth Rogoff, 1995a. Exchange rate dynamics redux, *Journal of Political Economy*, Vol. 103, No. 3, pp. 624 – 660.

[174] Obstfeld, Maurice, and Kenneth Rogoff, 1995b. The mirage of fixed exchange rates, *Journal of Economic Perspectives*, Vol. 9, No. 4, pp. 73 – 96.

[175] Obstfeld, Maurice, Jay C. Stambaugh, and Alan M. Taylor, 2005. The trilemma in history: Tradeoffs among exchange rates, monetary policies, and capital mobility, *Social Science Electronic Publishing*, Vol. 87, No. 3, pp. 423 – 438.

[176] Peltonen, Tuomas A., and Michael Sager, 2009. Productivity shocks and real exchange rate: A reappraisal, European Central Bank, Working Paper, No. 1046.

[177] Pesaran, M. Hashem, 2007. A simple panel unit root test in the presence of cross – section dependence, *Journal of Applied Econometrics*, Vol. 22, No. 2, pp. 265 – 312.

[178] Pilbeam, Keith, 2013. *International Finance* (4th edition), Palgrave Macmillan.

[179] Poirson, Hélène. How do countries choose their exchange rate regime? *IMF*, *Working Paper*, 2001, No. WP0/1/46.

[180] Quinn, Dennis, Martin Schindler, and Maria A. Toyoda, 2011. Assessing measures of financial openness and integration, *IMF Economic Review*, Vol. 59, No. 3, pp. 488 – 522.

[181] Ramirez, Carlos D., 2012. The effect of "China bashing" on Sino – American relations, *Journal of Chinese political science*, Vol. 17, No. 3, pp. 291 –

311.

[182] Ramirez, Carlos D., 2013. The political economy of currency manipulation bashing, *China Economic Review*, Vol. 27, No. 5, pp. 227-237.

[183] Reinhart, Carmen M., 2000. The mirage of floating exchange rates, *American Economic Review*, Vol. 90, No. 2, pp. 65-70.

[184] Reinhart, Carmen M., and Kenneth Rogoff, 2004. The modern history of exchange rate arrangement: A reinterpretation, *Quarterly Journal of Economics*, Vol. 119, No. 1, pp. 1-48.

[185] Rey, Hélène, 2015. Dilemma not trilemma: The global financial cycle and monetary policy independence, *NBER Working Paper*, No. 21162.

[186] Rogoff, Kenneth, Aasim Husain, Ashoka Mody, Robin Brooks and Nienke Oomes, 2003. Evolution and performance of exchange rate regimes, *IMF, Working Paper*, No. 243.

[187] Romer, David, 1993. Openness and inflation: Theory and evidence, *Quarterly Journal of Economics*, Vol. 108, No. 4, pp. 869-903.

[188] Roper, Don E., and Stephen J Turnovsky, 1980. Optimal exchange market intervention in a simple stochastic macro model, *Canadian Journal of Economics*, Vol. 13, No. 2, pp. 296-309.

[189] Sachs, Jeffrey, Tornell, Aaron, and Velasco, Adnrés, 1996. Financial crises in emerging markets: The lessons from 1995, NBER, Working Paper, No. 5576.

[190] Schuler, Kurt, Classifying exchange rates. http://www.dollarization.org, 2005.

[191] Shambaugh[a], George E. 2004. The power of money: Global capital and policy choices in developing countries, *American Journal of Political Science*, Vol. 48, No. 2, pp. 281-295.

[192] Shambaugh[b], Jay C., 2004. The effect of fixed exchange rates on monetary policy, *Quarterly Journal of Economics*, Vol. 119, No. 1, pp. 300-351.

[193] Singer, D. Andrew, 2010. Migrant remittances and exchange rate regimes in the developing world, *American Political Science Review*, Vol. 104, No. 2, pp. 307-323.

[194] Stavarek, Daniel, 2007, Comparative analysis of the exchange market pressure in central European countries with the Eurozone membership perspective,

MPRA, *Working Paper*, No. 3906.

[195] Steinberg, David A., and Krishan Malhotra, 2014. The effect of authoritarian regime type on exchange rate policy, *World Politics*, Vol. 66, No. 3, pp. 491 – 529.

[196] Steinberg, David A., and Victor C. Shih, 2012. Interest groups influence in authoritarian states: The political determinants of Chinese exchange rate policy, *Comparative Political Studies*, Vol. 45, No. 11, pp. 1405 – 1434.

[197] Steinberg, David, andStefanie Walter, 2012. *The Political Economy of Exchange Rate Policy*, in *Encyclopedia of Financial Globalization*, edited by Gerard Caprio, Thorsten Beck, Charles Calomiris, Takeo Hoshi, Peter Montier, and Garry Schinasi, Elsevier.

[198] Stockman, Alan, and Lee Ohanian, 1993. Short – run independence of monetary policy under pegged exchange rates and effects of money on exchange rates and interest rates, NBER, Working Paper, No. 4517.

[199] Svensson, Lars, 1993. Assessing target zone credibility: Mean reversion and devaluation expectations in the ERM 1979 – 1992, NBER, Working Paper, No. 3795.

[200] Van Horen, Neeltje, Henk Jager, and Franc Klaassen, 2006. Foreign exchange market contagion in the Asian Crisis: A regression – based approach, *Review of World Economics*, Vol. 142, No. 2, pp. 374 – 401.

[201] Veyrune, Romain, 2007. Fixed exchange rates and the autonomy of monetary policy: The Franc zone case, IMF, Working Paper, No. 34, pp. 1 – 23.

[202] Von Hagen, Jürgen, and Jizhong Zhou, 2007. The choice of exchange rate regimes in developing countries: A multinomial panel analysis, *Journal of International Money and Finance*, Vol. 26, No. 7, pp. 1071 – 1094.

[203] Wagner, Alexander F., 2003. Understanding exchange rate policy announcements: A political economy approach, *Journal of Public and International Affairs*, Vol. 14, No. 1, pp. 184 – 205.

[204] Westerlund, Joakim and David L. Edgerton, 2007. A panel bootstrap cointegration test, *Economics Letters*, Vol. 97, No. 3, pp. 185 – 190.

[205] Weymark, Diana N., 1995. Estimating exchange market pressure and the degree of exchange market intervention for Canada, *Journal of International Economics*, Vol. 39, No. 3 – 4, pp. 273 – 295.

[206] Weymark, Diana, N., 1998. A general approach to measuring exchange market pressure, *Oxford Economic Papers*, Vol. 50, No. 1, pp. 106 - 121.

[207] Weymark, Diana, N., 1997. Measuring the degree of exchange market intervention in a small open economy. *Journal of International Money and Finance*, Vol. 16, No. 1, pp. 55 - 79.

[208] Wooldridge, Jeffrey M., 2009. Introductory Econometrics: A Modern Approach, 4th Edition, South - Western Cengage Learning, Mason, USA.

[209] Yi, Jing Tao, 2007. China's exchange rate policymaking in the Hu - Wen Era, *China Policy Institute & Centre for Global Finance.*